沥青混合料离散颗粒流数值模拟与方法

马 涛 丁珣昊 陈 丰 著

科 学 出 版 社
北 京

内 容 简 介

本书系统地讲述了离散颗粒流软件 PFC2D/3D 的基础理论方法以及实例分析介绍,主要内容包括:颗粒流程序 PFC2D/3D 介绍,集料成型与级配骨架理论实例分析,沥青混合料疲劳失效实例分析,沥青混合料永久变形实例分析,胶粉改性沥青混合料断裂实例分析以及双层排水沥青混合料空隙堵塞与衰变实例分析。本书首次系统且全面介绍了离散颗粒流在道路工程领域中的应用原理与技术要点。不仅阐明了各类道路材料的细观力学机制,也针对沥青路面各类病害提出针对性的跨尺度分析方法。通过本书的学习,读者可以从宏观尺度更加深刻地理解道路材料力学强度形成规律,从而掌握相应的细观力学分析方法并将其应用于专业科研。

本书适合从事公路设计、研究的技术人员以及相关专业院校师生学习参考。

图书在版编目(CIP)数据

沥青混合料离散颗粒流数值模拟与方法 / 马涛,丁珣昊,陈丰著. —北京:科学出版社,2024.6

ISBN 978-7-03-077014-1

Ⅰ. ①沥⋯ Ⅱ. ①马⋯ ②丁⋯ ③陈⋯ Ⅲ. ①沥青拌和料－研究 Ⅳ. ①U414

中国国家版本馆 CIP 数据核字(2023)第 220740 号

责任编辑:惠 雪 高慧元 / 责任校对:郝璐璐
责任印制:赵 博 / 封面设计:许 瑞

科学出版社 出版
北京东黄城根北街 16 号
邮政编码:100717
http://www.sciencep.com

北京凌奇印刷有限责任公司印刷
科学出版社发行 各地新华书店经销

*

2024 年 6 月第 一 版 开本:720 × 1000 1/16
2025 年 1 月第二次印刷 印张:17 1/4
字数:350 000
定价:129.00 元
(如有印装质量问题,我社负责调换)

前　言

我国是公路大国，截至 2021 年年底我国公路总里程达到 528.07 万千米，其中高速公路里程达到 16.91 万千米。在规模庞大的公路网中，沥青路面占比很大，特别是高速公路，占比甚至超过 90%。交通运输部印发的《"十四五"公路养护管理发展纲要》中提出，高速公路、普通国省道沥青路面材料循环利用率分别达到 95%、80% 以上。因此，沥青道路的建设及养护技术事关公路行业高质量发展的根基，适应交通运输现代化建设和公路事业总体发展的要求及人民群众对公路交通环境改善的新期待。

公路建设及养护技术重点关注安全、绿色、智慧、经济等，现有公路建设养护材料多为高模量、橡胶以及 SBS 改性沥青混合料等，其内部组成及力学性能复杂，变异性较高。当下针对公路沥青路面的材料设计仍主要聚焦于沥青混合料的宏观性能测试评价，而从微细观的角度上对沥青混合料的内部组成结构及力学特性的探究相对薄弱。许多沥青混合料内部细观损伤机制尚未完全揭示，不仅限制了对于沥青路面病害成因的理解溯源，也不利于从细观力学的角度针对性地开展沥青混合料的材料组成优化设计，从而不能保障未来沥青路面结构的长效服役状态。

沥青混合料作为道路沥青路面普遍使用的铺装材料，主要由沥青、空隙与集料三相结构组成，其内部集料颗粒质量占比一般超过 90%，表现出明显的各向异性以及颗粒物质特征。由于沥青复杂的黏弹性以及颗粒介质形态的多样性，不仅其力学响应较为复杂地受温度、荷载影响，而且混合料内部也通常存在沥青、空隙与集料的多相复合界面，使得其细观材料组成和力学性能很难通过宏观性能试验直接准确测量。随着计算机技术的迅猛发展，以有限元、离散元为代表的数值仿真分析方法在道路工程中得到越来越广泛的应用。相较于以连续介质力学为基础的有限单元法，离散元以牛顿第二定律为基础，以力-位移准则为核心，在解决分析细观颗粒介质迁移以及结构大变形方面显示出巨大的优势和创新，尤其是在刻画颗粒物质体系的细观结构以及力学响应机制上，不仅克服了有限元类软件连续变形的前提假设，而且实现了沥青混合料内部不同相材料的精准建模与性能预测。但目前沥青混合料仿真计算领域缺少系统论述离散颗粒流软件 PFC2D/3D 功能、使用方法与应用实例的参考图书。

本书是根据作者团队在沥青混合料细观力学仿真与应用领域的多项国家自然科学基金项目、国家重点研发计划项目等研究成果以及开发的离散颗粒流软件

PFC2D/3D 总结而成的。全书共 7 章：第 1 章绪论，概述离散颗粒流的发展及其在实际工程中的应用；第 2 章颗粒流程序 PFC2D/3D，论述颗粒流程序 PFC 的组成、常用命令、文件类型以及 Fish 语言；第 3 章基于离散颗粒流的集料成型与级配骨架理论研究，阐述集料形貌扫描及数值成型方法、沥青混合料二维和三维集料骨架力学响应数值模拟评价；第 4 章基于离散颗粒流的沥青混合料疲劳失效研究，阐述沥青混合料数值成型方法、沥青混合料虚拟疲劳试验数值模拟、沥青混合料细观结构对疲劳性能的影响、移动荷载下沥青路面材料疲劳特征多尺度数值模拟；第 5 章基于离散颗粒流的沥青混合料永久变形研究，论述力学-经验车辙预测模型、车辙试验数值模拟、沥青混合料细观结构对永久变形性能的影响；第 6 章基于离散颗粒流的胶粉改性沥青混合料断裂研究，给出胶粉改性沥青、沥青砂浆和沥青混合料断裂数值模拟分析；第 7 章基于离散颗粒流的双层排水沥青混合料空隙堵塞与衰变研究，给出双层排水沥青混合料空隙结构衰变规律和双层排水沥青路面空隙堵塞的数值模拟分析。

　　本书由马涛、丁珣昊、陈丰共同撰写完成，具体分工为：马涛撰写第 4、5 章，丁珣昊撰写第 2、3、6 章，陈丰撰写第 1、7 章，张靖霖博士协助撰写本书。

　　本书内容得益于国家重点研发计划项目（2020YFB1600102、2020YFA0714302）、国家自然科学基金项目（51922030、51878164、52208427）以及江苏省基础研究计划项目（BK20220844）的研究成果，并获得资助出版。同时向本书所引用参考文献的作者表示感谢。

　　由于作者水平有限，书中疏漏之处在所难免，我们希望国内外同行专家、学者和读者不吝赐教，批评指正，以期今后改进。

作　者

2024 年 5 月 1 日

目　　录

第1章 绪 论

现今，我国的道路建设和技术研究正处于一个蓬勃发展的时期，但沥青路面的各类病害，仍然对车辆行驶的安全性和舒适性造成了很大影响。当前国内外学者对于沥青混合料的研究主要聚焦于沥青混合料的宏观和物理特性等室内试验方面，而从微细观的角度对沥青混合料的内部组成结构及力学特性的探究相对薄弱。因此本章主要对道路工程沥青及其混合料的研究现状以及离散颗粒流的发展与实际工程应用进行简要的介绍，以便在未来的研究中应用先进的计算手段、力学分析工具，定量地、多尺度地分析沥青混合料的力学特征，这对于深刻理解沥青混合料的力学机制、改进沥青混合料设计方法，具有十分重要的意义。

1.1 离散颗粒流的发展与应用

1.1.1 数值计算方法与多尺度划分

当对道路工程中的常见材料进行弹性简化后，路面结构可以被视为半无限空间体上的层状弹性体系，如图 1-1 所示，在此基础上，运用弹性力学理论可以获取在双圆荷载作用下各层路面结构的受力及变形状态，E 为各层模量，h 为各层厚度，μ 为各层泊松比，最后根据与材料、结构性能相关的经验公式验算结构的服役性能。以上步骤是当前路面结构力学-经验设计的主要流程。然而，路面材料的力学行为、路面结构的服役状态与层状弹性体系理论偏离较大，受诸多因素影响，主要表现在以下几个方面。

（1）材料本构的差异：道路材料多种多样，包括沥青混合料、水泥混凝土、无机结合料稳定类材料、土、岩石、级配碎石等，简单的弹性力学本构无法充分表征材料的力学行为，例如，路面车辙与沥青混合料的黏塑性变形、粒料类材料的塑性变形相关。

（2）材料组成的差异：宏观力学往往建立在均匀性的假设条件之上，但实际工程材料并非为单一介质材料，而是由多种介质组成的复合材料，变异性较高。

（3）荷载差异：从几何角度分析，车轮-路面之间的接触形状与接触力分布并非规则的圆形荷载，从时间角度分析，车轮-路面之间接触的应力值、面积和车辆速度关联紧密；此外，路面结构还将承受温湿度变化下的冻融、干湿循环等作用，同时部分病害处将产生动水冲刷作用等。

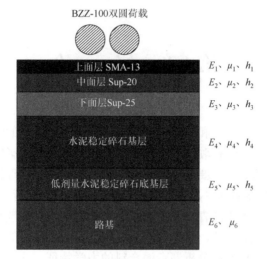

图 1-1　弹性层状体系理论计算示意图

（4）边界差异：路面结构往往由于既有病害，如路基不均匀沉降、裂缝、层间黏结失效等，使得结构的支承条件与边界条件发生复杂变化。

实际路面结构受力分析影响因素如图 1-2 所示。

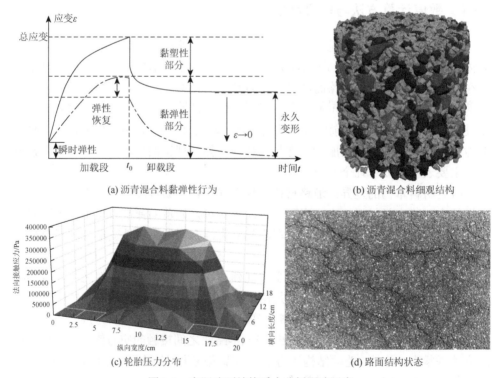

图 1-2　实际路面结构受力分析影响因素

　　基于以上特点，道路工程中的力学问题无法直接使用简单的物理-力学模型进行描述，更不可能得到数学上的解析解，因此，需要使用数值计算的方法对复杂工程问题进行仿真模拟。在数值计算中，沥青路面及材料可以分为以下四个尺度，分别为沥青胶浆（asphalt mastic）尺度、沥青砂浆（asphalt mortar）尺度、沥青混合料（asphalt mixture）尺度以及沥青路面（asphalt pavement）尺度。其中，沥青胶浆尺度是在沥青中加入直径数量级在 $10^{-6}\sim5\times10^{-5}$m 的石灰粉、矿粉等材料；沥青砂浆尺度是在沥青胶浆中加入直径数量级在 $7.5\times10^{-5}\sim10^{-3}$m 的细集料等材料；沥青混合料尺度是在沥青砂浆中加入直径数量级在 $2\times10^{-3}\sim5\times10^{-2}$m 的粗集料等材料；沥青路面尺度则是将不同种类的沥青混合料加入路面结构中进行设计。掌握并理解不同尺度下的沥青路面及其材料的宏观与微（细）观变形特性，有助于沥青路面材料性能及结构的优化设计，目前该类研究的数值分析手段主要包括有限单元法、有限差分法、边界元法等。

　　1. 有限单元法

　　有限单元法是数值分析方法的一种，其基本思想是将连续的求解区域离散为一组有限个且按一定方式相互联结在一起的单元组合体。单元能按不同的联结方式进行组合，且单元本身又可以有不同的形状，因此可以模拟几何形态复杂的求解域。有限单元法作为数值分析方法的另一个重要特点，是利用每一个单元内假设的近似函数来分片地表述全求解域上待求的未知场函数。单元内的近似函数，通常由未知场函数以及各个节点的数值来表达。如此针对一个问题的有限元分析，未知场函数及其导数在各个节点上的数值就成为新的未知量（即自由度），从而使一个连续的无限自由度问题转化为离散的有限自由度求解。当单元尺寸满足收敛要求时，数值计算的近似解将收敛于精确解。

　　2. 有限差分法

　　有限差分法是计算机数值模拟最早采用的方法之一，其以 Taylor 级数展开等方式，将控制方程中的导数用网格节点上函数值的一阶微分代替进行离散，从而建立以网格节点值为未知数的代数方程组。该方法概念直观，表达简单，其与有限单元法的差异主要体现在以下两个方面：①在网格划分上，有限元网格划分不需要规则，各种单元可以混合使用，而有限差分法划分的网格必须是规则的，从而对方程进行离散化；②在计算效率上，虽然有限单元法与有限差分法都是求解一组方程组，但有限单元法通常采用隐式、矩阵解算方法，而有限差分法采用显式、时间递步法解算代数方程，一般而言，有限差分法的计算效率要高于有限单元法，计算量小于有限单元法。

3. 边界元法

边界元法是在有限单元法后发展起来的一种较精确、有效的工程数值分析方法，它以定义在边界上的边界积分方程为控制方程，通过对边界元进行插值离散，化为代数方程组求解。其与基于偏微分方程的区域解法相比，由于降低了问题的维数，从而显著地降低了自由度数，边界的离散也比区域的离散方便得多。特别是对于边界变量变化梯度较大的问题，如应力集中问题或边界变量出现奇异性的裂纹问题，边界元法公认比有限单元法更精确高效。边界元法所利用的微分算子基本解能够自动满足无限远处的条件，因此边界元法特别便于处理无限域和半无限域问题。

1.1.2　离散颗粒流基本思想

弹性力学的方法要求研究对象满足连续性、均匀性、各向同性、线弹性、小变形五大假设，其通过平衡微分方程、物理方程、几何方程及边界条件所求解的结构受力、变形问题的结果是最为精确的。其对于复杂的结构却很难给出微分方程组的解析解，虽然运用变分法可以巧妙地将微分求解转换为积分求解，但结果的准确性仍与假定的变形假设有关。有限单元法在此基础上，通过将求解对象的网格离散为单元，基于本构模型构建刚度矩阵，可以得到力和位移的方程组，再借助边界条件开展求解。然而在利用有限元求解一系列非线性问题时，单元之间必须连续且保持变形协调。

与有限单元法不同，近年来，新兴的离散元方法（DEM）允许各单元在运动过程中相互分离，因此在处理非均质颗粒体系以及结构大变形上具有一定的优势。离散元方法的思想源于较早的分子动力学，是研究不连续体力学行为的一种新数值方法。其基本思想是把散粒群体简化成具有一定形状和质量颗粒的集合，赋予接触颗粒间及颗粒与接触边界（机械部件）间某种接触力学模型和模型中的参数，以考虑颗粒之间及颗粒与边界间的接触作用和散粒体与边界的不同物理机械性质。离散元方法采用牛顿第二定律、动态松弛法和时步迭代求解每个颗粒的运动速度和位移，因而特别适用于求解非线性问题。其特点是在分析高度复杂的系统时，无论颗粒还是边界均不需要做大的简化；当赋予接触颗粒间不同的接触模型时，还可以分析颗粒结块、颗粒群聚合体的破坏过程、多相流动甚至可以包括化学反应和传热等问题。离散元方法的一般求解过程为将求解空间离散为离散元单元阵，并根据实际问题用合理的连接元件将相邻两单元连接起来；单元间相对位移是基本变量，由力与相对位移的关系可得到两单元间法向和切向的作用力；对单元各方向所受的作用力与其他单元间的作用力以及其他物理场对单元作用所引起的外力求合力和合力矩,根据牛顿第二定律可以求得单元的加速度;对其进行时间积分,进而得到单元的速度和位移,从而得到所有单元在任意时刻的速度、加速度、角速度、线位移和转角等物理量。

1. **离散元方法的基本方程**

连续介质问题中需要满足的方程为平衡方程、变形协调方程(几何方程)、物理方程(本构方程)以及边界条件。离散元方法一开始就将对象离散化,并不赋予连续性假设,则变形协调方程可以不满足。为了进一步简化计算,离散元方法引入如下假设:①单元是刚性体;②单元间的接触范围十分小;③单元间的接触为柔性接触,因此允许单元接触时出现一定的"重叠",但重叠量相对于单元的尺寸很小。由以上三点基本假设可知,在离散元方法内单元自身是不允许变形的,单元间的接触力与"重叠"的量有关且为柔性接触。这意味着本构方程及边界条件只需在边界接触上成立,且必须满足单元的平衡方程,柔性接触的变形量以及单元间接触力的大小则由细观接触模型完全确定。综上可知,离散元方法的基本方程应包括接触本构方程、平衡方程、运动方程这三类。

1)接触本构方程

接触本构方程即代表接触力与位移之间的关系,通过接触模型的选择,可以模拟单元间弹性、塑性、黏性等力学行为,离散元内的接触本构方程形式多样,包括接触刚度、接触滑动、伯格斯模型等。

2)平衡方程

在离散元中,由于单元是运动的,其平衡方程为动力平衡方程。平衡方程包括力的平衡方程以及力矩的平衡方程,具体如下。采用式(1-1)~式(1-3)计算各个单元的不平衡力及不平衡力矩,并将这些结果代入运动方程中求解。

$$f_x + \sum_{i=1}^{n} F_{xi} = F_{ux} \tag{1-1}$$

$$f_y + \sum_{i=1}^{n} F_{yi} = F_{uy} \tag{1-2}$$

$$\sum_{i=1}^{n} F_i \cdot e_i = M_u \tag{1-3}$$

式中,f_x 为体力在 x 方向上的分量;f_y 为体力在 y 方向上的分量;F_{xi} 为第 i 个接触力在 x 方向上的分量;F_{yi} 为第 i 个接触力在 y 方向上的分量;F_{ux} 为不平衡力在 x 方向上的分量;F_{uy} 为不平衡力在 y 方向上的分量;n 为接触数量;F_i 为第 i 个接触力的大小;e_i 为第 i 个接触力到质心的距离;M_u 为不平衡力矩。

3)运动方程

运动状态包括平动状态和转动状态。以二维状态下的 x 方向为例,设在时间

t_0 时，单元的质量为 m，转动惯量为 I，运动方程如下：

$$\ddot{u}_x(t_0) = \frac{F_{ux}}{m} \tag{1-4}$$

$$\dot{\omega}(t_0) = \frac{M_u}{I} \tag{1-5}$$

已知 $t = t_0 - \dfrac{\Delta t}{2}$ 状态下的运动状态，采用的是中心有限差分的方法向前推进。因此，在 $t_1 = t_0 + \dfrac{\Delta t}{2}$ 时，颗粒在 x 方向的平动速度和转动速度如式（1-6）和式（1-7）所示：

$$\dot{u}_x(t_1) = \dot{u}_x\left(t_0 - \frac{\Delta t}{2}\right) + \ddot{u}_x(t_0)\Delta t \tag{1-6}$$

$$\omega(t_1) = \omega\left(t_0 - \frac{\Delta t}{2}\right) + \dot{\omega}(t_0)\Delta t \tag{1-7}$$

在 $t_2 = t_0 + \Delta t$ 时，颗粒在 x 方向的位移为

$$u_x(t_2) = \dot{u}_x(t_0) + \dot{u}_x(t_1)\Delta t \tag{1-8}$$

计算到这一步时，接触力已进行更新，相应的不平衡力以及不平衡力矩也已分别更新为 $F_u(t_2)$、$M_u(t_2)$，故有

$$\dot{u}_x(t_2) = \dot{u}_x(t_1) + \frac{1}{2}\frac{F_u(t_2)}{m}\Delta t \tag{1-9}$$

$$\omega(t_2) = \omega(t_1) + \frac{1}{2}\frac{M_u(t_2)}{I}\Delta t \tag{1-10}$$

2. 离散元方法的求解方法

在离散元基本原理方程的基础上，以 PFC5.0 为例，介绍在一个时间步循环内各方程的求解过程，总体求解步骤如图 1-3 所示。

1）确定时间步长

为了使上述牛顿时间步的显式解稳定，则要求所取的时间步小于等于全局时间步的最小值。一般而言，最小时间步可以通过遍历模型所有单元，考虑运动速度、加速度的最不利形式组合，并通过约束的运动位移反算求得。以平动为例，利用牛顿第二定律，计算平动加速度的一个分量：

$$a_i = \frac{F_i + m_g g_i + F_{ai}}{m_i} \tag{1-11}$$

式中，F_i 为接触力在 i 方向的分量；g_i 为重力加速度在 i 方向的分量；m_g 为引力质量；F_{ai} 为外界施加力在 i 方向的分量；m_i 为惯性质量。

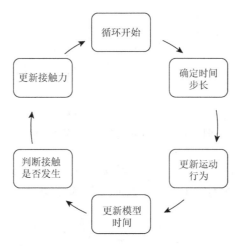

图 1-3 离散元方法的求解过程

在时间段 t 内，由恒定加速度作用的刚体位移为

$$x = v_0 + \frac{1}{2}at^2 \tag{1-12}$$

为了求解时间 t，可以采用一元二次方程求根公式，将式（1-12）变为

$$t = \frac{-v_0 + \sqrt{v_0^2 + 2ax}}{a} \tag{1-13}$$

因此，在矢量方向上，选择最大的速度和加速度的绝对值，就可以得到在这个方向上，约束运动位移 ε 下的约束时间 t_{kin}：

$$t_{kin} = \frac{-v_{max} + \sqrt{v_{max}^2 + 2a_{max}\varepsilon}}{a_{max}} \tag{1-14}$$

PFC5.0 软件提供了一种简化的估算时间步长特征值的方法。如图 1-4 所示为单自由度弹簧-质点振动系统，运用结构动力学知识可以得知，该系统发生的是简谐振动，则振动周期为

$$T = \frac{2\pi}{\omega} = 2\pi\sqrt{\frac{m}{k}} \tag{1-15}$$

该运动特征时间步长与周期 T 的关系如下：

$$T_{crit} = \frac{T}{\omega} = 2\sqrt{\frac{m}{k}} \tag{1-16}$$

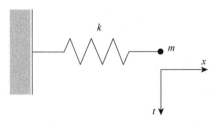

图 1-4 单自由度弹簧-质点振动系统

将多个弹簧串联，如图 1-5 所示，可以发现，若各弹簧相互之间做相反的运动，则弹簧质心的位置不发生改变，此时系统的振动周期将达到最小值。

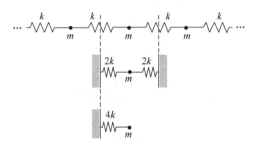

图 1-5 多弹簧系统的简化

此时，时间特征步长为

$$T_{\text{crit}} = \frac{T}{\omega} = 2\sqrt{\frac{m}{4k}} = \sqrt{\frac{m}{k}} \tag{1-17}$$

以上结果表征了平移运动。旋转运动的结果类似，其中质量用有限大小的颗粒的惯性矩代替，而刚度用旋转刚度代替。因此，旋转运动系统的关键时间步长可以表示为

$$t_{\text{crit}} = \sqrt{\frac{I}{k_{\text{rot}}}} \tag{1-18}$$

每个物体有不同的质量，弹簧的刚度也不相同，因此，通过遍历循环搜索每个接触物体的质量属性从而确定该接触下的临界时间步长，并根据整个接触体系的临界时间步长最小值确定程序的最低计算时步间隔，因此程序的运算效率与颗粒数量关系密切。

2）更新运动行为

当确定时间步长后，依据上一个循环计算而得的接触力，按照平衡方程（式（1-11）～式（1-14））计算单元的不平衡接触力及不平衡力矩。再将计算结果代入运动方程（式（1-15）～式（1-18））中，计算得到半个前进时间步的运动状态参数。

3）更新模型时间

将模型运行时间累加当前计算步下的时间跨度 Δt，以更新模型运行时间。

4）判断接触是否发生

依据前述计算的结果，再做一次向前的中心差分，通过计算式（1-9）得到当前模型时间下的运动位移参数。根据所选择的接触本构模型及相应的脱离接触条件判定单元间的接触是否发生。

5）更新接触力

根据接触判断，按照接触本构方程重新更新单元内的接触力，包括由累计接触位移计算得到的弹性接触力，以及由接触速率计算得到的接触阻尼力。两种作用力的更新并不同步：由于接触位移作为接触判据已更新至当前模型时间点处的对应值，可以先部分更新接触力，即将弹性力更新为新时间点处的值。基于此，按照式（1-9）和式（1-10）更新当前时间步的运动状态，得到速度及角速度参数，最后重新根据接触本构模型更新当前时间点的接触。

1.1.3　离散颗粒流的数值计算软件

目前开发离散元商用程序最有名的公司要属由离散元思想首创者 Cundall 加盟的 ITASCA 国际工程咨询公司。该公司开发的二维 UDEC（universal distinct element code）和 3DEC（3-dimensional distinct element code）块体离散元程序，主要用于模拟节理岩石或离散块体岩石在准静或动载条件下力学过程及采矿过程的工程问题。同时开发的 PFC2D 和 PFC3D（particle flow code in 2/3 dimensions）则分别为基于二维圆盘单元和三维圆球单元的离散元程序，它们主要用于模拟大量颗粒元的非线性相互作用下的总体流动和材料的混合，包括破损累积导致的破裂、动态破坏和地震响应等问题。

1. 二维 UDEC

二维 UDEC 以朴素的思想将物理对象视为连续性特征（如岩块）和非连续性特征（如结构面）两个基本元素的集合统一体，以成熟力学定律分别定义这些基本元素的受力变形行为；采用凸多边形及其组合来描述物理对象的空间形态；凸多边形可以服从可变形或刚性受力变形定律，如为可变形体，则采用与 FLAC/FLAC3D 完全一致的快速拉格朗日方案进行求解，如网格群模型。连续性特征对象之间通过边界（非连续性特征）实现相互作用，描述边界的折线段受力变形可以遵从多种荷载–变形力学定律（即接触定律），力学定律可以模拟凸多边形之间在公共边界处的相互滑动或脱开行为；在特定情形下，如理想地将物理介质看成几何连续体,此时二维 UDEC 可退化为 FLAC 等连续力学描述手段,即只描述连续性对象即可。

2. 3DEC

3DEC 是世界范围内第一款以非连续介质力学模拟作为目标,采用离散单元法作为基本理论进行定制开发并商业化的三维分析程序,特别适用于因不连续界面导致变形和破坏现象的机制性研究,如节理岩体、砌体结构等。类似于 FLAC3D 与 FLAC 之间的发展演变关系,3DEC 程序承袭了二维 UDEC 的基本核心思想,本质上是对二维空间离散介质力学描述向三维空间延伸的结果。计算原理的先后沿承关系决定了 3DEC 程序承袭了二维 UDEC 程序所具有的技术特征和功能优势,但不可否认二者在处理具体技术环节时所采用的解决方案可能存在不同,这些异同主要表现在:3DEC 采用凸多面体来描述介质中连续性对象元素(如岩块)的空间形态,并通过若干凸多面体组合表达现实存在的凹形连续性对象,此外,非连续性特征(如结构面)则以曲面(三角网)加以表征;在特定条件下,3DEC 程序也可退化为二维 UDEC 程序,尽管 3DEC 的开发初衷是描述三维空间离散介质的力学行为,但程序同样具备二维空间即平面分析能力,如 3DEC 同时提供平面应力、平面应变分析解决手段。

3. PFC

PFC(partical flow code)是一款采用颗粒流离散单元法作为基本理论背景进行开发并商业化的高级通用计算分析程序,特别适用于散体或胶结材料的细观力学特性描述和受力变形分析与研究。固体介质破裂和破裂扩展、散体状颗粒的流动是 PFC 最基本的两大功能,鉴于这两类问题存在于很多行业,如机械构件的破损、建筑物结构破裂、大地构造断裂形成及其发展过程、药丸等颗粒搅拌过程相互接触导致的成分和特性变化、切削和爆破导致的劈裂和散体运动等,或是破裂和破裂扩展的宏观表现,或是颗粒运动的现实实例,都成为 PFC 的研究对象。PFC 基于细观力学看待所研究的介质对象,程序将现实地质体、工程结构处理为颗粒体的组合,结构面及内部缺陷等不连续特征通过节理接触模型来表征,针对颗粒体受力变形等力学行为进行描述;采用接触算法搜索颗粒体接触条件并计算接触受力状态,当接触出现屈服形成剪切滑动或张开时,颗粒体发生运动位移(平动、转动)甚至破坏现象,其核心技术决定了 PFC 从根本上区别于建立在宏观连续或非连续介质基础上的岩土体领域传统数值方法。与连续力学方法相比,PFC 方法的重要区别是能够同时模拟连续体和非连续体的力学行为,正是 PFC 软件与众不同的能力和功能,在软件面世以后即被迅速地应用于不同的行业和领域，是世界上唯一针对岩土工程开发，且被广泛应用于其他行业的软件产品。

1.2 离散颗粒流实际工程应用可行性

1.2.1 离散颗粒流在岩土工程中的应用

边坡失稳、隧道开挖、地表变形、地下空间建设等多方面均可以采用离散元方法进行分析，周喻等[1]运用三维距离势函数离散单元法模拟分析了含节理边坡的倾倒、滑块的动力响应过程，从而提出模拟任意形状块体的运动及相互间作用力的计算方法，如图 1-6 所示。廖彪[2]提出基于胶结尺寸的离散元微观接触模型，如图 1-7 所示，从而研究不同节理边坡的破坏形式，并模拟黏土边坡失稳演化过程，从边坡形态、胶结破坏分布、滑体运动等方面入手，揭示了不同形式的节理边坡的破坏机制，并探究细观接触参数对于边坡失稳破坏的影响规律。

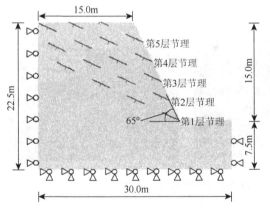

图 1-6　断续节理岩质边坡细观分析模型[1]　　图 1-7　破碎颗粒体时空演化结果[2]

马腾[3]在分析隧道盾构过程中的地层沉降以及开挖面处土层应力、变形等细观机制时，以离散颗粒单元模拟土层结构，依据室内缩尺试验得到土层颗粒体各细观参数，建立相应的隧道盾构模型及墙体维护结构模型，如图 1-8 所示。结合测试试验数据，构建颗粒离散元中参数与实际实验室参数间的对应关系，以此得到多种支护形式下围岩位移和隧道断面附近区域拉应力变化情况，对于隧道的围岩支护工程具有借鉴意义。

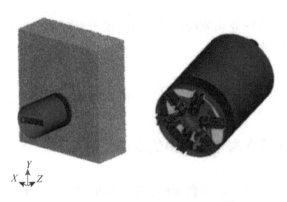

图 1-8　隧道盾构开挖离散元模型[3]

　　郑刚等[4]针对基坑存在的大变形和非线性问题，采用基于散体介质特性建立的颗粒流细观力学数值方法，模拟分析基坑开挖维护过程中的稳定性及变形情况，如图 1-9 所示。基于相似理论建立基坑的数值模型，重点分析开挖过程中基坑外土体沉降、基坑内土体隆起及围护桩水平位移等变化规律，模拟结果与实测结果具有较好的一致性，从而验证用颗粒流方法模拟基坑开挖的可行性，也为从微细观角度研究围护结构和土的相互作用机制提供了新的途径。

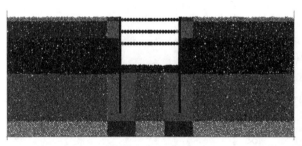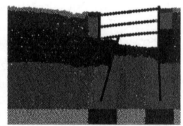

图 1-9　基坑离散元模型和基坑最终的离散元模型[4]

1.2.2　离散颗粒流在水利工程中的应用

　　渗透变形、破坏一直是困扰水利工程堤防的严重问题，21 世纪以来，对于渗透问题的研究多从临界水力梯度出发，采用有限单元法、无单元法等数值模拟分析方法描述土颗粒在空隙中的沉积、扩散规律。但由于渗透变形过程中，土体颗粒的运动很难满足连续性以及变形协调的要求，且颗粒运动产生的土体结构空隙率变化会进一步影响流体的运动情况，因此考虑土体颗粒的渗流运动特征，采取基于离散元与计算流体力学耦合的方法能够较好地解决此类问题。周健等[5]通过流体单元内的颗粒数来确定流化床内的空隙率，并由此确定渗流系数的实时变化。在此基础上，引入 PFC2D 模型与流体域耦合，在考虑流体与颗粒相互作用的条件下进行了二维流化床试验模拟，经验证模拟结果与试验结果相符合，如图 1-10 所示。

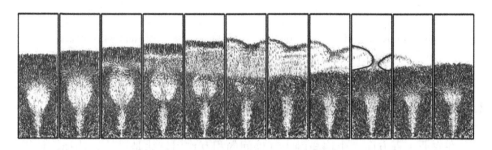

图 1-10　流化床中颗粒的运动（空气流速 2.4m/s）[5]

　　对于大型的坝体结构，多采用水泥混凝土进行大坝修建。在结构服役过程中会不可避免地受到温度应力、水体侵蚀、水体压力等原因带来的局部混凝土开裂问题。同时，在水库修建过程中还需对周边岩体进行加固处置，以确保岩体的稳定性以及避免地下径流的产生。袁敬强等[6]采用基于散体介质理论的离散元方法，从细观角度对水利工程灌浆修复过程中颗粒的位移、劈裂及与浆液的耦合作用过程进行深入分析，如图 1-11 和图 1-12 所示。基于 PFC2D 对注浆过程进行了数值模拟分析，考虑浆液黏度的时变特性，通过特定流体域内的压力，研究浆液扩散半径、土层渗透性的影响规律，得到的有效注浆半径与球形扩散理论基本一致，验证了离散元方法在流体分析中的可行性。

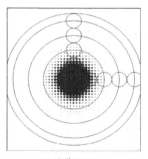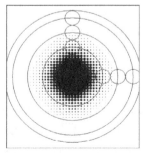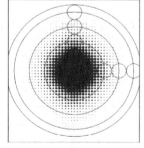

(a) 注浆5min　　　　　　　(b) 注浆10min　　　　　　　(c) 注浆15min

图 1-11　不同注浆时间时浆液扩散分布[6]

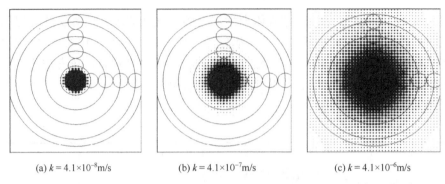

(a) $k = 4.1 \times 10^{-8}$m/s　　　　(b) $k = 4.1 \times 10^{-7}$m/s　　　　(c) $k = 4.1 \times 10^{-6}$m/s

图 1-12　不同渗透系数时地层中浆液扩散分布[6]

1.2.3　离散颗粒流在农业工程中的应用

在农业工程方面，土壤与触土部件间的相互作用规律是设计、选择、使用和调试耕作机具的重要基础。如图 1-13 和图 1-14 所示，部分学者[7, 8]在离散元内仿真模拟了凿式、直柄平板式、箭形式、侧翼式、分层交互式、折线破土刃式、拟合曲线形等多种结构形式的深松铲，重点分析了土壤的扰动行为机制。同时为了减小耕作阻力，达到优化土壤扰动效果这一目标，对不同形式的深松铲进行了结构优化设计，并依据数值分析结果开发设计了新型低阻触土机用具。

图 1-13　深松铲作用与土壤的离散　　　　图 1-14　土壤颗粒模型[8]
　　　　　元仿真模型[7]

如图 1-15 所示，李慧琴等[9]采用离散元技术进行了小麦精量排种器排种仿真试验，针对不同排种器结构原理，对圆盘式、窝眼轮式、外槽轮式、指夹式、勺轮式、凸勺式等机械排种器，气吹式、旋转气吸式等气力式排种器，以及机械气力组合式排种器进行了仿真分析及优化，研究结果对提高导种投送的均匀性和稳定性具有重要意义。

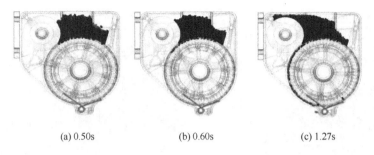

(a) 0.50s   (b) 0.60s   (c) 1.27s

图 1-15　小麦排种器仿真模型[9]

在收获机械方面，魏忠彩等[10]在离散元内构建了波浪形筛面薯土分离机构数值模型，用多球聚合模型表示椭球形和类球形的薯块。在此基础上综合分析了筛面倾角和筛面运行速度对土块破碎分离过程以及薯块碰撞特征的影响，并将优化得到的收获机结构参数和运行参数组合进行了田间试验验证，实现了马铃薯采摘收获的效率提升。

1.2.4　离散颗粒流在道路工程中的应用

由于道路工程中众多的铺装材料具有明显的颗粒物质特征，近年来在材料与结构的分析上离散元技术也逐步开始推广并应用。在沥青混合料离散元模拟上，Liu 等[11]将粗集料视为椭球体，建立了较为理想化的沥青混合料三维离散元模型，并模拟了蠕变柔量试验，研究了集料圆度、破碎面和长轴取向对沥青混合料蠕变劲度的影响。在离散元模型中集料内部单元、沥青玛琋脂内部单元、集料与沥青玛琋脂及集料之间的接触行为采用四种本构模型来描述，每种本构模型都包括接触刚度模型、滑移模型及接触黏结模型。研究结果揭示了集料组成特征对于混合料宏观性能的影响规律，为未来道路材料组成的设计优化提供了有益的参考。

Kim 等[12, 13]采用 CZM 模型针对 SCB、SEB、DCT 等沥青混合料的宏观断裂试验进行了一系列的离散元数值仿真与验算工作，通过数值计算结果与实际宏观试验对比，有效地证明了离散元能够稳定可靠地分析沥青混合料在中温、低温下的断裂性能，并通过数值计算的断裂能指标对不同材料、结构的混合料组成进行定量评价。在 Kim 等工作的基础上，Wang 等[14]基于离散元方法，进一步开发二次程序，建立黏弹-CZM 本构模型，并应用于路面低温断裂的研究中，如图 1-16所示，有效地揭示了沥青路面在低温下的开裂机制。

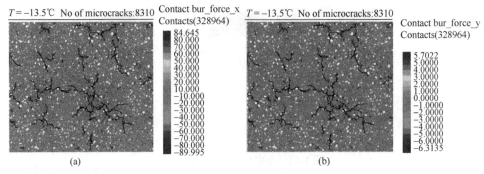

(a)　　　　　　　　　　　　　　(b)

　　图 1-16　离散元沥青路面低温开裂数值模拟[14]（彩图扫二维码）

参 考 文 献

[1]　周喻, 韩光, 吴顺川, 等. 断续节理岩体及岩质边坡破坏的细观机制[J]. 岩石力学与工程学报, 2016, 35(S2): 3878-3889.

[2]　廖彪. 基于离散单元法的土质边坡稳定性分析[D]. 湘潭: 湘潭大学, 2010.

[3]　马腾. 基于离散元的砂卵石地层土压平衡盾构施工颗粒流动和地表沉降控制研究[D]. 北京: 北京交通大学, 2016.

[4]　郑刚, 程雪松, 刁钰. 基坑垮塌的离散元模拟及冗余度分析[J]. 岩土力学, 2014, 35(2): 573-583.

[5]　周健, 周凯敏, 姚志雄, 等. 砂土管涌-滤层防治的离散元数值模拟[J]. 水利学报, 2010, 41(1): 17-24.

[6]　袁敬强, 陈卫忠, 谭贤君, 等. 软弱地层注浆的细观力学模拟研究[J]. 岩土力学, 2011, 32(S2): 653-659.

[7]　周华. 稻油轮作区秸秆还田深旋埋联合耕整机试验与仿真研究[D]. 武汉: 华中农业大学, 2020.

[8]　Ding S P, Bai L, Yao Y X, et al. Discrete element modelling (DEM) of fertilizer dual-banding with adjustable rates[J]. Computers and Electronics in Agriculture, 2018, 152(C): 32-39.

[9]　李慧琴, 赵戬, 刘恩光, 等. 基于 EDEM 的窝眼轮小麦精量排种器排种仿真试验[J]. 江苏农业科学, 2022, 50(10): 188-193.

[10]　魏忠彩, 苏国粱, 李学强, 等. 基于离散元的马铃薯收获机波浪形筛面参数优化与试验[J]. 农业机械学报, 2020, 51(10): 109-122.

[11]　Liu Y, Dai Q L, You Z P. Viscoelastic model for discrete element simulation of asphalt mixtures[J]. Journal of Engineering Mechanics, 2009, 135(4): 324-333.

[12]　Kim H, Buttlar W G. Multi-scale fracture modeling of asphalt composite structures[J]. Composites Science and Technology, 2009, 69(15/16): 2716-2723.

[13]　Kim H, Buttlar W G. Micromechanical fracture modeling of asphalt mixture using the discrete element method[C]. Advances in Pavement Engineering. Austin: American Society of Civil Engineers, 2005.

[14]　Wang H, Buttlar W G. Three-dimensional analytical model for exploration of the block cracking phenomenon in asphalt pavements[J]. Road Materials and Pavement Design, 2020, 21(4): 985-1005.

第2章　颗粒流程序 PFC2D/3D

离散元方法将求解空间离散为离散单元体,选取单元间相对位移为基本变量,根据牛顿第二定律求解物体加速度,对其进行时间积分,进而得到单元的速度和位移,从而得到所有单元在任意时刻的速度、加速度、角速度、线位移和转角等物理量。PFC 系列软件则是基于离散元分析方法开发的数值模拟软件,由 ITASCA 集团开发,适用于研究固体、固结松散颗粒介质的力学特性。在道路工程领域,采用 PFC 离散元分析软件可对多数散粒类材料进行仿真研究,如集料成型、级配骨架理论、沥青混合料疲劳和永久变形研究分析等。本章将主要介绍离散元方法、颗粒流程序软件 PFC 的组件与使用方法。

2.1　离散元方法与颗粒流程序 PFC

自 1971 年 Cundall 提出离散元方法的基本思想以来[1],针对不同的科学问题,众多企业相继开发了多款离散元软件。目前,开发离散元商用软件最有名的公司为离散元思想首创者 Cundall 加盟的 ITASCA 国际工程咨询公司[2, 3],该公司继 1984 年成功开发二维 UDEC 后,又于 1994 年推出二维颗粒流程序 PFC2D(particle flow code in 2 dimension)和三维颗粒流程序 PFC3D(particle flow code in 3 dimension)两款离散元分析软件。这两款软件目前都已发展到 V 9.0 版本。PFC2D/3D 通过离散元方法来模拟二维圆盘/三维球体颗粒介质的运动及其相互作用。颗粒流程序最初是研究颗粒介质特性的一种工具,它将物体分为数百个颗粒单元,用连续介质的方法求解复杂变形的真实问题。随着计算机计算能力的迅速发展,用数量较多的单元建立模型成为可能,可以采用有代表性的数百个至上万个颗粒单元,模拟固体力学和颗粒流复杂问题。目前,PFC 已经成为数值模拟的有效工具之一。

2.1.1　颗粒流程序 PFC 的基本元素

如图 2-1 所示,在 PFC 内建立的所有模型都是由圆盘单元/球单元、墙、接触和黏结这些基本元素构成的,其中圆盘单元和球单元分别为 PFC2D 和 PFC3D 的离散单元。

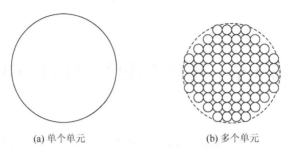

(a) 单个单元   (b) 多个单元

图 2-1　砂粒的模拟方式

1. 圆盘/球单元

PFC 内一个单元可以代表材料中的个别颗粒，如砂粒，也可以代表构成个别颗粒多个单元中的一个。图 2-1（a）即为以单个圆形单元代表砂粒，若需要分析砂粒自身的破裂，则可以采用多个单元模拟一个砂粒，图 2-1（b）即为采用该方式，以 76 个圆形单元构成的集合来模拟单个砂粒。在 PFC 内每个生成的单元都有各自的身份识别号，这些身份识别号分别以不同的整数表示。单元除了可以代表散体颗粒外，也能模拟黏结在一起的固体材料，例如，混凝土或岩石，若采用如图 2-1（b）所示的 76 个单元描述一个砂粒，那么 76 个单元之间就需要设置黏结。当黏结发生破坏时，它就破裂。

2. 墙

墙是 PFC 的又一基本元素。在 PFC2D 内，墙以有限长度的线段表示；在 PFC3D 内，墙以有限尺寸的平面表示。需要注意的是，无论二维离散元内线段做墙，还是三维离散元内平面做墙，墙都有两侧，而只有其中的一侧为墙的有效面，对墙赋予的所有物理和力学参数，只是对有效面赋值。

例如，要在 6 个单元构成的集合右边设置墙作为边界，在定义墙时就必须以有效面与单元接触，如图 2-2（a）所示。在定义墙时，wall id id nodes$(x_1, y_1)(x_2, y_2)$ 命令中，x_1 和 y_1 应为 1 号节点的 x 和 y 坐标，x_2 和 y_2 应为 2 号节点的 x 和 y 坐标。对于二维墙有限面的判断，可以采用如下方法：PFC 先生成 1 号端点，再生成 2 号端点，沿着 1 号端点至 2 号端点的左侧就是有效面。

在 PFC3D 中，墙是由四个端点构成的平面。在定义墙体时，四个端点应按照顺时针或逆时针方向依次定义，而不能出现端点之间的跳跃。例如，对于如图 2-2（b）所示的墙体，通过 wall id id face$(x_1, y_1, z_1)(x_2, y_2, z_2)(x_3, y_3, z_3)(x_4, y_4, z_4)$命令或者 wall id id face$(x_4, y_4, z_4)(x_3, y_3, z_3)(x_2, y_2, z_2)(x_1, y_1, z_1)$命令都可以定义，而不能采用 wall id id face$(x_4, y_4, z_4)(x_2, y_2, z_2)(x_3, y_3, z_3)(x_1, y_1, z_1)$这种端点跳跃的方式。

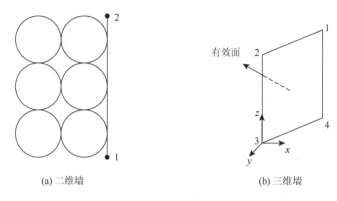

(a) 二维墙　　　　　　　　　　　　　　(b) 三维墙

图 2-2　墙体有效面的判断

尽管按照顺时针和逆时针次序定义四个端点都可以生成三维空间内的墙，但对于端点不同的定义次序，墙的有效面不同。离散元规定采用"左手法则"判断墙的有效面，例如，当采用 wall id id face$(x_1, y_1, z_1)(x_2, y_2, z_2)(x_3, y_3, z_3)(x_4, y_4, z_4)$ 按顺时针定义墙体四个端点时，采用"左手法则"时大拇指的方向为活动面的法向方向，墙体左上方的面即为有效面。如图 2-2（b）所示，若按照逆时针方向定义墙体的四个端点后，生成的墙的有效面则相反。

3. 接触和黏结

除单元和墙为 PFC 的基本元素外，单元与单元之间、单元与墙之间的接触和黏结也是 PFC 基本元素。

1）接触

离散元方法的核心思想是把分析对象（包括构件、结构等）离散成一定数量的球形或者圆盘形颗粒单元，接触就是描述单元间相互作用的接触力与相对位移的关系，包括法向接触力与法向位移之间的关系，以及切向位移与切向力之间的关系。在 PFC 内，接触主要包括线性接触和 Hertz-Mindlin 非线性接触两大类。当然用户可以根据处理问题的材料特点，自定义材料的接触模型，如伯格斯模型等。

2）黏结

离散元颗粒流方法允许相互接触的颗粒以一定的强度黏结在一起，并设定了两种黏结模型：接触黏结模型和平行黏结模型。接触黏结认为单元之间的连接只发生在接触点很小的范围内，而平行黏结发生在接触颗粒之间圆形或方形的一定范围内，如图 2-3 所示。接触黏结只能传递力，而平行黏结不仅能传递力，还能传递力矩。在离散元方法中，两种类型的黏结可以同时存在，直到接触丧失，且这两种黏结模型只能用于颗粒单元之间的黏结，不能表征颗粒与墙之间的黏结特征。

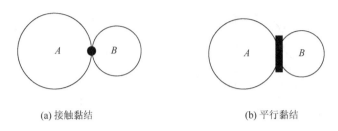

(a) 接触黏结   (b) 平行黏结

图 2-3   常用的两种黏结模式

2.1.2   颗粒流程序的特点与优势

离散元方法是把分析对象（包括构件、结构等）离散成一定数量的球形圆盘形颗粒或者块体单元，分析对象的宏观本构行为通过单元间简单的微观模型描述。由此，离散元方法实际应用时有颗粒流程序和块体程序，代表性的块体程序为二维 UDEC 和 3DEC，相比于二维 UDEC 和 3DEC，颗粒流程序 PFC 具有以下三个方面的显著优势：第一，潜在的高效率，因为圆形单元间的接触计算比角状物体间的更简单；第二，模拟的块体由多个单元构成，块体可以破裂，不像二维 UDEC 和 3DEC 模拟的块体不能破裂；第三，PFC 对模拟的位移大小没有限制。

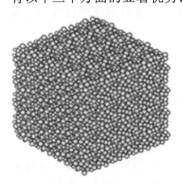

图 2-4   离散单元的立方体模型

但是，与二维 UDEC 和 3DEC 相比，PFC 的缺点也很明显，主要是用 PFC 模拟块体时，块体边界是不平的，用户必须接受不平的边界以换取 PFC 的优点，如图 2-4 所示的立方体表面明显不平整。由于边界不由平面组成，边界条件的设定相对复杂。

PFC 除了具有上述优缺点之外，还具备其他特点，主要表现为以下几个方面。

（1）PFC2D 内的圆盘单元或者 PFC3D 内的圆球单元可以通过相互重叠的方式模拟任意形状的物体，如图 2-5 所示，而且可以把描述不规则物体的所有重叠单元设置成一个"clump"，避免其内部力和位移的计算，以提高模拟效率。

图 2-5   单元相互重叠构成不规则形状

（2）单元半径可设置成服从均匀分布或高斯分布，图 2-6 中单元半径是按照均匀分布设置的。

（3）材料参数可以直接赋予各个单元或单元之间的接触。

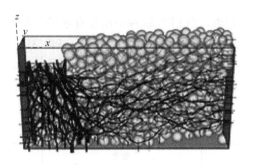

图 2-6　通过墙体移动施加荷载

（4）边界可以通过墙（wall）定义，对单元施加荷载可以通过设置墙的移动速度加以实现，如图 2-6 所示，其中左上方即为设置的墙。

（5）在模拟过程中，单元和墙都可以随时删除。

（6）PFC 提供了基本的接触与黏结模型，如弹性接触模型、Hertz-Mindlin 模型、滑动模型、接触黏结模型、平行黏结模型。

（7）计算时步的自动计算可使求解过程稳定。

（8）程序提供的 Fish 语言可以编写计算子程序，以进行个性化运算。

（9）若在二维模型中设定圆形区域或者三维模型中设定球形区域，程序可以测量区域内单元的平均应力、平均应变率等。图 2-7 为在长方体内设置 5 个球形区域，用以测试各自区域内的应力和应变率。

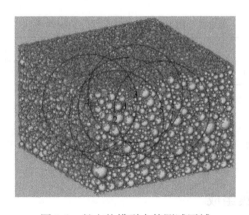

图 2-7　长方体模型中的测试区域

2.1.3　颗粒流程序运行的计算机硬件要求

表 2-1 为安装版本为 V3.0 的 PFC2D/3D 对计算机硬件的要求。需要说明的是，

表中所列为最基本的要求,当 PFC 软件中所建立模型的单元和单元间接触数量越多时,对计算机内存的要求越高[4]。表 2-2 给出了 PFC3D 中单元数量与内存大小的对应关系。由表 2-2 可知,内存大小要求与处理的单元数量近似呈线性关系,可以据此比例关系,结合用户处理的单元数量,推测计算机内存的要求[4]。

表 2-1　PFC2D/3D V3.0 运行的硬件要求

操作系统	硬盘	内存
Windows 7,8,10,11	>25MB	>8MB

表 2-2　计算机内存与单元数量关系

内存/MB	单元数量/个
16	10000
80	50000
160	100000

随着 PFC 运算功能的提升,新版本需要更高的计算机硬件要求,表 2-3 为目前最新版本 PFC V4.0 软件对硬件的要求。当然,在计算机技术高度发达的当今社会,PFC 对硬件的要求都很容易满足。

表 2-3　PFC2D/3D V4.0 运行的硬件要求

操作系统	硬盘	内存	处理器主频
Windows 7,8,10,11	>500MB	>1GB	>1GHz

2.2　颗粒流程序 PFC 的组成与工具

2.2.1　PFC 的工具组成

PFC 目前已发展了多个版本,尽管各个版本的组成与命令不完全相同,但一些常用的命令、工具基本上是一样的。本小节仅以 V3.10 版本为基础,对 PFC3D 的组成、工具和命令进行介绍,其他版本可参照 V3.10 版本[5,6]。

1. 文件组成

PFC3D 的安装目录下有多个文件，其中最主要的文件是一个可执行文件 PFC3D.exe 和两个动态链接库（带有 dll 扩展名的文件）。可执行文件为 PFC3D 的运行文件，一个动态链接库与大量图像格式链接，另一个动态链接库对应于 PFC3D 中内置的接触和黏结模型。

2. 界面组成

安装完成的 PFC3D，运行后主窗口由标题栏、菜单栏、命令栏和显示区等组成，如图 2-8 所示。

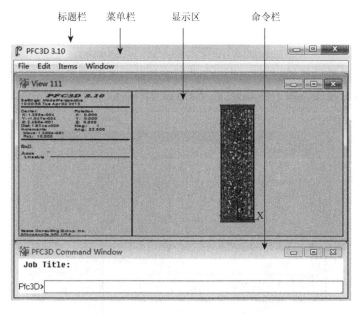

图 2-8　PFC3D 操作界面

（1）标题栏（title bar），标题栏显示正在运行的 PFC 版本。

（2）菜单栏（menu bar），菜单栏包含所有当前可用菜单，通过对菜单的操作可对显示区内的模型进行保存、视图等操作。

（3）显示区（view region），显示区显示目前模型的状态，它分为左右两部分。左边部分显示的是模型显示的时间、模型坐标轴转动的中心和角度、单元和墙的颜色等。右边部分显示的是软件正在处理的模型，包括单元的分布、单元之间的作用力、墙的分布、墙与单元之间的作用力等。模型的显示可以通过菜单栏调整视图显示比例、显示角度、单元颜色、显示图的背景颜色等，还可以通过菜单栏选择显示或隐藏模型的单元、墙、单元之间的接触、单元间作用力、单元与墙间作用力等。

（4）命令（command）栏，创建离散元模型，对已建立的模型进行荷载作用、添加或删除单元、添加或删除墙、计算过程中力学指标的监测、力学指标的显示等都可以通过命令栏内输入的命令加以控制。当然，对于大量命令的输入，为了节省时间、方便操作，通常情况下一般不通过命令栏，而是事先把需要执行的命令编写成 txt 或 dat 格式的命令流，通过菜单栏 File 内的 call 进行读取或直接采用 call 命令读取。

2.2.2　PFC 的常用菜单

1. 编辑（Edit）

在显示区激活的情况下，采用编辑菜单对显示区的模型进行编辑操作，主要功能有复制、视图查看、色彩开关、输出设置和其他，如图 2-9 所示。

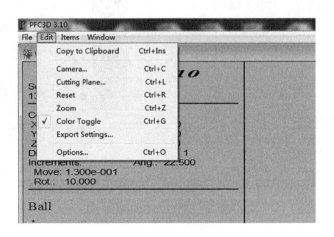

图 2-9　PFC3D 内的编辑菜单

1）复制

复制可以把显示区直接复制到 Windows 的剪贴板上，便于用户粘贴相关内容。图 2-10 就是采用复制功能获得的图 2-8 中的显示区。

2）视图查看

视图查看是通过编辑内的"Camera"控制的，如图 2-11 所示的对话框可以设置模型转动的原点、模型旋转的角度等。图 2-12 为模型沿着 y 轴旋转 30°后的图像。

　　3）色彩开关

　　在编辑菜单内，通过色彩开关可以开启和关闭模型的颜色和显示区的底色。图 2-13 为关闭色彩后的视图。

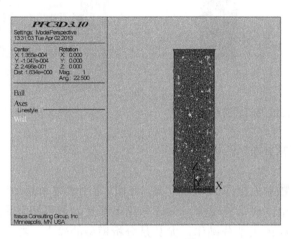

图 2-10　显示区图像

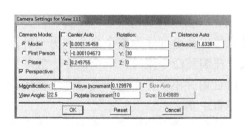

图 2-11　"Camera" 对话框

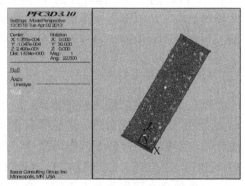

图 2-12　旋转后的模型视图

　　2. 项目（Items）

　　在显示区激活状态下，显示区模型内的单元、坐标轴、墙、接触点、黏结、接触力等项目都可以通过项目菜单进行设置，如图 2-14 所示。通过这个菜单可以在模型内显示和清除上述项目及其他识别号，也可以修改各个项目的颜色、轮廓等。

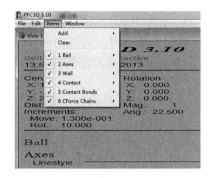

图 2-13　色彩关闭后的显示区　　　　　　图 2-14　显示区菜单

2.2.3　PFC 的常用命令

前面已讲述颗粒流程序 PFC 的组成、界面、常用菜单及其功能,可以看出 PFC 的主界面十分简洁,对话框很少,大部分菜单都是为调整模型显示而设置的。其主要原因是,PFC 的大部分操作,尤其是分析模型的建立、参数的赋值、运算过程的监控等都是通过 PFC 的命令加以实施的。可以说,命令是 PFC 建模和运算的核心[7]。PFC 的命令大体可分为 5 种类型,即程序控制类命令、模型参数类命令、监控类命令、功用类命令和单元参数类命令。下面首先讲述 PFC 内命令的编写规则,然后结合实例对上述 5 类命令的功能、命令执行的要点逐一进行介绍。

1. 命令的编写规则

PFC 命令通常表现为两种形式,一种直接以命令词作为整个命令,另一种是以命令语句形式体现命令。无论哪种形式,在编写命令流时,一个命令一般单独成一行。单独以一个命令词作为命令,在 PFC 内并不多见,这一类命令主要包括 RETURN、PAUSE、CONTINUE、QUIT、STOP 等。

与单独命令词作为命令不同,命令语句是命令常用的形式,绝大部分命令都是以语句的形式体现出来的。命令语句的第一个英文单词都必须是命令词(COMMAND),除了命令词外,大部分命令语句还包括关键字(keyword)和数值(value),其中关键字为 PFC 内定的一些关键字,如单元半径(rad)、密度(den)等,数值一般在关键字之后,是给关键字赋值的。下面为命令语句常用的格式:

COMMAND<keyword value><keyword value>……

在上述形式中,采用<>把多个 keyword 及其数值分隔开来,每个<>内的 value 分别赋值给该<>内的 keyword。这里的<>只是为了说明命令语句的格式,是人为添加的，<>并不能用于 PFC 命令。事实上，PFC 命令语句除了包括上述命令语句形式的 COMMAND、keyword 和 value，只允许出现以下 5 个符号：()、,、=、''、&。

2. 程序控制类命令

程序控制类命令主要用于控制 PFC 执行命令的过程。这类命令主要包括如下。

> CYCLE 和 STEP
> SOLVE
> CALL-RETURN
> CONTINUE-PAUSE
> NEW
> PARALLEL
> QUIT 和 STOP
> SAVE-RESTORE
> SET
> THERMAL
> TITLE
> UCODE

CYCLE 是程序运行控制命令，其后面紧跟数字，表示程序运行的时步数量。

SOLVE 与 CYCLE 的功能类似，只是它会使程序持续运算，直到模型达到某种状态。通常 SOLVE 命令词后面会紧跟关键字 average = value 或 maximum = value。

CALL 命令是 PFC 常用的命令之一，其功能是调用以"txt"或"dat"为后缀的命令流文件。通常采用 PFC 处理某个问题，需要建立模型、设定参数、运算控制、结果显示等多个过程，这些过程需要大量的命令加以控制，如果每个命令都在 PFC 的主界面逐一输入，需要消耗大量的时间和精力。为了解决这个问题，PFC 提供了 CALL 命令，用户可以把需要输入的命令，编写成命令流，并保存为以"txt"或"dat"为后缀的文件，然后通过 CALL 直接读取命令流文件。

RETURN：运算从命令流模式返回到主界面的交互式模式。

PAUSE：当采用 CALL 调用命令流文件时，程序开始读取并执行文件内的命令，如命令内遇到 PAUSE，则程序暂停执行后面的命令。

CONTINUE：继续读取和执行命令，该命令一般出现在 PAUSE 的后面。

NEW：清除前面运算痕迹以开始新的运算，通常在运用 PFC 处理一个新的问题前，采用该命令。

PARALLEL：用来控制并行运算。

QUIT：退出当前正在运行的程序，与 STOP 功能类似。

SAVE：保存当前运算的状态，PFC 可以通过 SAVE 命令把当前运算的状态进行完整的保存，包括模型、参数、当前运算的时步、运算中监测的数据等。当输入"SAVE temp_1.sav"命令后，当前运算的状态都会保存到 temp_1.sav 文件中。

RESTORE：调用曾经保存的运算状态，如"RESTORE temp_1.sav"命令即可把上述运算调用出来，并继续进行运算。

SET：设置全局变量，如 set time 0.0 就是把当前的时刻归零；set gravity 0 0~9.81 是把 x 和 y 方向的重力加速度设为零，z 方向的重力加速度为 z 轴的反方向，大小为 9.81m/s^2。

THERMAL：设置温度分析条件。

TITLE：设置处理问题的文件名。

3. 模型参数类命令

模型参数类命令主要用于创建任务的分析模型，修改模型的参数。其中创建模型的命令词如下。

```
BALL
CLUMP
DELETE
GENERATE
JSET
WALL
```

BALL：创建一个球单元。

CLUMP：创建一个球单元簇，或者修改已经存在球单元簇的参数。PFC 内的单元簇可以被看成一个不规则刚体，只在边界处有变形，PFC 运算时把它看成一个整体，而不考虑单元簇内部各单元之间的接触力和位移。

DELETE：删除球、墙、球单元簇和处理任务时监测的过程数据。

GENERATE：创建一组球单元。运用此命令时，通过添加关键字，使一组球单元的半径满足一定的分布，如高斯分布、均匀分布。尽管 BALL 和 GENERATE 命令都可以用于颗粒单元的生成，但 BALL 命令产生的颗粒半径及其位置都是人为固定的，且每次运用 BALL 命令只能生成一个单元；而 GENERATE 命令产生的颗粒半径及其位置呈随机分布，且每个 GENERATE 命令能生成一组单元。此外，GENERATE 命令还可以规定颗粒生成的范围为圆形、环形等。

WALL：创建一个墙，或者对已经存在的墙修改或设定其参数，如法向、切向接触刚度，墙移动速率等。

4. 单元参数类命令

除了上述创建模型的命令词外，在模型参数类命令中还包括修改单元参数的命令，主要包括如下。

```
FIX
FREE
MODEL
PROPERTY
CHANGE
INITIALIZE
```

FIX：锁定单元移动速率。

FREE：解除移动或转动锁定的命令。

MODEL：对给定范围内的接触设置用户自定义的接触模型。此命令格式为"MODEL load filename"，其中 filename 为用户根据自定义接触模型编辑成的 filename.dll 文件，它必须与 PFC3D.exe 在同一目录下，且采用这一命令时，config cppudm 必须处于激活状态。

PROPERTY：此命令为 PFC 最常用的命令之一，可以对球单元、接触黏结和平行黏结等基本特征参数进行设置。

CHANGE 和 INITIALIZE 与 PROPERTY 的功能类似。

5. 监控类命令

采用 PFC 处理问题时，通常需要采集相关的过程数据，监控类命令主要用于监控模型的响应，此类命令包括如下。

```
HISTORY
MEASURE
PLOT
PRINT
TRACE
```

HISTORY：用于采集计算过程中定义的各项指标。

MEASURE：创建一个测量圈，用于测量圈内的空隙率、应力、应变率等。

PLOT：显示图形的命令，这里的图形可以是单元、墙等，也可以是计算过程中定义的变量和指标的关系曲线。

PRINT：在主界面的命令栏内显示相关信息。

TRACE：运算过程中采集模型的能量或功，在 PFC 默认条件下，不进行此项采集，若用户需要可以通过 TRACE energy on 打开此项功能，并由 History energy 记录能量或功。

6. 功用类命令

PFC 内的功用类命令为用户在处理任务时提供了强大的定义功能，包括定义

Fish 函数、定义处理对象的范围等。这类命令主要包括下列命令词。

```
DEFINE
GROUP
MACRO
RANGE
TABLE
```

DEFINE：定义一个 Fish 函数，此命令一般与 end 配套使用。上述命令定义了一个名为 shanchu 的函数。在后续的命令流中输入函数的名称，就可以直接调用这个函数。

GROUP：此命令用于把若干个球单元（在某一范围内）划分为具有同一名称的集合。例如，定义上述 shanchu 函数时，就通过 GROUP 把底面圆心为（0，0，0），顶面圆心为（0，0，0.15），半径为 0.05m 的圆柱体范围内的所有单元定义为一个集合，这个集合的名称为 yuanzhu，并把这个圆柱体范围外的所有单元定义为另一个集合，这个集合的名称为 wai。

RANGE：用于定义单元的范围，并给这个范围命名。

MACRO：此命令定义一个总体量，这个总体量可以直接用于命令的关键字。通过这个命令可以有效地减少命令流的编写量，方便用户。

2.2.4 PFC 的文件类型

在 PFC 中有七种文件类型，不同类型的文件通过后缀名加以区分，下面分别介绍这七种类型的文件。

1. 初始化文件

"PFC3D（2D）.ini"是一种格式化的 ASCII 文件。这种文件由用户创建。当PFC 启动或者执行新的命令时，PFC 将自动进入这个文件。PFC 首先在代码所在的目录中搜索"PFC3D（2D）.ini"文件。如果找不到，则在"\ITASCA\System"文件夹中搜索。这种文件可能包含任何有效的 PFC 命令。虽然这种文件没有存在的必要（没有这种文件也不会导致错误），但它一般可以用来改变 PFC 的默认设置。

2. 数据文件

用户可以选择交互方式或者通过数据文件的方式运行 PFC。这种文件是一种格式化的 ASCII 文本文件。这种文件由用户创建，包含用于分析特定问题所使用的 PFC 命令的集合。通常来讲，创建数据文件是使用 PFC 最有效的方式。在 PFC

中，使用 CALL 命令执行数据文件。数据文件可以有任何文件名和后缀。对于 PFC 输入命令，推荐使用统一的后缀，如 ".dat"。对于 Fish 函数语句，推荐使用后缀 ".fis"。这样就可以将数据文件和其他类型的文件区分开来。注意：数据文件中每一行都必须以回车键结束。否则，PFC 将不会处理这一行。

3. 存储文件

当执行 SAVE 命令时，PFC 将创建文件 "PFC3D（2D）.sav"。默认的文件名就是 "PFC3D（2D）.sav"。用户可以通过命令 SAVE filename 指定文件名，其中 filename 是用户指定的文件名。"PFC3D（2D）.sav" 是一种二进制文件，包含了所有状态变量的值和用户定义条件。创建存储文件的主要原因是允许用户在不完全返回初始问题的情况下分析参数变化的影响。存储文件可以被恢复，用于后续的分析。在运行 PFC 时，创建多个存储文件通常是有利的。

4. 日记文件

当执行命令 SET log on 时，PFC 将创建文件 "PFC3D（2D）.log"。这是一种格式化的 ASCII 文件，也称日记文件，用于记录 PFC 的工作过程。默认的文件名就是 "PFC3D（2D）.log"。可以通过 SET logfile filename 命令指定文件名，其中 filename 是用户指定的文件名。这个命令可以通过交互方式被输入执行或者作为命令流的一部分被读取执行。在命令 SET log on 后，计算机屏幕上出现的所有文本将被复制到日记文件中。当需要记录 PFC 的工作过程时，日记文件是有用的。日记文件也为检查命令的执行情况提供了文本依据。

5. 历史文件

当执行命令 HISTORY write n（n 是历史变量序号）时，PFC 将创建文件 "PFC3D（2D）.his"。这是一种格式化的 ASCII 文件。默认的文件名就是 "PFC3D（2D）.his"。可以通过在 HISTORY write 命令后添加关键字语句 file myfile.his 来指定文件名。这个命令可以通过交互方式保存文件数据，自动记录历史变量的数值，并可以通过文本编辑软件来查看历史文件。

6. 绘图文件

当在命令模式中执行命令 PLOT hardcopy 或在 PFC 主窗口中选择 "FILE PRINT" 菜单项时，PFC 将创建绘图文件。在这两种情况下，图形都会传送给 Windows 打印机。用户可以通过命令 SET output myfile.ps 来指定文件名，其中 myfile.ps 是用户指定的文件名。

7. Fish I/O 文件

用户编写的 Fish 函数可以通过两种形式创建和读写。如果选择二进制形式，Fish 变量的二进制代码将存储在 Fish I/O 文件中。如果选择 ASCII 形式，数字或者字符数据将写入 Fish I/O 文件或从 Fish I/O 文件中读出。

2.3　颗粒流程序 PFC 的 Fish 语言

Fish 是 PFC 中内置的编程语言，允许用户定义新的变量和函数，这些函数可以拓展 PFC 的功能，并且可以用于添加用户定义的特征。Fish 是一种语言编辑器而不是解释器，当 Fish 函数被激活时，PFC 执行经过编译的 Fish 程序伪代码，使用伪代码替代源代码使得原程序运行得更快，本节将重点介绍颗粒流程序内的 Fish 语言的逻辑及其使用方法。

2.3.1　Fish 语言规则、变量和函数

1. 数据行

一个有效的 Fish 程序数据行必须是下述几种形式之一：
（1）数据行以规定的语句形式开始，如 IF、LOOP 等；
（2）数据行包含一个或多个用户定义的 Fish 函数名称，Fish 函数名称使用空格分开，例如，fun_1、fun_2、fun_3；
（3）数据行包含一个赋值语句，如 aa = bb；
（4）数据行包含一个 PFC 命令，注意：Fish 程序中的 PFC 命令必须内置于 COMMAND 和 ENDCOMMAND 语句之间；
（5）数据行是空白行或者以分号开始。

2. 函数和变量的命名规则

Fish 函数和变量名不能以数字开始，并且不能包含下列符号：
　　．　，　＊　／　＋　～　＾　＝　＜＞　＃　（）　[]　@　；　'　"

用户定义的函数名和变量名可以是任意长度，通常来讲，函数名和变量名可以任意选择，但不能和 Fish 语句、Fish 语言预定义的变量和函数重名。可以使用命令 SET safe on 来避免可能存在的重名，在用户定义的变量名和函数名之前添加 @符号就可以避免重名引起的问题。

3. 变量的作用范围

Fish 函数和变量都在全局范围内起作用，只要 Fish 程序中定义了函数和变量，这些函数和变量在 Fish 代码和 PFC 命令中都是有效的。Fish 变量可以在某个 Fish 函数中赋值，然后在另一个函数或 PFC 命令中使用。在重新赋值前，变量值保持不变。所有变量的值可以使用 SAVE 命令保存，使用 RESTORE 命令恢复。

4. Fish 函数结构和调用

在 Fish 语言中可以执行的唯一实体就是函数，函数没有参数，参数的交换是通过设置变量实现的。函数名在 DEFINE 语句后，并且函数以 END 语句结束，END 语句同时用于将程序控制权交给调用者。函数在定义前也可以被其他函数调用，第一次使用这个函数时，Fish 编辑器只是创建一个符号，然后当这个函数被定义时引用这个函数。Fish 函数可以无限内嵌调用，但不能进行递归调用。函数和变量的区别是，每次引用函数名时将执行该函数，而引用变量只是用来传递数值。

5. 数据类型

Fish 变量和函数值有四种数据类型。

（1）整数，范围为-2，147，483，648～＋2，147，483，647。

（2）浮点数，精度为小数点后 15 位，数值范围为 $10^{-300} \sim 10^{300}$。

（3）字符串，字符串是一串任意可以打印的字符。字符串可以是任意长度。在 Fish 和 PFC 中使用带单引号的字符来表示字符串，如'Good luck'。

（4）指针，用于获取实体的物理地址。

在 Fish 中，变量的类型可以动态变化，取决于赋值类型。例如，var1 = var2。如果 var1 和 var2 属于不同数据类型，那么这个表达式将起到两个作用：第一，var1 的数据类型将转换为 var2 的数据类型；第二，var2 的数值将赋给 var1。在默认情况下，所有 Fish 变量在一开始都被视为整数。在代数表达式中，变量的类型由赋值符右边代数式的数据类型决定。

6. 算术：表达式和类型转换

Fish 中算术符号和其他程序语言基本一致。符号

$$\wedge \quad / \quad * \quad - \quad +$$

分别代表乘幂、除、乘、减和加。计算的优先级和列出的顺序一致，左边符号的优先级高于右边符号。在算术表达式中，括号的优先级最高。括号中的表达式首先计算。例如，下述表达式中 xx 的值为 133。

$$xx = 6/3 * 4 \wedge 3 + 5$$

如果不清楚计算优先级，可以使用括号。例如，上述表达式等同于：

$$xx = ((6/3) * (4 \wedge 3)) + 5$$

在计算中，如果上述两个变量中有一个变量为浮点数，那么计算结果就是浮点数。如果两个变量都是整数，那么结果是整数。值得注意的是，两个整数相除的结果仍为整数。例如，5/2 的结果为 2，5/6 的结果为 0。

指针变量不能进行算术运算，但两个指针变量可以比较是否相同，例如：

$$if \quad zp \quad \# \quad null$$

7. 字符串

在 Fish 中，有三个内置的字符串函数可以用来处理字符串。

（1）in(s)。如果 s 是字符串，则输出 s。如果不是字符串，则等待键盘输入。函数的返回值取决于键盘输入。如果输入整数或者浮点数，那么返回值也相应地为整数或浮点数。

（2）out(s)。输出字符串 s，s 的数据类型必须是字符串。

（3）string(s)。将 s 转换为字符串。

字符串变量只能进行加法运算，加法运算导致两个字符串连接在一起。表 2-4 所示为用于处理字符串的特殊符号。

表 2-4　处理字符串的特殊符号

符号	功能
\'	在字符串中添加单引号
\"	在字符串中添加双引号
\\	在字符串中添加反斜线
\b	退格
\t	跳格
\r	回车
\n	换行

Fish 函数可以被重定义，如果定义了与原有函数同名的函数，那么原有函数的代码首先被删除，然后使用新函数的代码替代。下面是需要注意的两个问题：①即使函数被重定义，变量仍然存在，这些变量可以在别处使用；②如果函数被重定义，所有对原来函数的调用将被删除。

2.3.2　Fish 语句

在 Fish 语言中有一系列内置词，这些内置词不能用作用户自定义的变量和函数名，下面将分别对三类主要内置词进行阐述。

1. 规范语句

规范语句通常置于 Fish 函数的开始位置，以下是 Fish 语言中的规范语句。

1）ARRAY　var1(n1, n2, …) <var2(m1, m2)>…

这个语句在 Fish 函数中引入了数组。var1 是数组名。数组变量可以是任何数据类型。

2）MASTER_CONTROL

在并行计算中，这个语句阻止从处理器执行内置命令（COMMAND-ENDCOMMAND 之间的命令和 Fish 代码）。在单处理器模式中，这个语句没有任何影响。但是在并行计算中，主处理器将处理内置命令并将这些命令传送给从处理器。在从处理器中标有 MASTER CONTROL 的函数不会被执行。它将一直等待直到相应的主函数执行完毕，然后从函数才会执行。

3）PLOT_ITEM

当这个语句出现在 Fish 函数的任何位置时，这个函数就是绘图函数。这种函数包含 Fish 绘图命令。可以使用 PLOT add fish 命令将绘图函数添加到绘图列表中。调用这个函数绘制特定的图形。

4）RANGE_ELEMENT

当这个语句出现在 Fish 函数的任何位置时，这个函数就是 range_element 函数。可以用于检查实体是否包含在某个 range 中。

5）SHARE

在并行计算模式中，语句 SHARE var1<var2 var3…>将变量 var1, var2, …进行标记，这样这些变量的值将会被自动传送到它们在从处理器中的副本。每次主处理器重新计算时，变量值都会分享给从处理器中的副本。SHARE 属性只可以用于变量而不能用于函数。

6）WHILESTEPPING

当这个语句出现在 Fish 函数的任何位置时，这个函数在每个 PFC 计算步开始时都会自动执行。WHILESTEPPING 属性可以通过 SET fishcall 0 remove 命令取消。fishcall 语句比 WHILESTEPPING 命令更灵活，推荐使用 fishcall 语句。

2. 控制语句

下述控制语句用于控制 Fish 函数的执行，和规范语句不一样，它们在函数中的位置特别重要。

（1）DEFINE function-name

　　END

这个语句用于定义 Fish 函数。

（2）CASEOF expr

　　CASE n

　　ENDCASE

expr 可以是任意代数表达式，其数值将被转换成整数。n 必须是介于 0~255 的整数。

（3）IF expr1 test expr2 THEN

　　ELSE

　　ENDIF

这些语句允许 Fish 程序的条件执行。ELSE 是可选性的，THEN 可以省略。test 可以包含下述符号中的一个：= ＃ ＞ ＜ ＞= ＜= ，其中，#是不等号。expr1 和 expr2 可以是任何有效的代数式。如果检验为真，则执行 IF 后面的代码；如果检验为假，则执行 ELSE 和 ENDIF 之间的代码。对于字符串和指针，只有 = 和#适用于检验。这个语句可以嵌套使用。

（4）EXIT

这个语句用于无条件退出当前函数。

（5）EXIT SECTION

这个语句用于无条件退出某个 SECTION。Fish 程序中的 SECTION 将在下面介绍。

（6）LOOP var （expr1，expr2）

　　ENDLOOP 或者

　　LOOP WHILE expr1 test expr2

　　ENDLOOP

这是一个循环语句。在 LOOP 和 ENDLOOP 之间的代码将被反复执行直到满足特定的条件。在第一种形式中，var 首先被赋予 expr1 的数值，然后在每个循环执行结束 var 增加 1，直到达到 expr2 的值。var 是整数型变量。在第二种形式中，当检验为真时，执行循环，否则直接跳到函数结尾。在第一种形式中，检验发生在每个循环的结束。在第二种形式中，检验发生在循环开始。循环语句可以任意嵌套。

（7）SECTION

　　　ENDSECTION

这个语句使得程序以可以控制的方式向前执行。SECTION…ENDSECTION 之间可以包含任意行数的 Fish 代码。它们不影响程序的执行。然而，在这个语句之间的 EXIT SECTION 语句将使得程序直接跳到这个代码段的末尾。这个语句不可以嵌套使用。

3. PFC 命令的执行

COMMAND

ENDCOMMAND

　　如果要在 Fish 程序中执行 PFC 命令，PFC 命令必须置于这两个语句之间。值得注意的是，在 Fish 程序中不能使用 NEW 和 RESTORE 命令。此外，PFC 不会对位于 COMMAND 和 ENDCOMMAND 之间的命令进行错误检查。

2.3.3　Fish 和 PFC 的关联

1. 修改的 PFC 命令

和 Fish 变量有关的所有 PFC 命令如下。

1）GENERATE filter fname

用于激活用户自定义的球体生成过滤，由 Fish 函数 fname 执行。

2）HISTORY　var

用于记录 Fish 变量或函数 var 的历史值。

3）PLOT add fish fname

将用户定义的 Fish 函数 fname 添加到绘图列表中。

4）PRINT var

输出 Fish 变量 var 的值。

5）PRINT fish

输出一系列 Fish 符号以及它们的当前值或者类型指示。

6）PRINT fishcall

输出当前关联的 fishcall ID 数字和 Fish 函数。

7）RANGE fish fname

激活用户定义的 range element，由 Fish 函数 fname 执行。

8）SET fishcall n<remove>name

在计算过程中，当 fishcall ID 序号为 n 的事件发生时，Fish 函数 name 将被调用。可选关键字 remove 用于删除 Fish 函数。

9）SET var value

将数值 value 赋给 Fish 变量。

10）TITLE str

将存储的标题名改为 Fish 字符串变量 str 的值，注意，变量名不能使用单引号。

2. Fish 函数的执行

总体来说，PFC 和 Fish 属于不同的实体，Fish 语句不能作为 PFC 命令，同时 PFC 命令在 Fish 程序中不能作为语句直接运行。尽管如此，这两个系统可以通过很多方法相互作用，以下是一些常见的方法。

（1）直接使用函数。在 PFC 输入行中直接输入 Fish 函数名将执行该函数。这是执行 Fish 函数最常用的方式。

（2）作为历史变量使用。当 Fish 函数用作 HISTORY 命令的参数时，Fish 函数将按照一定的间隔持续执行。

（3）在计算中自动执行。当 Fish 函数使用 fishcall 功能时，Fish 函数将自动执行。

（4）使用 Fish 函数控制程序的运行。因为 Fish 函数可以包含 PFC 命令，所以 Fish 函数可以用于控制程序的运行。

3. FISHCALL

在计算步内和当特定的事件发生时，可以调用 Fish 函数。调用语句如下所述：

```
SET fishcall n<remove>name
```

在计算过程中，当 fishcall ID 序号为 n 的事件发生时，Fish 函数 name 将被调用。表 2-5 列出了 ID 序号所对应的计算步位置和事件。ID 序号 0～3 和 12 对应于特定的计算步位置。ID 序号 4～11 对应于特定的事件。例如，SET fishcall 2 name 表示名称为 name 的函数在力-位移计算之前将被调用，而 SET fishcall 9 name 表示名称为 name 的函数在每次点连接破坏时将被调用。SET fishcall 0 name 与 WHILESTEPPING 语句的功能类似。

表 2-5　FISHCALL 序号和对应的事件

ID	事件	fc_arg(0)	fc_arg(1)
0	运动计算之前		
1	运动计算之后		
2	力-位移计算之前		
3	力-位移计算之后		

续表

ID	事件	fc_arg(0)	fc_arg(1)
4	生成球时	球体地址	
5	删除球时	球体地址	
6	接触生成时	接触地址	
7	接触删除时	接触地址	
8	点连接创建时	接触地址	
9	点连接破坏时	接触地址	破坏模式：0-法向破坏，1-切向破坏
10	平行连接创建时	接触地址	
11	平行连接破坏时	接触地址	破坏模式：0-法向破坏，1-切向破坏
12	计算开始		
13	温度计算开始	接触地址	激活标志：0-关，1-开

一些 FISHCALL 通过内置函数 fc_arg(n)向调用的函数传递参数。传递的参数值见表 2-5。例如，对于 fishcall 7，传递参数 fc_arg(0)的值是即将被删除的接触地址。

2.3.4　PFC 的帮助文档

PFC 帮助文档是学习使用 PFC 建模的指南。该文档由七个部分组成，分别是 User's Guide、Command Reference、Fish in PFC3D（2D）、Theory and Background、Optional Features、Verification Problems and Example Applications 和 Command and Fish Reference Summary。

User's Guide 部分简要地描述了 PFC 的特点、功能和应用以及使用 PFC 的入门指引。Command Reference 部分全面地介绍了 PFC 的全部命令。Fish in PFC3D（2D）部分系统地介绍了 Fish 语言的使用。

Theory and Background 部分详细地介绍了 PFC 的理论背景和本构模型，Optional Features 部分介绍了 PFC 中的一些可选特性，如温度模拟、本构模型创建、用户 C++ 代码编写和并行计算。Verification Problems and Example Applications 部分包含了 PFC 的验证和应用实例，Command and Fish Reference Summary 部分是 PFC 命令和 Fish 语言的概要。

参 考 文 献

[1]　Cundall P A. BALL—A program to model granular media using the distinct element method[Z]. London：Dames & Moore Advanced Technology Group, 1978: 1-16.

[2]　　Cundall P A, Strack O D L. A discrete numerical model for granular assemblies[J]. Géotechnique, 1979, 29(1): 47-65.

[3]　　Cundall P A. A computer model for simulating progressive large-scale movements in blocky rock systems[J]. Proceedings of the Symposium of the International Society of Rock Mechanics, Nancy 2, 1971: 8-11.

[4]　　郑文刚. 离散元工程计算软件前后处理系统[D]. 大连: 大连理工大学, 2002.

[5]　　Itasca Consulting Group.(2004a). PFC 2D Version 3.1, Minneapolis[Z].

[6]　　Itasca Consulting Group.(2004b). PFC 3D Version 3.1, Minneapolis[Z].

[7]　　周健, 池永, 池毓蔚, 等. 颗粒流方法及 PFC2D 程序[J]. 岩土力学, 2000, 21(3): 271-274.

第3章　基于离散颗粒流的集料成型
与级配骨架理论研究

本章首先介绍 AIMS 形貌扫描技术，简述基于轮廓扫描图像的数值颗粒成型原理，在此基础上，介绍了半径扩大法、棱角度指标法以及随机算法在内的集料二维、三维成型算法。通过对二维集料骨架进行单轴贯入试验的数值模拟，以及对比成型后的细观接触状态，分析了半径扩大法和外部填充法的优劣。其次，介绍了局部骨架理论及全局骨架理论，从集料单相和混合料整体出发，阐明了相邻两挡粒径集料之间的嵌挤作用机制，并从空隙率、配位数、接触占比的角度验证了局部骨架理论的有效性。最后，开展三维集料的三轴抗剪强度试验，分析了粗集料形状、棱角度、纹理、岩性、级配、长短比和粒径对集料抗剪性能的影响。

3.1　集料形貌扫描及数值成型方法

3.1.1　AIMS 骨料扫描技术

AIMS（aggregate image measurement system）是美国 PINE 公司开发的一种骨料图像测量系统，系统中自定义了骨料的各项形态指标[1]，并可以通过扫描骨料获取相应的形态特征，包括棱角度、纹理、球形度、扁平率等，如下所述。

1. AIMS 扫描技术

1）二维形态特征

运用 AIMS 扫描级配碎石样品，获得每一个集料的二维轮廓图像，并作为棱角度划分的依据。AIMS 中棱角度系数与颗粒二维轮廓图像相关，用来刻画轮廓图像边缘的凹凸状况，AIMS 中的棱角度系数只能评价粗集料，而不能评价细集料。棱角度系数采用梯度向量法，AIMS 通过扫描骨料颗粒形态轮廓，识别其中棱角点，按照式（3-1）自动计算每一个颗粒的棱角度系数：

$$GA = \frac{1}{\frac{n}{3}-1} \sum_{i=1}^{n-3} |\theta_i - \theta_{i+3}| \tag{3-1}$$

式中，GA 为棱角度系数；θ 为棱角顶点的方向角；n 为棱角顶点的数量；i 为颗粒边缘第 i 个棱角顶点。

2）二维尺寸特征

使用集料的长轴长度、短轴长度来反映颗粒的二维尺寸特征，在 AIMS 扫描前，将扫描用的级配碎石颗粒按照长短轴所构成的那一面平放在扫描用的托盘上，保证得到的二维轮廓图像长短边分别为长短轴。长轴长度是集料颗粒的最大尺寸，中轴长度是指与长轴相垂直的平面的最大尺寸，而短轴长度则是指与长轴、中轴都垂直的最大尺寸，以长轴与短轴长度表征颗粒的二维尺寸特征。

3）纹理特征

运用纹理系数来描述集料颗粒的表面纹理特征。AIMS 中纹理系数主要评价粗集料，不能评价细集料。粒径小于 0.5mm 的颗粒，其表面纹理相对于实际形状的影响并不明显，可以忽略。运用小波理论量化颗粒的表面纹理，通过扫描水平、竖直、对角线三个方向获得高分辨率表面纹理图，经过侵蚀膨胀的图形处理技术，计算在给定侵蚀膨胀水平下三个方向的小波系数平方均值，以此作为该颗粒的纹理系数。纹理系数的范围在 0～1000，数值越大，纹理越明显，其计算公式为

$$TX = \frac{1}{3N} \sum_{i=1}^{3} \sum_{j=1}^{N} (D_{i,j}(x,y))^2 \tag{3-2}$$

式中，D 是侵蚀膨胀函数；N 是每一张高分辨率纹理图像上的小波系数数量；$i = 1, 2, 3$，是不同方向的纹理图像编号；j 是每一个小波系数的编号；x、y 是经过侵蚀膨胀转换的区域，转换的小波系数所对应的转换位置。

4）其他相关特征

除了棱角度、纹理，扁平率也是重要的形态特征之一，扁平率小于一定范围的集料颗粒即为道路工程中所指的针片状颗粒，针片状颗粒对于路用性能影响较大。AIMS 在进行扫描时，会通过测量设备分两次进行横纵断面的扫描，并通过式（3-3）计算扁平率并储存：

$$扁平率 = \frac{d_l}{d_s} \tag{3-3}$$

式中，d_l 为颗粒长轴长度；d_s 为颗粒短轴长度。

棱角度和纹理均表现了颗粒表面凹凸起伏的状况，棱角度属于宏观表面特性，相比于纹理更容易被观察，而纹理属于微观表面特性，采用 AIMS 中的棱角度-纹理复合系数 CAAT 来统一描述棱角度、纹理的相关特征，并按照式（3-4）定义：

$$CAAT = 10 \times TX + 0.5 \times GA \tag{3-4}$$

式中，CAAT 为棱角度-纹理复合系数；TX 为纹理系数；GA 为棱角度系数。

2. AIMS 试验方法与材料

采用玄武岩作为级配碎石的研究对象，按照标准筛筛分为以下几个粒径的集料颗粒——4.75～9.5mm，9.5～13.2mm，13.2～19mm，19～26.5mm，将粒径为 4.75～9.5mm 的集料简称为 4.75mm 集料，其他粒径的集料以此类推。将粗集料颗粒分别放入 AIMS 托盘进行扫描，获取每一挡颗粒的形态特征分布，形态特征包括棱角度系数、纹理系数、棱角度-纹理复合系数、扁平率。为了保证形态特征选取的有效性，应保证足够数量的扫描样品，每一挡粒径的颗粒扫描数量在400～500 范围，扫描过程如图 3-1 所示。

图 3-1　AIMS 托盘扫描示意图

对各挡粒径的形态数据，按照棱角度系数、纹理系数、棱角度-纹理复合系数、扁平率进行形态特征统计分析研究。由图 3-2 可知，4.75mm、9.5mm、13.2mm、19mm 粒径的颗粒，其棱角度系数分布范围主要在2000～6000,其中以2500～4500居多，占总比例的 70%～80%。对比每一挡粒径棱角度系数的最小值，其中 19mm 颗粒棱角度系数最小值最低，13.2mm 颗粒棱角度最小值最高，最小值的大小顺序为 19mm＜4.75mm＜9.5mm＜13.2mm，其中 4.75mm 与 9.5mm 的值相差不大，对比每一挡粒径颗粒的棱角度系数的最大值，大小顺序同样为 19mm＜4.75mm＜9.5mm＜13.2mm，其中 4.75mm 与 9.5mm 的值也相差不大。综上，以 AIMS 中的棱角度系数表征颗粒棱角度形态，可以得到各粒径颗粒棱角度性能排序，为19mm＜4.75mm＝9.5mm＜13.2mm，即 19mm 棱角度性能最差，13.2mm 棱角度性能最好，9.5mm 与 4.75mm 棱角度性能基本一致，介于二者之间。

纹理系数分布如图 3-3 所示，其值在 0～1000 内分布，主要分布在 300～700，占总比例的 80%～90%，对比每一挡粒径颗粒的纹理系数的最小值，大小顺序为

4.75mm＜9.5mm＜13.2mm＜19mm，对比每一挡粒径颗粒的纹理系数的最大值，大小顺序为 13.2mm＜19mm＜9.5mm＜4.75mm。结合图 3-3 中的曲线，可得 4.75mm 粒径颗粒纹理分布范围最广，为 120~960，19mm 颗粒纹理分布范围最窄，为 230~750，而 13.2mm 与 9.5mm 颗粒纹理分布范围基本一致。说明随着粒径减小，颗粒表面纹理变化更多，既有较为光滑的表面，也有非常粗糙的表面。综上，以 AIMS 中的纹理系数表征颗粒纹理特征，可以得到各粒径颗粒纹理性能排序，为 9.5mm＜4.75mm＜13.2mm＜19mm，即 19mm 纹理性能最优，13.2mm、4.75mm 其次，9.5mm 纹理性能最差。

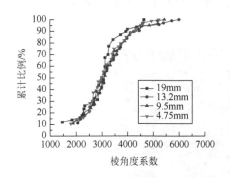

图 3-2　不同挡粒径颗粒的棱角度系数
分布范围

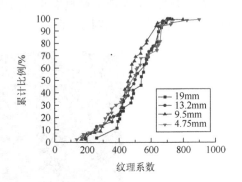

图 3-3　不同挡粒径颗粒的纹理系数
分布范围

　　棱角度-纹理复合系数分布如图 3-4 所示，表征棱角度-纹理的复合效果，其值分布范围主要在 2000~12000，以 4000~8000 为主，占总比例的 70%~80%。4.75mm、9.5mm、13.2mm、19mm CAAT 值在小于 5000 的累计占比分别为 27%、23%、22%、9%，在小于 8000 的累计占比分别为 88%、95%、91%、94%，即 5000~8000 占比分别为 61%、72%、69%、85%，在 8000 以上占比分别为 12%、5%、9%、6%。综上，以 AIMS 中的棱角度-纹理复合系数表征颗粒棱角度-纹理特征，可以得到各粒径颗粒棱角度-纹理性能排序，为 4.75mm＜9.5mm＜13.2mm＜19mm，即 19mm 棱角度-纹理复合性能最优，13.2mm、9.5mm 其次，4.75mm 棱角度-纹理复合性能最差。

　　扁平率分布如图 3-5 所示，即比值大于 3 为针片状颗粒。4.75mm、9.5mm、13.2mm、19mm 粒径颗粒扁平率小于 3 的累计占比分别为 67%、65%、64%、84%，即随着粒径增大，针片状颗粒占比减少，其中 19mm 颗粒针片状占比最少，且显著少于其他粒径颗粒。由图 3-5 可知，4.75mm 粒径颗粒不仅针片状数量占比最多，而且极易形成扁平率极高的针片状颗粒，比例可以一度达到 8 左右，最大扁平率是其他粒径的最大扁平率的 2 倍左右。综上，以 AIMS 中的扁平率表征颗粒针片状特征,可以得到各粒径颗粒针片状性能,为 4.75mm<9.5mm<13.2mm<19mm,即随着粒径增大,针片状所占比例减少,针片状颗粒出现的概率也减小。

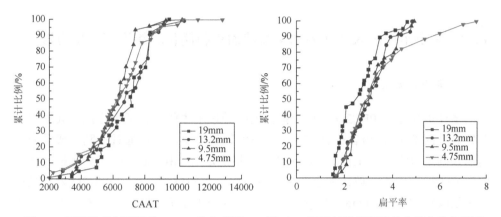

图 3-4　不同挡粒径颗粒的 CAAT 分布范围　　图 3-5　不同挡粒径颗粒的扁平率分布范围

3. 轮廓图像及数据预处理

对扫描样品获取轮廓图片进行预处理,如图 3-6 所示为图片预处理灰度图,其中图 3-6(a)为颗粒形状图,图 3-6(b)为颗粒轮廓图。运用 MATLAB 将轮廓图片消噪、灰度化,适当降低图片分辨率,将图片批量处理成低分辨率下的颗粒轮廓图片(图 3-6(b))以及其对应的颗粒形状图片

(a) 形状图　　　　(b) 轮廓图

图 3-6　样本颗粒扫描灰度图

(图 3-6(a)),批量读取每一个样本颗粒轮廓图(图 3-6(b))的像素数量、位置及长短轴。

每一个颗粒的轮廓图片分辨率都存在差异,这种差异由两种原因造成:①AIMS 通过扫描镜头进行扫描,并根据实际石子的大小调整镜头距离石子的高度,以保证扫描的石子轮廓都在扫描区域内,所以不同粒径的石子扫描出来的原始图片分辨率不一样;②在图片处理操作中,对获得的图像进行了消噪、灰度化、低分辨率处理,也造成颗粒轮廓图分辨率不同。由于每一张颗粒轮廓图分辨率具有差异,所以从颗粒轮廓图上读取的长短轴像素距离与实际长短轴距离不一致,对于直接重构该样本颗粒没有实际应用意义。通过 MATLAB 读取 27 个样品颗粒轮廓图上黑色像素点的坐标,计算每一个颗粒的图像中心位置,中心位置由式(3-5)确定:

$$\mathrm{cen\_}x = \frac{\sum_{i=1}^{n} x_i}{n}, \quad \mathrm{cen\_}y = \frac{\sum_{i=1}^{n} y_i}{n} \qquad (3\text{-}5)$$

式中,$\mathrm{cen\_}x$ 为颗粒中心横坐标值;$\mathrm{cen\_}y$ 为颗粒中心纵坐标值;n 为该颗粒轮廓边缘处黑色像素点的数量；x_i 为轮廓边缘第 i 个像素点横坐标；y_i 为轮廓边缘第 i 个像素点纵坐标。

3.1.2 基于半径扩大法和内部填充法的集料简化二维形态成型方法

1. 半径扩大法

半径扩大法是 PFC2D 手册内提出的一种最基本的颗粒成型方法，其原理是首先通过内部 Fish 语言根据空隙率计算颗粒生成量，同样通过控制生成颗粒的面积来确定最终目标生成量。当生成量计算确定后，由 generate 命令在指定区域内生成随机分布的、粒径大小在指定范围内分布的圆盘。由于 PFC2D 内当颗粒面积生成较大时，generate 命令无法在指定区域内生成，所以该方法首先将生成的所有圆盘半径乘以一个缩放系数，缩放后，颗粒总面积减小，generate 命令可以成功地在指定区域内随机投放，投放完成后，再将所有颗粒半径乘以缩放系数的倒数，还原圆盘的真实半径大小。乘以系数还原后，很多圆盘产生重叠，位置不符合要求，通过运行一定计算步，使试件内的颗粒重新到达新的位置并保持稳定状态。半径扩大法成型速度较快，公式计算简单，其成型流程如图 3-7 所示。

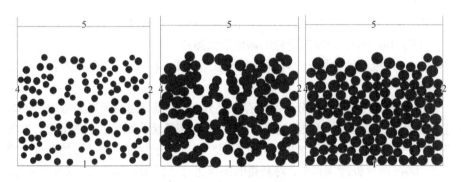

图 3-7　半径扩大法成型流程

2. 内部填充法

内部填充法是在模拟颗粒形态时，在颗粒内部有圆盘填充的成型方法，本书中所对比的内部填充法是读取颗粒形状图像的所有像素点位置，并在每一个像素点位置处生成圆盘，通过成型圆盘集合体来模拟颗粒，如图 3-8 所示。

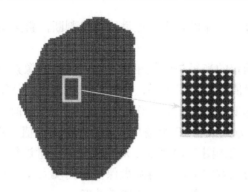

图 3-8　内部填充法成型数值颗粒

需要说明的是，内部填充法的方式有很多，在模拟形态时，既有随机切割成型，也有根据扫描形态成型，但是内部有圆盘填充是其共同的特点。虽然内部填充种类很多，但是在与本书所提出的二维颗粒库对比中，都存在同样的缺点，即所需圆盘数量较多，计算效率较低。

3.1.3　基于棱角度指标的集料真实二维形态成型方法

1. 19mm 集料生成算法

根据 3.1.2 节中经过坐标系调整的轮廓图片，按照以下步骤成型某个 19mm 的数值颗粒。

步骤 1：读取新坐标系下某个轮廓图中黑色像素点的位置，并保存。

步骤 2：将所有黑色像素点的横纵坐标值分别除以表中该轮廓图对应的缩放比例，形成每个黑色像素点的新坐标。

步骤 3：通过阈值筛选，以一定的间距进一步筛除黑色像素点数量。

步骤 4：根据保留下来的黑色像素点确定圆盘半径。

步骤 5：以保留下来的黑色像素点位置为圆心，以确定的半径生成首尾相连的圆盘集合体，并定义为一个 clump。

运用上述步骤成型 19mm 颗粒，其中 19mm 的短轴长是通过步骤 2 获得的，根据确定短轴像素点之间的距离与 0.019 的比例，调整每一个轮廓像素点的坐标，最终确定该轮廓图对应的棱角度在 19mm 粒径下颗粒的边缘轮廓位置，将轮廓位置坐标导入 PFC2D 后成型首尾相连的圆盘以模拟集料颗粒，如图 3-9 所示。

步骤 3 中，设定阈值进一步筛除边缘处黑色像素点数量，通过 MATLAB 程序，首先选择轮廓边缘的起始像素点，按照顺时针依次判断接下来的像素点，若像素点与起始像素点距离小于阈值，则筛除，直到找到第一个距离大于等于阈值的像素点，保留该像素点并以它为起点继续前述判断，直至按照顺时针判断完每一个像素点位置。

步骤 4 中，所确定的半径与阈值相关，由于保留的像素点位置的间距大于等于阈值，就算大于阈值，也是很小的，因为保留的像素点是第一个距离大于阈值的位置，以阈值的 1/2 加上修正系数作为圆盘半径，在保留下来的像素位置处生成圆盘，通过这样的方式成型 27 个棱角度各不相同的数值二维颗粒，部分不同棱角度的 19mm 数值颗粒如图 3-10 所示。对轮廓像素数量进行前述的阈值筛选，能够筛除 98%～99%的无效像素，使得圆盘保留比例仅为 1%～2%，在保证颗粒形态的拟合精度的同时极大地提高了数值建模效率。

图 3-9　二维数值颗粒成型示意图

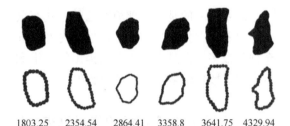

1803.25　　2354.54　　2864.41　　3358.8　　3641.75　　4329.94

图 3-10　短轴长为 19mm 且棱角度系数不同的
二维数值颗粒

2. 不同粒径集料生成算法

根据 27 个样本颗粒数据，统一成型短轴长为 19mm 粒径的颗粒，而不同挡粒径的颗粒通过 19mm 数值颗粒的控制数分别成型，控制数的含义即不同粒径颗粒短轴长的分布与 19mm 的比值。各挡粒径的控制数如表 3-1 所示，其中 urand 为离散元 PFC2D 内的随机数，在 0～1 内均匀分布。

表 3-1　各挡粒径颗粒控制数

颗粒短轴大小/mm	短轴与19mm比例	控制数	颗粒短轴大小/mm	短轴与19mm比例	控制数
19	1	1	13.2～16	$\left(\dfrac{13.2}{19},\dfrac{16}{19}\right)$	$\dfrac{13.2}{19}+\left(\dfrac{16}{19}-\dfrac{13.2}{19}\right)\times\text{urand}$
19～25	$\left(1,\dfrac{25}{19}\right)$	$1+\left(\dfrac{25}{19}-1\right)\times\text{urand}$	9.5～13.2	$\left(\dfrac{9.5}{19},\dfrac{13.2}{19}\right)$	$\dfrac{9.5}{19}+\left(\dfrac{13.2}{19}-\dfrac{9.5}{19}\right)\times\text{urand}$
16～19	$\left(\dfrac{16}{19},1\right)$	$\dfrac{16}{19}+\left(\dfrac{16}{19}-1\right)\times\text{urand}$	4.75～9.5	$\left(\dfrac{4.75}{19},\dfrac{9.5}{19}\right)$	$\dfrac{4.75}{19}+\left(\dfrac{9.5}{19}-\dfrac{4.75}{19}\right)\times\text{urand}$

将 27 个 19mm 的数值颗粒单独写入文本文件中,该文件中还同时写入了该颗粒的初始面积,并以 area_k 标记,其中 k 为该颗粒的棱角度数值,颗粒面积即表示 19mm 粒径下该颗粒的面积。当成型其他粒径颗粒时,在某个 19mm 颗粒文件内,用控制数来控制,首先将构成该颗粒所有圆盘的横坐标、纵坐标、圆盘半径分别乘以控制数,将 area_k 乘以控制数的平方并记为 area_keli 作为该粒径颗粒实际面积。以新的横纵坐标为原点、新的圆盘半径为半径,生成首尾相连的圆盘集合体,以这样的方式成型不同粒径的颗粒,结果如图 3-11 所示。

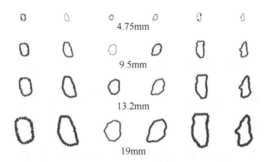

图 3-11   不同挡粒径颗粒成型示意图

通过控制数控制成型的方式,可以根据 19mm 样本颗粒快速成型其他粒径的颗粒,同时将其他特征如面积之类按照一定的规则同样根据控制数进行计算,避免了代码的重复编写。同时将前述扫描颗粒的形态特征分别写入每个颗粒的文件中,建立形态特征与数值颗粒的直接联系,构建数值颗粒库文件。

3.1.4   基于随机算法的集料不规则三维形态成型方法

沥青混合料中的集料具有不规则的形状特征,考虑到粗集料颗粒的实际不规则几何形态,研究认为,可以将其近似地视为具有不规则形状的多面体。因此,提出一种基于离散元方法的三维不规则多面体集料的随机生成方法[2],以模拟粗集料颗粒,为三维沥青混合料离散元虚拟试件的生成做准备。

1. 填充规则排列的离散单元

首先在边长为集料粒径大小的正六面体中填充规则排列的粒径较小的离散单元,得到由规则排列的离散单元构成的正六面体。正六面体的数学方程如下:

$$
\begin{cases}
x - x_l \geqslant 0 \\
x - x_h \leqslant 0 \\
y - y_l \geqslant 0 \\
y - y_h \leqslant 0 \\
z - z_l \geqslant 0 \\
z - z_h \leqslant 0
\end{cases}
\tag{3-6}
$$

式中，x_l、x_h、y_l、y_h、z_l、z_h 分别为正六面体 6 个面的边界值。

2. 正六面体切割

采用若干随机平面对已生成的正六面体进行切割。随机平面的生成过程如下所述。

（1）以正六面体中心 (x_0, y_0, z_0) 为圆心，作半径不超过正六面体内接球半径 R 的球体。该球体的方程为

$$
(x - x_0)^2 + (y - y_0)^2 + (z - z_0)^2 = R^2 \times (1 - e)^2
\tag{3-7}
$$

式中，e 为 $(0, 1)$ 内的正实数，起到控制球体半径大小的作用。

（2）在球面上随机选取若干个点，这些点的坐标如下：

$$
\begin{cases}
n_1 = \cos(2\pi \times \mathrm{urand}_1) \\
n_2 = \cos(2\pi \times \mathrm{urand}_2) \\
n_3 = \cos(2\pi \times \mathrm{urand}_3)
\end{cases}
\tag{3-8}
$$

$$
\begin{cases}
x_p = x_0 + R \times (1 - e) \times \dfrac{n_1}{\sqrt{n_1^2 + n_2^2 + n_3^2}} \\[3mm]
y_p = y_0 + R \times (1 - e) \times \dfrac{n_2}{\sqrt{n_1^2 + n_2^2 + n_3^2}} \\[3mm]
z_p = z_0 + R \times (1 - e) \times \dfrac{n_3}{\sqrt{n_1^2 + n_2^2 + n_3^2}}
\end{cases}
\tag{3-9}
$$

式中，urand 为 $(0, 1)$ 上服从均匀分布的随机数。

（3）球面随机选取的点，以随机点与球心构成的向量为法向向量作若干随机平面。随机平面的方程如下：

$$
P = x \times n_1 + y \times n_2 + x \times n_3 - (n_1 \times x_p + n_2 \times y_p + n_3 \times z_p) = 0
\tag{3-10}
$$

（4）采用已生成的若干随机平面对正六面体进行切割，得到不规则形状的多面体集料，其方程为

$$
\begin{cases}
x - x_l \geqslant 0 \\
x - x_h \leqslant 0 \\
y - y_l \geqslant 0 \\
y - y_h \leqslant 0 \\
z - z_l \geqslant 0 \\
z - z_h \leqslant 0 \\
P_1 \leqslant 0 \\
P_2 \leqslant 0 \\
P_3 \leqslant 0 \\
\vdots
\end{cases}
\tag{3-11}
$$

3. 判断不规则多面体的位置

逐一判断正六面体内规则排列的离散单元与不规则多面体的位置，如离散单元的位置在多面体内，则作为集料单元，并将不规则多面体范围内集料单元设置为一个 clump，即聚粒。

根据已建立的不规则多面体集料颗粒的随机生成算法，用 PFC3D 中的 Fish 语言编写不规则多面体集料颗粒的随机生成程序，生成粒径在 2.36～31.5mm 范围的一组不规则多面体集料，如图 3-12 所示。从图中可以看出，该随机生成程序能够较好地反映集料的三维不规则形状特征，生成的数字集料与真实集料的形状特征较为相似。

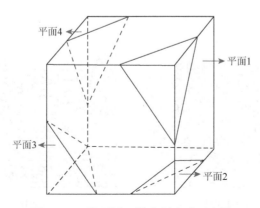

图 3-12　不规则多面体集料生成示意图

3.2 沥青混合料二维集料骨架力学响应数值模拟分析

3.2.1 单一、组合粒径集料单轴贯入试验数值模拟

1. 离散元试件压实成型

基于空隙率的控制算法，空隙率采用表 3-2 中的干捣空隙率，在 PFC2D 内分三次投放粗集料，并用墙加载，使得粗集料由松装状态变为压实紧密状态。

表 3-2 各挡粒径粗集料不同状态下的密度与空隙率

粒径大小/mm	干捣密度 /(g / cm³)	干捣空隙率/%	松装密度 /(g / cm³)	松装空隙率/%
26.5～31.5	1.638	38.54	1.557	41.58
19～26.5	1.634	38.82	1.556	41.74
16～19	1.631	39.35	1.564	41.84
13.2～16	1.625	39.55	1.541	42.67
9.5～13.2	1.616	39.66	1.534	42.72
4.75～9.5	1.594	40.70	1.539	42.75

压实算法中粗集料颗粒采用重力下落的投放方式，同时需要进行限值控制，以避免墙速度过快而造成颗粒击穿墙体，造成错误。第三次压实完毕后，删除压实墙，并运行一定量的计算步，使得试件重新运行到稳定状态，此时数值试件顶部会出现轻微的回弹。在试件顶端建立三个相连的墙片段，以模拟室内试验中50mm 的压头，并赋予加载墙恒定的加载速度，具体如图 3-13 所示。

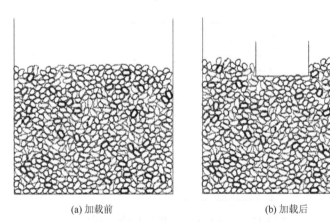

(a) 加载前　　　　　　　　　　　(b) 加载后

图 3-13　4.75mm 单一粒径单轴贯入试验加载前后

2. 单一粒径粗集料微观参数标定

为了使建立的离散元贯入试件能够真实地模拟实际试验情况,除了建立模型以外,还需要对内置的 PFC2D 微观参数进行标定,针对级配碎石单轴贯入试验,所需要标定的微观参数包括圆盘的法向接触刚度、切向接触刚度、摩擦系数,边界墙的法向接触刚度、切向接触刚度、摩擦系数以及加载墙的法向接触刚度、切向接触刚度、摩擦系数。

由于数值颗粒库采用的是轮廓填充法,其宏观物理参数与微观参数之间无法直接一一对应,需要采用逼近尝试的方法不断调整。即首先设立一组初始的微观参数进行虚拟的贯入试验,比较室内试验与数值试验的结果差异,根据各微观参数对试验结果的影响规律,进行有目的的微观参数调整,直到找到一组合适的微观参数,使得模拟结果较为逼近真实试验结果。逼近尝试的方法只是找到一组合适的微观参数组合,使得模拟试验结果逼近真实试验,由于微观参数较多,由确定的一组合适的微观参数能够得到较好的拟合结果,也可能同样存在其他不同组合的微观参数,其拟合度同样较高。为了解决微观参数组合不唯一的问题,利用五组不同单一粒径的粗集料贯入试验,进行微观参数的标定。首先预设一组微观参数,使得 4.75mm 粒径的单轴贯入试验模拟结果与室内试验尽可能逼近,当拟合度较高时,以该组微观参数进行 9.5mm、13.2mm、16mm、19mm 粒径的单轴贯入试验,若拟合度不高,则重新以 4.75mm 单轴贯入试验调整微观参数,直至确定一组合适的微观参数,能够很好地拟合所有粒径的单轴贯入试验。通过确定微观参数同时拟合 5 组试验曲线,可以判断唯一、最优的微观参数,以标准贯入试验条件分别进行 4.75mm、9.5mm、13.2mm、16mm、19mm 单轴贯入试验的拟合,对比室内试验结果,如图 3-14 所示,确定的最佳微观参数如表 3-3 所示。

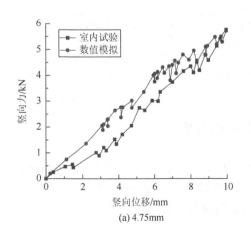

(a) 4.75mm

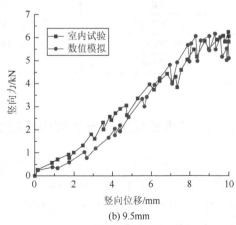

(b) 9.5mm

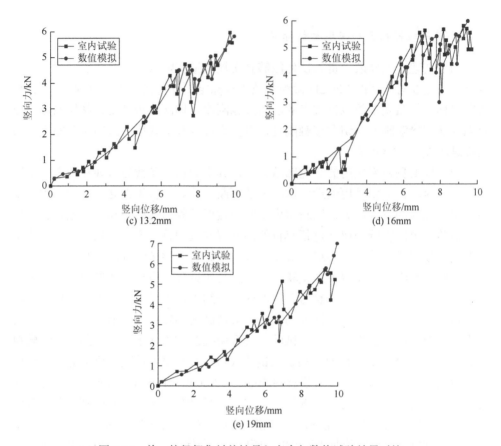

图 3-14　单一粒径粗集料单轴贯入室内与数值试验结果对比

表 3-3　颗粒间的接触微观参数

参数	圆盘	墙
法向接触刚度	2×10^6kN/m	1×10^{10}kN/m
切向接触刚度	2×10^6kN/m	1×10^{10}kN/m
摩擦系数	0.5	0.7

3.2.2　二维骨架成型方法细观接触力状态分析

通过半径扩大法、本书所提出的颗粒库方法分别成型 4.75mm、9.5mm、13.2mm、16mm、19mm 粗集料试件，将不同的试样压实到密实状态并加载，在 PFC2D 内编制 Fish 语句，读取并输出各粗集料试件的微观接触力状态，统计两种成型方式各粒径的接触数量，如图 3-15 所示。

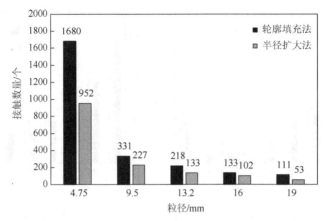

图 3-15　两种成型方式微观接触数量对比

　　由图 3-15 可知，相比于半径扩大法，采用轮廓填充法的数值颗粒成型的试件库能够将接触数量提高 130%～170%，且粒径越小，提升倍数越大。虽然半径扩大法得到的颗粒较多，但是其检测到的微观接触仍远小于本书提出的方法，更多的微观接触说明在模拟颗粒的微观状态时，模拟更加精确细致。统计各挡粒径试件微观接触力的大小分布，如图 3-16 所示。

　　由图 3-16 可知，无论哪一种成型方式，颗粒的微观接触力主要分布在 20N 以下，随着粒径的增大，20N 以下力的比例逐渐下降，20N 以上力的比例逐渐增加。从图 3-16（e）中可以更加明显地看出这种趋势，图 3-16（e）中，通过半径扩大法成型和数值颗粒库的 19mm 颗粒试件，超过 40N 的力分别占比为 33.96%和 13.91%；而在图 3-16（a）中，两种方法中超过 40N 的力的占比仅仅为 0.11%和 0.00%。这种趋势说明了颗粒粒径越大，在试件内所能提供的抵抗结构变形的能力越强，即粒径较大的颗粒是形成骨架结构的重要成分。

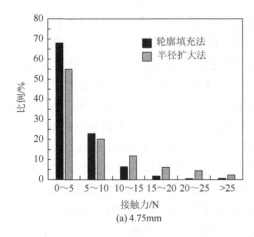

(a) 4.75mm

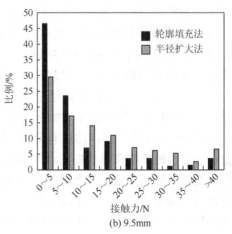

(b) 9.5mm

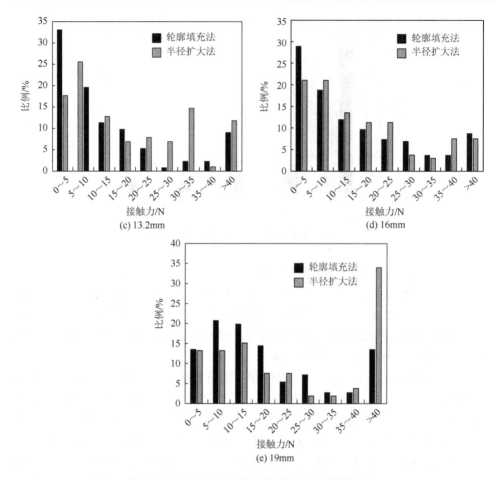

图 3-16　两种成型方式微观接触力分布范围对比

采用轮廓填充法的数值颗粒库进行棱角度性能分析，首先成型三个 9.5mm 试件 A、B、C，其中试件 A 只调用编号为 4 的样品颗粒成型，棱角度系数为 2353.54，试件 B 只调用编号为 6 的样品颗粒成型，棱角度系数为 3641.75，试件 C 只调用编号为 5 的样品颗粒成型，棱角度系数为 4329.94。读取微观接触力的比例分布并统计。由图 3-17 可以直观地看出棱角度属性对于微观接触力的影响，不同棱角度所构成的试件，数值低于 30N 的力比例无明显规律，但是随着棱角度的增加，大于 30N 的力的比例逐渐增加，但是增加幅度并不算很大。经分析，造成这样的情况是由于随着棱角度系数的提高，颗粒嵌挤能力提高，能够提供较高抵抗力的关键接触点数量增加，但是和整个试件的接触力体系相比，关键接触点的数量相对较少，所以增加幅度并不明显。由图 3-17 可知，棱角度属性对于 PFC2D 内的数值模拟存在较大差异，而半径扩大法模拟粗集料颗粒，无法刻画棱角度形态，更无法得出如

图 3-17 所示的棱角度因素的分析影响，进一步证明了轮廓填充法在模拟棱角度形态上的巨大优势。

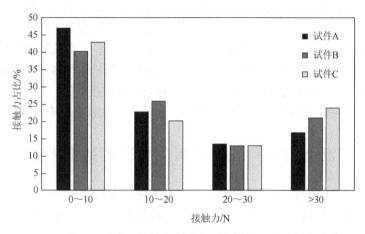

图 3-17　不同棱角度试件微观接触力分布对比

3.2.3　二维骨架成型方法计算效率对比分析

对比分析轮廓填充法的颗粒库、半径扩大法、内部填充法在运行效率、计算容量上的差距，以三种成型方法分别成型 19mm 粗集料颗粒，统计每个试件中圆盘数量以及运行各步骤最终状态后所需的计算步数量，如表 3-4 所示。

表 3-4　不同成型方法的计算效率对比

成型方法	圆盘数量/个	A	B
半径扩大法	67	0.5	92
轮廓填充法	1278	8	320
内部填充法	34672	72	2400

注：A 为建立样品试件总共所需要的计算步/10000 步；B 为完成加载总共所需要的计算步/10000 步。

由表 3-4 可知，相较于半径扩大法，轮廓填充法的圆盘数量增加了约 18 倍，这主要是由于每个颗粒在模拟过程中，轮廓处有 15～40 个不等圆盘填充。成型试件时计算步增加了约 15 倍，这主要是因为半径扩大法采用原地 generate 命令生成圆盘，而轮廓填充法采用重力投放，重力投放的时间稍微长，但是根据计算机每秒运行的计算步数量（0.5 万～8 万步），实际的计算时间差异并不明显，而在加载过程中，由于轮廓填充法圆盘数量比半径扩大法多，所以加载时间较长，约是半径扩大法的 3.5 倍。而相较于内部填充法，轮廓填充法却将圆盘数量减少了 96%，各运行步骤的计算步数量也大幅度降低，可以减少约 87%的计算步数量。

综上所述，轮廓填充法和内部填充法都能够较好地模拟棱角度形态，轮廓填充法在模拟试件微观接触状态时，精度较高，同时在计算效率上，将内部颗粒释放仅仅模拟轮廓，在保证精度的同时相较于内部填充法极大地提高了运行效率，虽然在模拟效率上不如半径扩大法，但是模拟精度优于它。半径扩大法的效率优势是建立在简化模型、降低运行精度的基础上的，且从现有计算机运行容量和速度来看，轮廓填充法因提高模拟精度而增加的计算步数量是可以被接受的，其计算步总数对于PFC2D 模拟来说，是比较正常的步数范围，甚至优于大部分现有的二维模拟方法。

3.3　沥青混合料三维集料骨架理论数值模拟分析

集料是沥青混合料的主要组成部分，对沥青混合料的各种抗损坏性能影响很大，粗集料对抗车辙能力有很大的影响，而细料则给混合料提供稳定性。集料级配是集料混合物中颗粒大小的分布，是混合料设计中最重要的环节之一。由集料形成的骨架结构主要取决于集料的粒径分布、形状和矿料组成，集料粒径分布和空隙率的变化会改变集料颗粒群的接触分布。

本节采用一种通用的级配骨架理论与模型，并在此基础上结合级配沥青混合料的特点进行改进，以此确定排水沥青混合料中能够形成合理骨架结构的集料粒径分布范围，并评价骨架结构的质量。该理论模型已在若干现场和室内混合料上进行了运用、检验，并发现它们的抗车辙性能与骨架结构有关，证明该理论是一种基于集料级配的用于检验混合料抗车辙性能的工具[3]，实现了理论服务实际、实际印证理论。

3.3.1　沥青混合料局部骨架理论

沥青混合料中的集料相实则为一组不同形状和尺寸的颗粒集合体，这些颗粒所形成结构的稳定性取决于接触数量和相邻接触的位置，表 3-5 列出了四种典型的球体堆积排列方式，相应的示意图如图 3-18 所示[3]。

表 3-5　四种典型的球体堆积排列方式

参数	立方形	正交晶	四方形-楔形组合	菱形-六边形组合
配位数	6	8	10	12
空隙率/%	47.64	39.54	30.19	25.95
单位空间体积	$8R^3$	$6.93R^3$	$6R^3$	$5.66R^3$
单位空隙体积	$3.81R^3$	$2.74R^3$	$1.81R^3$	$1.47R^3$

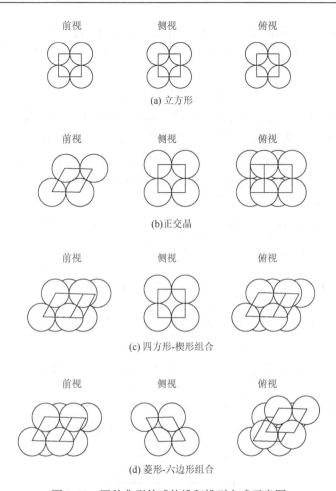

图 3-18　四种典型的球体堆积排列方式示意图

研究表明，大小相同的颗粒所组成的集合体在松散接触状态下的空隙率在 44%～55%，这意味着相互接触的颗粒群空隙率不会大于 55%。为了传递荷载，集料之间需要形成连续的接触网络。该模型将集料分为三个部分：主结构、次结构、悬浮颗粒。主结构是级配曲线中一定粒径范围内的集料，依靠较大粒径集料之间的接触嵌锁，以及各挡粒径集料合理的含量与分布构成的主力链网络，为混合料提供承载能力。它充当着所有集料相互连接的核心，这种连接越多则这个核心越强大、越稳定。对于排水沥青混合料，该部分含量很大，是形成骨架的基础。次结构是粒径小于主结构颗粒的集料，填充部分主结构之间的空隙。对于排水沥青混合料，该部分含量较少，其与沥青结合形成的沥青胶浆为混合料提供了稳定性。悬浮颗粒是粒径大于主结构颗粒的集料，在混合料中基本处于悬浮状态。它们能在不分散剪切力的基础上将其传递至主结构。

如前所述，每挡筛网上的集料粒径分布是连续的。对于某一挡筛网中的集料，集料粒径 D_n 大于当前筛网尺寸 D_{min} 并且小于上一挡筛网尺寸 D_{max}，则某一挡筛网上集料的平均粒径 $\bar{D}_n$ 定义为

$$\bar{D}_n = B(D_{min} + D_{max}) \tag{3-12}$$

式中，$\bar{D}_n$ 为某挡筛网上集料的平均粒径（mm）；B 为无量纲参数；D_{min} 为当前筛网的尺寸（mm）；D_{max} 为大一挡筛网的尺寸（mm）。其中，B 是无量纲参数，表示一个介于 0 和 1 之间的分布平均值。参数 B 可以使用概率分布来计算。

β 分布是一个在[0, 1]区间内定义的连续概率分布函数，是两个正值参数的函数，通常用 α 和 β 表示，如式（3-13）所示。β 分布适用于值不等于 0 或 1 的概率分布。在本节中，β 分布用于表示筛网内不同的粒径分布情况。

$$PDF = \frac{1}{B(\alpha,\beta)} \cdot x^{\alpha-1} \cdot (1-x)^{\beta-1}, \quad B(\alpha,\beta) = \frac{\alpha \cdot \beta}{\alpha + \beta} \tag{3-13}$$

连续两挡筛网上集料之间的相互作用与接触，基于以下四个基本假设：

（1）所有集料均视为球形颗粒；

（2）筛网内的集料粒径分布是连续的，分布特征取决于参数 $B(\alpha,\beta)$，本节考虑均匀分布的情况，即 $B = 0.5$；

（3）两种不同粒径的球形颗粒的最大堆积密度为菱形-六边形堆积方式下的密度 0.74；

（4）集料颗粒均匀分布在整个空间中。

假设连续两挡筛网上的集料占所有集料总体积的体积分数分别为 φ_n 和 φ_{n+1}，平均粒径分别为 $\bar{D}_n$ 和 $\bar{D}_{n+1}$（$\bar{D}_n > \bar{D}_{n+1}$），则两挡集料的加权平均粒径为

$$D_{avg} = \frac{\varphi_n \cdot \bar{D}_n + \varphi_{n+1} \cdot \bar{D}_{n+1}}{\varphi_n + \varphi_{n+1}} \tag{3-14}$$

式中，D_{avg} 为两挡集料的加权平均粒径（mm）；$\bar{D}_n$、$\bar{D}_{n+1}$ 为较大、较小一挡筛网上集料的平均粒径（mm）；φ_n、φ_{n+1} 为较大、较小一挡筛网上集料占所有集料总体积的体积分数。

以下分析计算粒径较大一挡集料（$\bar{D}_n$）所需相对体积分数的最大值和最小值，以确保其与粒径较小的下一挡集料（$\bar{D}_{n+1}$）保持接触，如图 3-19 所示。

连续两挡集料（$\bar{D}_n$、$\bar{D}_{n+1}$）的加权平均粒径的最大值由式（3-15）计算得到，表示紧密接触状态，如图 3-19（a）所示。

$$D_{avg} = \frac{0.52\bar{D}_n + 0.22\bar{D}_{n+1}}{0.74} = 0.703\bar{D}_n + 0.297\bar{D}_{n+1} \tag{3-15}$$

为确保连续两挡集料之间的接触，加权平均粒径的最小值通过考虑两个颗粒之间的距离来计算。要保证连续两挡集料颗粒之间的相互接触，则较大粒径颗粒（$\bar{D}_{n+1}$）与其最近的相同粒径颗粒（$\bar{D}_{n+1}$）之间的间距不得大于较小粒径颗粒的直径（$\bar{D}_n$）。

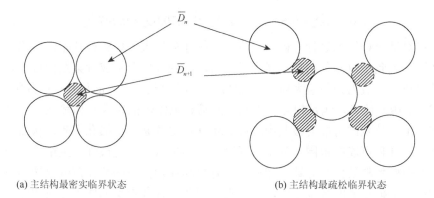

(a) 主结构最密实临界状态　　　　　　　　(b) 主结构最疏松临界状态

图 3-19　骨架结构的两种临界状态

两个相邻颗粒表面之间的间距由式（3-16）计算得到。

$$h = 2r\left(\left(\frac{\varphi_{\max}}{\varphi}\right)^{\frac{1}{3}} - 1\right) \qquad (3\text{-}16)$$

式中，h 为两个相邻颗粒表面之间的间距（mm）；r 为集料颗粒半径（mm）；$\varphi_{\max}$ 为最大堆积体积分数；φ 为该部分集料的体积分数。

由于对于选定的连续两挡集料，体积分数 φ 和颗粒半径 r 是恒定的，此时同挡颗粒间距最大的堆积排列方式是菱形-六边形（三维），则将 $\varphi_{\max} = 0.74$ 代入以获得最小的体积分数。

$$\bar{D}_{n+1} = 2 \cdot \frac{\bar{D}_n}{2}\left(\left(\frac{0.74}{\varphi}\right)^{\frac{1}{3}} - 1\right)$$

$$\frac{\bar{D}_{n+1}}{\bar{D}_n} \leqslant \left(\frac{0.74}{\varphi}\right)^{\frac{1}{3}} - 1 \qquad (3\text{-}17)$$

考虑到不同的连续两挡筛孔尺寸，可以发现 $\gamma = \dfrac{\bar{D}_{n+1}}{\bar{D}_n}$ 介于 $\gamma_{\max} = 0.77$ 和 $\gamma_{\min} = 0.47$ 之间，相应地，分别有 $\varphi = 0.13$ 和 $\varphi = 0.23$。为了确保平均粒径 $\bar{D}_n$ 和 $\bar{D}_{n+1}$ 的两挡颗粒之间的接触，则前者体积分数的最小值必须为 $\varphi_n = 0.23$，相应的后者体积分数则为 $\varphi_{n+1} = 0.51$。则连续两挡集料（$\bar{D}_n$ 和 $\bar{D}_{n+1}$）的加权平均粒径的最小值由式（3-18）计算得到，表示松弛接触状态，如图 3-19（b）所示。

$$D_{\text{avg}} = \frac{0.23\bar{D}_n + (0.74 - 0.23)\bar{D}_{n+1}}{0.74} = 0.311\bar{D}_n + 0.689\bar{D}_{n+1} \qquad (3\text{-}18)$$

最后，用于确定两个连续筛网上集料颗粒之间相互作用的完整公式为

$$0.311\bar{D}_n + 0.689\bar{D}_{n+1} \leqslant D_{\text{avg}} \leqslant 0.703\bar{D}_n + 0.297\bar{D}_{n+1} \qquad (3\text{-}19)$$

在对某一种级配进行分析时，应该系统地从最大一挡集料开始，按照上述方法依次由大到小对相邻两挡集料进行判断，直到分析至形成骨架结构粒径最小的一挡集料（一般为公称最大粒径的22%），此时得到一系列的相互作用判定列表。按式（3-19）计算，满足相互作用判定的筛孔范围可能包含几挡筛孔，并且在某些情况下，该范围可能会被其中未形成相互作用的某一挡筛孔中断，从而为主结构提供了几种可能的范围。为了选择这些范围中哪一个是最强的主结构，需要考虑每个范围集料的体积分数，然后将具有最高体积分数的筛孔范围内的集料视为主结构。根据模型的基本原理，主结构必须至少具有45%的体积分数才能承担荷载，但这个数值并非总能达到。

3.3.2　沥青混合料全局骨架理论

主结构空隙率的计算基于空隙率的一般定义，作为材料中空隙体积的度量，即空隙体积与总体积的比值。混合料的总体积为所有体积（集料、沥青结合料和空隙）的总和，但需要减去悬浮颗粒部分的体积，因为它不代表完整的结构。则主结构空隙率为总体积减去属于主结构集料的体积，如式（3-20）所示。

$$\eta_{ps} = \frac{V_T - V_a^{\text{other}} - V_a^{ps}}{V_T - V_a^{\text{other}}} \qquad (3\text{-}20)$$

式中，η_{ps} 为主结构空隙率（%）；V_T 为混合料的总体积；V_a^{other} 为不属于主结构、次结构的集料体积（悬浮颗粒的体积）；V_a^{ps} 为属于主结构的集料体积。

又有

$$V_T = V_a + V_b + V_v = V_a^{ps} + V_a^{ss} + V_a^{\text{other}} + V_b + V_v \qquad (3\text{-}21)$$

式中，V_a 为集料的总体积；V_b 为沥青的体积；V_v 为空隙的体积；V_a^{ss} 为属于次结构的集料体积。

将式（3-21）代入式（3-20），则有

$$\eta_{ps} = \frac{V_a^{ss} + V_b + V_v}{V_T - V_a^{\text{other}}} = \frac{V_a^{ss} + \text{VMA}}{V_T - V_a^{\text{other}}} \qquad (3\text{-}22)$$

需要注意的是，上述的集料体积 V_a^{ps}、V_a^{ss}、V_a^{other} 均为毛体积，而非表观体积。由于毛体积包括了集料的闭口空隙和可吸收沥青的开口空隙，则此时沥青体积 V_b 等效于有效沥青体积 V_{be}，矿料间空隙率 $\text{VMA} = V_{be} + V_v = V_b + V_v$。

集料特性对沥青混合料的性能有重要影响，主要体现在以下几个方面：集料的纹理、质地、形状、刚度等。若仅考虑集料对整体结构的影响，则空隙率、空隙尺寸和接触点是影响结构稳定性的关键参数。接触点是一个颗粒与其相邻颗粒

的接触点数目，配位数则是每个颗粒接触点的平均值，这将影响到碎石材料的抗剪性能。配位数可以利用如图 3-20 所示的曲线关系来计算，图中四个数据点即为前面所述四种堆积排列方式下的配位数和空隙率。

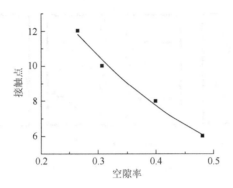

图 3-20　压实理论中的配位数

对图中数据点进行拟合可以得到配位数和空隙率的关系：

$$m = 2.827 \cdot \eta^{-1.069} \tag{3-23}$$

式中，m 为集料配位数；η 为空隙率。

相关研究表明，当主结构空隙率 η_{ps} 处于 40%~55%、配位数 m 处于 4~8 时，沥青混合料具有较好的抗车辙性能。而当主结构空隙率 $\eta_{ps} < 36\%$、配位数 $m > 8.5$ 时，沥青混合料抵抗车辙的能力明显下降。一方面，主结构虽然具有良好的承载能力，但其含量过高并不能继续提高承载能力，相反会使得骨架重构变得困难，降低了整体承载力。另一方面，主结构含量过低的极端是完全缺少主结构，显而易见，此时所谓的"骨架"也就不复存在。故主结构空隙率存在一个合理的范围。

图 3-21 表示了三种主结构含量（主结构空隙率）的情况。

（1）对于具有过量主结构 ps 的混合料，见图 3-21（a），具有低空隙率并且这些空隙之间的连通性较差，这是由于空隙压力增大和泛油而导致永久变形。由于缺少可以在剪切后代替缺失接触点的次结构，在骨架失稳后无法完成重构，承载能力下降且恢复能力差，故这些混合料易于开裂。

（2）对于具有最佳 ps 含量的混合料，见图 3-21（b），空隙率处于最佳水平，在受剪后空隙重新排列、骨架先错动后重构，属于次结构 ss 的集料将成为主结构 ps 的一部分，为混合料提供更高的稳定性，整体骨架结构能够承受较高的荷载、保持较高的稳定性。

（3）对于缺失主结构 ps 的混合料，见图 3-21（c），缺乏较大粒径颗粒之间的"石石嵌挤"，混合料主要是较大的颗粒悬浮于玛琋脂之间，相互之间被隔开，这种情况下力链扩展很容易被中断，无法形成骨架结构。有时这些混合料可能具有很高的空隙率，由于沥青的快速氧化而具有低耐久性，且高渗透性将导致更大概率的水损坏。

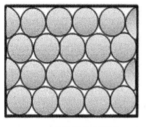 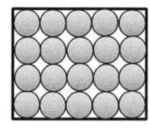 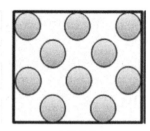

(a) 主结构含量过高　　　　　　(b) 主结构含量最佳　　　　　　(c) 主结构缺失

图 3-21　三种主结构含量情况

车辙是由大量的重复交通荷载引起的面层或基层、底基层的永久变形。最常见的失稳型车辙是由面层中的沥青混合料的塑性流动变形造成的，很大程度上是由于集料失稳重新排列，尤其对于排水沥青混合料，骨架是否强力、稳定直接关系到沥青混合料的车辙性能。解决车辙问题的最好方法是通过改进材料选择和配合比设计，提升主结构及其含量，以此增强集料的嵌挤作用。

3.3.3　沥青混合料级配骨架理论验证

由于级配骨架理论是基于球模型使用公式计算推导而成的，无法直观地表征符合骨架理论的级配的具体特性，因此本节在离散元软件 PFC3D 中建立模型、设定参数，生成不同骨架状态的集料混合物，提取相关的参数对局部骨架理论的有效性与可行性进行验证。局部骨架理论考虑的是集料混合物中相邻两挡集料之间的嵌挤接触情况，具体的检验公式为式（3-19）。

为与级配理论的圆球模型相适应，且为便于提取接触与配位数等细观参数，在离散元软件中以圆球 ball 基本单位作为集料颗粒生成集料混合物，通过提取并分析堆积空隙率、颗粒配位数以及接触数占比等参数，以更直观的方式研究不同局部骨架的状态。过往研究表明，对于公称最大粒径为 13.2mm 的骨架型沥青混合料，9.5mm、4.75mm 挡集料是承担荷载的主体。基于此，本节针对 PAC-13 的主结构部分 "9.5～13.2mm" 与 "4.75～9.5mm" 两挡集料，根据局部骨架理论设计 8 组两挡集料比例不同的集料混合物，其中第 3 组为主结构最疏松临界状态，第 6 组为主结构最密实临界状态，第 1、2、7、8 组不符合局部骨架理论，第 3、4、5、6 组符合局部骨架理论，如表 3-6 所示。

表 3-6　不同局部骨架状态的集料混合物方案

骨架状态	质量分计筛余百分比/%		质量分计筛余/g		相应颗粒个数/个		
	9.5～13.2mm	4.75～9.5mm	9.5～13.2mm	4.75～9.5mm	9.5～13.2mm	4.75～9.5mm	总数
1	0	100	0.0	1308.0	0	2338	2338
2	15	85	196.2	1111.8	87	1988	2075
3	32.5	67.5	425.1	882.9	188	1578	1766
4	45	55	588.6	719.4	260	1286	1546
5	60	40	783～8	523.2	347	935	1282
6	70.5	29.5	922.1	385.9	408	690	1098
7	85	15	1111.8	196.2	492	351	843
8	100	0	1308.0	0.0	578	0	578

假设所有集料颗粒密度相同（取玄武岩相对密度 2.955），且每一挡集料内部的集料粒径按照 $B=0.5$ 均匀分布。在离散元模型中，对每组集料混合物分三次投放，并在每次投放后进行振动、压实工序，使集料混合物接触更加紧密、分布更加均匀，接近实际中的摊铺碾压过程，最后形成接触紧密的圆柱体集料堆积混合物。堆积空隙率、主结构部分粒径较大一挡集料的平均配位数以及主结构部分集料之间接触占所有接触的比例这三个指标能够较好地反映出集料混合物的堆积接触状态，因此以下从这三个方面对不同局部骨架状态的集料混合物进行分析。

1. 堆积空隙率

由图 3-22 可以看出，随着 9.5mm 挡颗粒不断增多、4.75mm 挡颗粒不断减少，堆积空隙率呈现先降后升的变化趋势，在第 6 组骨架状态下达到最低（第 5 组与

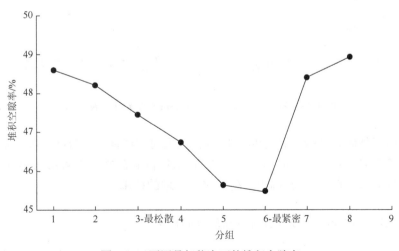

图 3-22　不同骨架状态下的堆积空隙率

其相差不大），随后由于大粒径颗粒数量过多，不同粒径颗粒合理组合的平衡被打破，重新回到接近于单粒径的混合物状态，堆积空隙率显著升高。第 1 组和第 8 组是单粒径集料混合物，相同粒径集料颗粒之间干涉严重，无法高效地填充空间，两者堆积空隙率都很高，第 8 组单粒径（9.5～13.2mm）大于第 1 组单粒径（4.75～9.5mm），故第 8 组堆积空隙率更高。注意到符合局部骨架理论的第 3、4、5、6 组集料混合物，其堆积空隙率是 8 组中最低的 4 组，且更接近于局部骨架理论中的主结构最密实临界状态，堆积空隙率更低。

2. 9.5 mm 挡平均配位数

由图 3-23 可以看出，随着 9.5mm 挡颗粒不断增多、4.75mm 挡颗粒不断减少，9.5mm 挡集料颗粒的平均配位数逐渐下降。在第 2 组状态下，9.5mm 挡颗粒很少，几乎被 4.75mm 挡颗粒层层包围，彼此之间相隔较远，因此配位数较大；在第 4～6 组状态下，两挡颗粒数量分配较为合理，9.5mm 挡颗粒周围能够较充分地被 4.75mm 挡颗粒所接触嵌挤，这部分颗粒同时对另一个 9.5mm 挡颗粒也起到接触嵌挤的作用，使得大小粒径颗粒能够充分接触，有利于力链的稳定传导；在第 8 组状态下，仅有的 9.5mm 挡颗粒互相接触，形成了很多未被填充的空隙，配位数进一步下降，这时候骨架整体不稳定，在较大的剪力作用下容易导致骨架失稳。

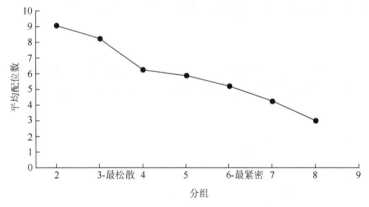

图 3-23　不同骨架状态下的 9.5mm 挡集料平均配位数

根据国外研究经验，配位数在 4～8 范围内时，具有较好的抗车辙性能。可以看到，符合局部骨架理论的第 3、4、5、6 组集料混合物，其 9.5mm 挡集料颗粒平均配位数基本在 5～8 范围内，处于比较合理的范围。

3. 4.75～9.5mm 接触数占所有接触数的比例

由图 3-24 可以看出，随着 9.5mm 挡颗粒不断增多、4.75mm 挡颗粒不断减少，

9.5mm 挡集料与 4.75mm 挡集料之间的接触数占集料混合物总接触数的比例呈现先升后降的变化趋势，在第 6 组达到最高。主结构部分的集料相互之间的接触能够形成更多稳定的嵌挤支撑点，有效地传递荷载，而同一粒径集料之间的接触则更容易出现颗粒侧滑导致的接触力链断裂。第 2 组由于 9.5mm 挡集料过少，被层层 4.75mm 挡集料隔开，4.75mm 挡集料相互之间大量接触，故 4.75～9.5mm 接触数占比很低；在符合局部骨架理论的第 3、4、5、6 组集料混合物中，4.75～9.5mm 接触数占比逐渐升高，且在第 5、6 组时达到 40% 以上，这部分接触是构成骨架结构的核心；第 7 组由于 9.5mm 挡集料过多，有部分 9.5mm 挡集料未被 4.75mm 挡集料充分嵌挤，导致 4.75～9.5mm 接触数占比回落，但仍然保持在比较高的水平。

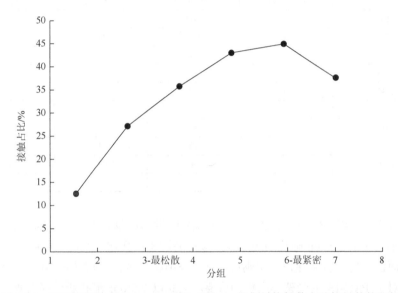

图 3-24　不同骨架状态下 9.5mm 挡与 4.75mm 挡集料接触数占总接触数的比例

3.3.4　三维骨架级配细观接触力学特性分析

由于常规室内试验无法观测到混合料的内部情况，只能从粗集料间空隙率 VCA 等宏观参数判断骨架是否形成，无法深入探究骨架结构的形成机制。随着计算机仿真技术的发展，离散元软件在沥青混合料常规试验的模拟仿真上有很大的应用空间，可以通过生成虚拟试件将沥青混合料中的集料与沥青颗粒化、可视化，并得到丰富的细观信息，有利于揭示骨架结构的形成机制。本节通过离散元软件 PFC3D，生成集料混合物虚拟试件，从细观的角度分析集料之间的相互作用与各参数情况，以研究排水沥青混合料的合理骨架结构组成。

1. 不同骨架状态的级配方案

PAC-13 作为国内目前应用最广泛的排水沥青混合料，其骨架结构相对明确，通常为 4.75～13.2mm 的粗集料相互充分嵌挤以形成 PAC-13 稳定的骨架结构，关于 PAC-13 的推荐级配范围如表 3-7 所示。

表 3-7　交通运输部与住房和城乡建设部规范中 PAC-13 的级配范围

筛孔尺寸/mm	通过率/%			
	交通运输部		住房和城乡建设部	
	级配下限	级配上限	级配下限	级配上限
16	100	100	100	100
13.2	90	100	90	100
9.5	40	71	50	80
4.75	10	30	12	30
2.36	9	20	10	22
1.18	7	17	6	18
0.6	6	14	4	15
0.3	5	12	3	12
0.15	4	9	3	8
0.075	3	6	2	6

由表 3-7 可知，交通运输部与住房和城乡建设部规范对于 PAC-13 级配范围规定的主要不同在于 9.5mm 筛孔的通过率，该挡通过率在交通运输部中可以取到 40%的下限，而在住房和城乡建设部中则可以取到 80%的上限，两者相差甚远。该挡筛孔通过率对于 PAC-13 的骨架形成极为重要，因此以 9.5mm 筛孔通过率为变量，在满足当前规范级配范围的前提下，根据级配骨架理论中 4.75～9.5mm 与 9.5～13.2mm 两挡集料的加权平均粒径 D_{avg} 可能所处的三种范围，设计三种不同骨架状态的 PAC-13 级配方案，以研究不同骨架状态下的排水沥青混合料骨架构成与实际性能。级配方案如图 3-25 所示，三种级配方案的骨架部分集料加权平均粒径如表 3-8 所示。

表 3-8　三种级配方案的骨架部分集料加权平均粒径　　（单位：mm）

9.5～13.2mm 和 4.75～9.5mm	$0.311\bar{D}_n + 0.689\bar{D}_{n+1}$	D_{avg}	$0.703\bar{D}_n + 0.297\bar{D}_{n+1}$
粗级配	8.50	10.22	10.10
中级配	8.50	9.09	10.10
细级配	8.50	7.97	10.10

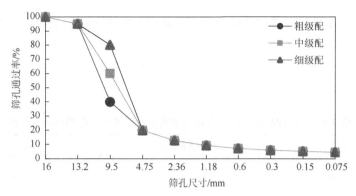

图 3-25　三种不同骨架状态的级配曲线

由表 3-8 可知，粗级配的 D_{avg} 超过上限 $0.703\bar{D}_n + 0.297\bar{D}_{n+1}$，不符合骨架理论，其粗料过多，细料不足以提供足够的支撑点；细级配的 D_{avg} 低于下限 $0.311\bar{D}_n + 0.689\bar{D}_{n+1}$，同样不符合骨架理论，其细料过多，缺乏构成骨架的粗集料；中级配的 D_{avg} 则处于上下限范围内，符合骨架理论，该部分集料之间嵌挤良好，形成稳定的级配骨架。粗级配的 9.5mm 筛孔通过率取为住房和城乡建设部规范的上限 80%，细级配的 9.5mm 筛孔通过率取为交通运输部规范的下限 40%。可以发现在本章的级配骨架理论下，即使设计级配处于当前规范的级配范围内，仍然可能不符合骨架理论。

2. 虚拟单轴贯入试验

排水沥青混合料由于空隙大、细料少，在循环的剪应力作用下很容易沿某骨架构成不良的部位开裂，导致混合料强度下降进而失去承载能力。单轴贯入试验对混合料试件的作用效果类似于车轮对路面的作用效果，因此本章采用虚拟单轴贯入试验对排水沥青混合料的骨架结构进行检验与评价。在生成的集料混合物中心顶面设置一直径为 28.5mm 的圆柱形压头，如图 3-26 所示，该压头以恒定速率

图 3-26　在集料混合物顶部设置压头

向下运动，绘制单轴贯入的变形应力图，观察单轴贯入曲线破坏拐点处的临界荷载与压头位移。

三种 PAC-13 级配方案的单轴贯入的变形结果如表 3-9 所示，由结果可知以下几个方面。

表 3-9　三种 PAC-13 级配方案的单轴贯入临界荷载与相应压头位移

PAC-13 级配方案	临界荷载/kN	达到临界荷载时压头位移/mm
粗级配	11.8	2.4
中级配	15.1	3.3
细级配	8.0	2.4

1）粗级配

在局部骨架理论中，该级配骨架部分集料的加权平均粒径过大，高于上限，具体表现为该级配偏粗集料含量较多（9.5～13.2mm），而偏细集料含量较少（4.75～9.5mm），在贯入时骨架结构虽然能够承受 11.8kN 的临界荷载，随后骨架整体开始失稳，承载能力出现快速下滑，此时由于缺少足够的细集料为失稳的骨架提供新的支撑点，断裂的强力链无法被原本的较弱力链所重构补充，骨架承载能力无法恢复，在贯入的最后阶段下降至原来的一半甚至更低。

因此，在该级配的骨架状态下，其力学性能在三者中一般，表现为集料混合物失稳前骨架较为稳定，承载能力尚可，失稳后则无法重新形成强力骨架。故在车辆荷载水平较低或适中时，该种偏粗的级配仍然可以依靠大量的粗集料承担荷载，但若在重交通作用下，一旦混合料某处开始崩坏，则很可能导致路面在短时间内承载能力迅速下降，出现车辙、坑槽等病害。

2）中级配

在局部骨架理论中，该级配骨架部分集料的加权平均粒径适中，位于上下限之间，具体表现为该级配偏粗集料（9.5～13.2mm）与偏细集料（4.75～9.5mm）比例适当，在贯入时骨架结构能够承受 15.1kN 的临界荷载，为三者中最高。在骨架失稳后，充足的细集料为失稳的骨架提供大量新的支撑点，断裂的强力链被原本较弱的力链所替代，使得整体骨架的承载能力仍然可以恢复至较高的水平。集料混合物在压头位移 3.3mm 处达到 15.1kN 临界荷载，随后现有骨架被破坏并开始重构，在压头位移 3.1mm 与 3.3mm 处压头应力重新回到 13kN，即在骨架首次破坏后相当长一段时间内仍然可以保持 85%的最大承载能力。

因此，在该级配的骨架状态下，其力学性能在三者中最优，表现为能够长时间保持高水平的承载能力，失稳后可以重新形成强力骨架，承载能力能恢复 85%左右，并且更迟达到临界荷载点，能够承受更大的变形而不发生结构性破坏。故符合级配骨架理论的级配能够抵抗更高水平的荷载，在重载车辆反复作用下即使某处出现当前骨架的破坏，也能够通过周围其他部分合理的集料分布与嵌锁重新建立新的有效的传力途径，即强力链的重构，由此，新的骨架结构被建立，尽管承载能力有所下降，但仍然可以承载较高水平的荷载。

3）细级配

在局部骨架理论中，该级配骨架部分集料的加权平均粒径过小，低于下限，具体表现为该级配偏粗集料含量较少（9.5～13.2mm），而偏细集料含量较多（4.75～9.5mm），在贯入时骨架结构仅能承受 8kN 的临界荷载，为三者中最低。骨架在受力的过程中，不断发生小幅度的"失稳-重构-失稳"，且所能承受荷载数值较低，无法形成稳定的强力链，力链强度增大到一定程度就断裂，整体骨架易发生滑移错动。该级配的单轴贯入变形应力图相较于其余两者有非常明显的起伏波动，这是由颗粒之间频繁的位置改变所导致的，由于 4.75mm 挡集料过多，将更粗的 9.5mm 集料层层隔开，颗粒错动多发生于此，同时意味着强力链无法通过层层 4.75mm 颗粒稳定地传递至另一 9.5mm 颗粒处，显著降低了承载能力的上限。

因此，在该级配的骨架状态下，其力学性能在三者中最差，表现为骨架稳定性不足，承载能力始终处在较低水平。故该种偏细的级配对于排水沥青混合料是不利的，骨架的承载能力与稳定性都得不到保证，这也是国内外规范与工程实际中普遍建议排水沥青混合料宜采用较粗级配的原因。同时有研究指出，更多的粗集料能够增加排水沥青路面的抗车辙性能，也从侧面反映出细集料过多将十分不利于稳定骨架结构的建立。

3.3.5　三维骨架级配配位数与力链形成机制

1. 集料颗粒的配位数与接触占比

配位数是指一个颗粒周围与之接触的其他颗粒的数量[3, 4]，针对某一挡集料颗粒可计算出平均配位数，可初步观察集料颗粒在混合物中的总体接触情况。接触占比是指特定接触对象（如 9.5mm 挡颗粒与 4.75mm 挡颗粒之间的接触）在模型所有接触或指定某挡集料所有接触（如 9.5mm 挡颗粒）中所占的比例，可进一步观察特定接触对象对于整体或某挡集料接触的贡献程度。

在本节 PAC-13 集料混合物模型中，共存在"13.2""9.5""4.75""2.36"以及"wall"这五类对象，此处"13.2"指的是粒径为 13.2～16mm 的集料颗粒，"9.5"指的是粒径为 9.5～13.2mm 的集料颗粒，以此类推，"wall"指的是 PFC中的墙体，即虚拟试件的底部与侧面圆柱墙体。通过遍历整个模型中的接触指针，判断接触两端的对象类型，统计共 14 种不同接触对象各自在贯入前后的接触数量，并基于此统计出整个模型中各挡集料的平均配位数以及接触占比，如表 3-10 与表 3-11 所示。

由表 3-10 看出，集料混合物在贯入后各挡颗粒的平均配位数均发生不同程度的下降，下降幅度基本在 10%～20%，且颗粒粒径越大，配位数绝对值也越大。对于 PAC-13，9.5mm 挡和 4.75mm 挡粗集料颗粒占很大一部分，是构成骨架的关键，因此应该关注其配位数指标。9.5mm 挡颗粒配位数主要在 5.5～9 范围内，4.75mm 挡颗粒配位数主要在 3～4.1 范围内。粗级配 9.5mm 挡颗粒配位数最低，4.75mm 挡颗粒配位数最高，细级配相反，中级配则介于两者之间。

表 3-10　三种 PAC-13 级配方案贯入前后的各挡集料平均配位数

各挡集料颗粒	粗级配			中级配			细级配		
	贯入前	贯入后	降幅	贯入前	贯入后	降幅	贯入前	贯入后	降幅
13.2mm	11.25	9.19	18.3%	11.25	9.69	13.9%	13.06	11.50	12.0%
9.5mm	6.89	5.88	14.7%	7.77	6.97	10.3%	8.98	7.85	12.6%
4.75mm	4.10	3.46	15.5%	3.77	3.25	13.8%	3.54	3.12	11.8%
2.36mm	2.25	1.91	14.8%	2.29	1.96	14.2%	2.44	2.12	13.2%

表 3-11　三种 PAC-13 级配方案贯入前后的接触占比　　　　（单位：%）

接触占比类型	粗级配		中级配		细级配	
	贯入前	贯入后	贯入前	贯入后	贯入前	贯入后
4.75～9.5mm 接触占总接触数	14.47	13.78	14.69	15.48	7.41	7.25
9.5～9.5mm 接触占总接触数	6.97	6.91	2.07	2.31	0.34	0.38
4.75～4.75mm 接触占总接触数	5.74	5.30	18.17	17.79	32.29	32.74
4.75～9.5mm 接触占 9.5mm 总接触数	30.05	29.43	49.53	49.82	58.57	57.52
4.75～9.5mm 接触占 4.75mm 总接触数	34.27	34.55	22.07	23.57	9.25	9.15

三类骨架结构的组成示意如图 3-27 所示。值得注意的是，骨架结构的重要组成部分 9.5mm 挡粗集料，其配位数降幅程度为中级配＜细级配＜粗级配。这说明在荷载作用过程中，中级配能够更加有效地补充由贯入位移带来的 9.5mm 挡集料接触点的缺失，而粗级配由于缺乏足够的用以补充缺失接触点的 4.75mm 挡集料，导致 9.5mm 挡集料配位数降幅较大。故合理的粒径搭配能够提高排水沥青混合料骨架结构在荷载作用时的调整能力，增强骨架稳定性。

因此，并不能单纯地认为配位数越高或越低就更利于骨架结构的形成，同时要关注集料混合物受荷载时配位数的变化情况，往往配位数处于一定范围内才能达到最佳骨架状态。在本章的球颗粒模型下，当 9.5mm 挡集料配位数在 7~8、4.75mm 挡集料配位数在 3~4 时，其骨架状态往往较好。

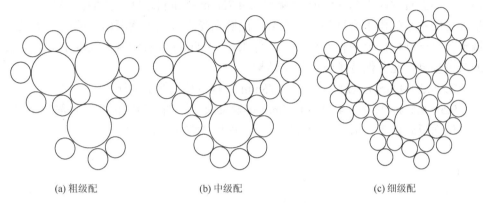

(a) 粗级配　　　　　　　(b) 中级配　　　　　　　(c) 细级配

图 3-27　三种级配方案的集料混合物示意图

1）4.75~9.5mm 接触占总接触数的比例

9.5mm 挡颗粒与 4.75mm 挡颗粒是形成 PAC-13 骨架的重要部分，这两挡集料之间的接触一方面保证排水沥青混合料能够稳定地传递荷载，另一方面使得骨架主结构部分足够密实，不至于出现骨架松散、易发生滑移错动的现象。三种级配方案 4.75~9.5mm 接触占总接触数的比例如图 3-28 所示。

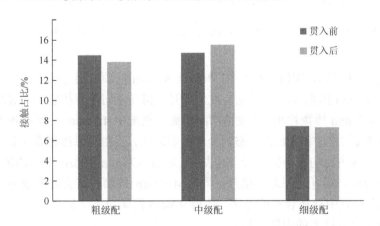

图 3-28　三种级配方案 4.75~9.5mm 接触占总接触数的比例

由图 3-28 可以看出，粗级配的该项接触占比在贯入后有小幅度的下降，细级配在贯入后变化不明显，而中级配在贯入后反而有所提升；细级配的该项接触占比显著小于其余两者，粗级配与中级配在贯入前该项接触占比十分接近，在贯入后中级配则高于粗级配。

这表明在单轴贯入后，原有的集料接触状态被打破，集料之间的相对位置重新调整，在这个过程中，不符合级配骨架理论的粗级配、细级配由于级配偏粗或偏细，不能有效地重构 9.5mm 挡集料与 4.75mm 挡集料之间的接触；符合级配骨架理论的中级配由于合理的粒径组合，能够在受力过程中逐渐由原始的骨架状态调整到另一同样稳定的骨架状态，使得 4.75～9.5mm 接触的减少幅度小于总接触的减少幅度，充分保持了骨架的主结构。

2）9.5～9.5mm 接触、4.75～4.75mm 接触占总接触数的比例

9.5～9.5mm 接触、4.75～4.75mm 接触反映了同挡集料之间相互接触的情况，可从侧面反映出粗集料之间的接触状况，如图 3-29 所示。

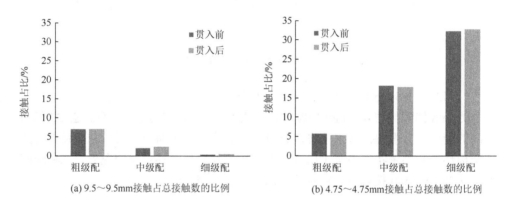

(a) 9.5～9.5mm接触占总接触数的比例　　　　　　(b) 4.75～4.75mm接触占总接触数的比例

图 3-29　三种级配方案 9.5～9.5mm、4.75～4.75mm 接触占总接触数的比例

由图 3-29 可知，粗级配中存在 5% 以上 9.5mm 挡颗粒相互接触的情况，而细级配中的 9.5mm 挡颗粒则几乎完全被分隔开、相互之间没有接触；细级配中存在 30% 以上 4.75mm 挡颗粒相互接触的情况，而粗级配中 4.75mm 挡颗粒相互接触的情况仅占 5% 左右。中级配的状态则介于两者之间，且由于总接触数明显减少，贯入后该项接触占比均有小幅提升。这表明，随着 4.75mm 挡颗粒不断增多，9.5mm 挡颗粒被分隔、相互之间难以接触，同时 4.75mm 挡颗粒将会越来越多地互相接触。在这个过程中存在合理的范围，使得 9.5mm 挡颗粒不会被分隔过远，4.75mm 挡颗粒也不会有过多的内部接触。

3）4.75～9.5mm 接触占 9.5mm 总接触数、4.75mm 总接触数的比例

4.75～9.5mm 接触在 9.5mm 挡颗粒所有接触中和 4.75mm 挡颗粒所有接触中所占的比例，反映了仅 9.5mm 和 4.75mm 挡两部分颗粒群内部对于 4.75～9.5mm 接触的贡献情况，从另一个角度反映出骨架部分的接触状况。由图 3-30 可知，粗级配 9.5mm 挡颗粒的所有接触中仅有 30% 是与 4.75mm 挡颗粒之间的接触，而细

级配这一接触占比达到了将近 60%，约为前者的两倍；细级配 4.75mm 挡颗粒的所有接触中仅有 10%是与 9.5mm 挡颗粒之间的接触，而粗级配这一接触占比达到了 30%以上，约为前者的三倍。中级配的状态则介于两者之间，且由于总接触数明显减少，贯入后该项接触占比均有小幅提升。

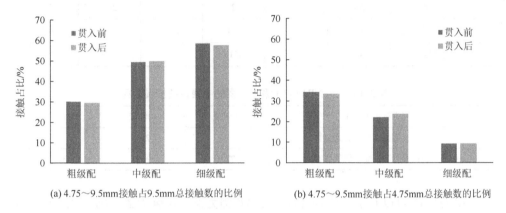

(a) 4.75～9.5mm接触占9.5mm总接触数的比例　　　　(b) 4.75～9.5mm接触占4.75mm总接触数的比例

图 3-30　三种级配方案 4.75～9.5mm 接触占 9.5mm、4.75mm 总接触数的比例

2. 集料颗粒的受力与位移

传统的室内试验无法直接观测到沥青混合料内部的传力途径和各集料颗粒的位移情况，相关研究始终停留在宏观层面；离散元软件则可以提取集料颗粒的接触力、位移等细观参数信息，观察混合料内部的荷载传递路径，实现骨架结构的可视化，为骨架结构设计与优化提供参考依据。

1）集料颗粒的力链

强力链是构成骨架结构的核心，因此强力链实际上可以看成具象化的骨架结构。本章为进一步研究不同骨架状态下力链传递荷载的特征与趋势，提出中强力链的概念，定义为力链数值大小介于强力链与弱力链之间的力链，与强力链共同构成骨架结构的核心。

在本节 PAC-13 集料混合物模型单轴贯入试验的临界荷载点状态下，通过遍历整个模型中的接触指针，提取模型中的所有接触力并进行分类，根据接触力绝对值的整体水平，本章将 0.8kN 以上的力链定义为强力链，将 0.5～0.8kN 的力链定义为中强力链，将 0.5kN 以下的力链定义为弱力链。三种 PAC-13 级配方案的整体力链分布如表 3-12 所示。同时为探究传力途径的连续性，编写程序提取在强力链末端扩展的中强力链数，计算中强力链在强力链末端扩展的概率，中强力链扩展情况如表 3-13 所示。

表 3-12　三种 PAC-13 级配方案的整体力链分布

力链类型	粗级配		中级配		细级配	
	力链数	占比/%	力链数	占比/%	力链数	占比/%
强力链	193	4.3	267	5.0	58	0.9
中强力链	266	5.9	324	6.1	207	3.3
强力链＋中强力链	459	10.2	591	11.1	265	4.2
所有力链	4493	—	5316	—	6288	—

表 3-13　三种 PAC-13 级配方案的中强力链扩展情况

中强力链扩展情况	粗级配	中级配	细级配
在强力链末端扩展的中强力链数	194	294	82
中强力链在强力链末端扩展的概率/%	72.9	90.7	39.6

由表 3-12 可以看出，对于强力链占比和强力链＋中强力链占比，中级配略高于粗级配，而细级配的强力链占比仅有中级配的约 1/5，强力链＋中强力链占比仅有中级配的约 2/5，这意味着细级配的骨架承载能力明显低于其他两者，过少的粗集料切断了强力链的传递途径，易断裂的弱力链大量存在使得整体骨架结构并不够稳定。由表 3-13 可以看出，对于中强力链在强力链末端扩展的概率，中级配＞粗级配≫细级配。这说明中级配的整体力链网络均匀、有层次，骨架结构的传力途径明确，荷载通过骨架结构逐渐由上向下均匀传递，在传递过程中力链大小逐渐减小，荷载被均匀分散至集料混合物的各个区域，不易出现某处力链数值发生突变而引起断裂的现象，充分发挥了所有粗集料的承载能力。

2）集料颗粒的位移

集料混合物在不断增大的荷载作用下，所形成的力链网络不断变化，每时每刻都有力链断裂，同时又有无数新的力链生成，在这个过程中，颗粒之间的相对位置也在不断调整变化[5, 6]。当骨架结构能够通过尽量少的位移来重构稳定的力链网络时，该骨架结构也就更加稳定。一般而言，粗集料接触良好的区域，混合料矿料不易发生滑移变形，而接触不良的区域，骨架结构较差，混合料较易发生滑移变形。

在本节 PAC-13 集料混合物模型单轴贯入试验的临界荷载点状态下，提取模型中所有集料颗粒 x、y、z 三个方向的位移，并将 x、y 两方向位移合成水平位移，观察集料颗粒水平与竖直两个方向的位移情况，三种 PAC-13 级配方案的各挡集料颗粒水平与竖直位移大小如图 3-31 所示；同时，将水平与竖直两方向位移合成，观察集料颗粒的总位移情况，总位移大小如图 3-32 所示。

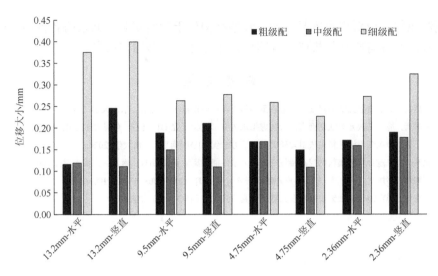

图 3-31　三种 PAC-13 级配方案的各挡集料颗粒水平与竖直位移大小

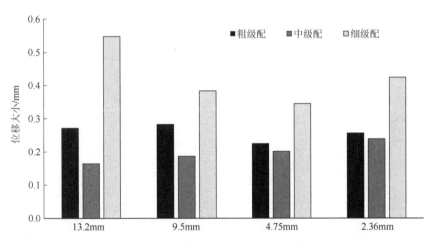

图 3-32　三种 PAC-13 级配方案的各挡集料颗粒总位移大小

　　由图 3-31 和图 3-32 可知，对于 PAC-13 骨架结构重要组成部分 9.5mm 挡与 4.75mm 挡集料而言，中级配该两挡集料的竖直位移均明显小于水平位移，而其余两级配则竖直、水平位移相近且互有高低。这说明在中级配骨架状态下，集料混合物承受竖直向下的荷载作用时，骨架主结构构成有效稳定的、自上而下延伸的力链网络，使得骨架结构在竖直方向具有很好的稳定性，集料颗粒更多地通过水平方向的位置调整来重构力链网络，使得混合料整体具有更好的抗变形、抗车辙能力。同时中级配的集料颗粒总位移最小，粗级配次之，细级配集料颗粒总位移明显高于其余两者。同时注意到，中级配随着集料粒径的增大，其位移逐渐减小，说明粗集料的位置更不容易改变，骨架结构处于稳定状态；其余两者各挡集料的总位移之间没有明显的规律，说明传力途径并不足够均匀稳定。

参 考 文 献

[1]　丁珣昊. 基于离散元法的级配碎石形态重构与力学性能模拟[D]. 南京：东南大学, 2017.

[2]　张德育. 基于离散元方法的沥青混合料虚拟永久变形试验研究[D]. 南京：东南大学, 2013.

[3]　林子豪. 排水沥青混合料组成机理研究与设计方法优化[D]. 南京：东南大学, 2020.

[4]　张东. 沥青混合料粗集料的形态特征研究和力学性能的离散元模拟[D]. 南京：东南大学, 2013.

[5]　汪海年, 郝培文, 胡世通. 粗集料形态特征研究与应用[J]. 公路, 2008, 53(10): 180-184.

[6]　汪海年. 沥青混合料微细观结构及其数值仿真研究[D]. 西安：长安大学, 2007.

第4章　基于离散颗粒流的沥青混合料疲劳失效研究

对于沥青混合料的疲劳性能各国道路工作者提出了多种研究方法，其中以试验现象法对混合料宏观疲劳性能的研究最为普遍，但这种方法不仅需要消耗大量时间和试验成本，而且不能有效地评价材料疲劳过程中其内部结构的变化。因此，室内宏观疲劳试验对于人们深入理解和准确把握沥青混合料疲劳特性本质未起到十分积极的作用。随着对疲劳性能研究的不断深入以及计算机技术和数字图像处理技术的快速发展，人们意识到沥青混合料作为多相复合材料，其力学性能在很大程度上取决于细观层次的结构特性，如集料、空隙的体积含量和分布特征等。因此，如何从细观结构角度，研究分析混合料的疲劳性能已经成为人们关注的热点问题。本章以沥青混合料为研究对象，运用离散元方法，通过沥青混合料数字试件的生成和材料微观参数的测试，建立沥青混合料的虚拟疲劳试验方法；采用图像处理技术，结合虚拟疲劳试验方法，研究沥青混合料内部细观结构对其疲劳性能的影响；考虑到疲劳试验在加载方式、边界条件等方面不完全符合车辆移动荷载下沥青路面的实际响应，提出了把材料疲劳性能纳入路面结构体系加以分析的思路，并初步建立了基于多尺度路面结构的疲劳研究方法，研究成果对于完善现有疲劳性能分析方法和改善我国沥青路面使用性能具有重要意义。

4.1　沥青混合料数值成型方法

4.1.1　沥青混合料二维数值试件级配的确定

在沥青混合料设计过程中，人们采用级配来反映沥青混合料内集料在各种粒径范围内的质量比例关系。与混合料设计一样，在沥青混合料二维数字试件建立的过程中，也涉及数字试件内各挡集料的比例关系，因此应当明确二维数字试件内各类粗细集料在数量或者其他物理量上的比例关系。

二维数字试件的级配涉及两个问题：①二维平面内集料大小的评价指标，目前在沥青混合料数字图像处理过程中，广泛采用集料的当量圆（与集料截面面积相等的圆）直径评价集料的大小，因此采用当量圆的直径作为集料二维尺寸的控制筛孔；②二维平面内级配评价指标的选取。由于二维数字试件内集料比例最直观地反映为粗细集料的数量比，因此，采用数量比作为级配的评价指标。这样选取的优点很明显，对于同一料源的石料来说，各粒径集料的密度相差无几，质量比即为体积比，在集料为球形假定的前提下，由体积比可方便地得到混合料三维体积上集料的数量比例关系。

1. 运用概率理论推测二维数字试件的级配

由于同一来源的各挡集料密度相差无几，二维数量级配与传统质量级配的差异，可归结为二维数量级配与体积级配的差异[1]。从体积三维级配推测二维级配，类似于由信息丰富的立体特征参数计算平面特征参数的问题，这与数学概率论中关于条件概率的理论相符，因此可采用概率理论进行二维级配的推测。此外，数字图像处理技术可方便地获取沥青混合料切片内集料二维配等特征参数，从而为基于概率论建立的推测公式的修正或验证提供了必要手段[1]。

1）概率理论公式的建立

为了便于运用概率理论，假定集料为球体，则对于任一直径为 d_i 的球形集料被一平面相切得到直径为 d_j 的平面圆，其概率为

$$P(D_{圆}=d_j \| D_{球}=d_i) \tag{4-1}$$

式中，$P(D_{圆}=d_j \| D_{球}=d_i)$ 可理解为各粒径集料对形成直径 d_j 的平面圆所作的"贡献"。当然可以得出

$$P(D_{圆}=d_j)=\sum P(D_{球}=d_i) \cdot P(D_{圆}=d_j \| D_{球}=d_i) \tag{4-2}$$

式中，$P(D_{圆}=d_j)$ 为等效直径 d_j 的平面圆在单位面积的混合料截面内出现的概率，可由数字图像技术求得；$P(D_{球}=d_i)$ 为混合料内部所有集料中，当量直径为 d_i 的球形出现的概率，即体积比，当混合料的粗细集料密度相差不大时，可以把体积比理解为质量比，可转化为各级集料的通过率或混合料级配。由式（4-2）不难看出，由混合料级配 $P(D_{球}=d_i)$ 推测截面级配 $P(D_{圆}=d_j)$，需要解决的关键问题是 $P(D_{圆}=d_j \| D_{球}=d_i)$ 的求解。

2）单级粒径的 $P(D_{圆}=d_j \| D_{球}=d_i)$ 求解

以一平面对直径为 $D_{球}=d_i=2R$ 的球体相切，获得直径为 $D_{圆}=d_j=2R$ （$d_j<d_i$）的圆的概率为

$$P(D_{圆}=d_j \| D_{球}=d_i)=P(h=x \| D_{球}=d_i) \cdot \left|\frac{\mathrm{d}x}{\mathrm{d}r}\right| \tag{4-3}$$

式中，$P(h=x \| D_{球}=d_i)$ 为对一直径为 $D_{球}=d_i=2R$ 的球体相切所得圆与球心距离为 x 的概率。不难得出

$$P(h=x \| D_{球}=d_i)=\frac{1}{R} \tag{4-4}$$

此外，因为

$$r^2 + x^2 = R^2 \tag{4-5}$$

得到

$$\left|\frac{\mathrm{d}x}{\mathrm{d}r}\right| = \frac{r}{x} = \frac{r}{(R^2 - r^2)^{1/2}} \tag{4-6}$$

把式（4-4）~式（4-6）代入式（4-3），得到

$$P(D_{\text{圆}} = d_j \,\|\, D_{\text{球}} = d_i) = \frac{r}{R(R^2 - r^2)^{1/2}} \tag{4-7}$$

3）多级粒径的 $P(D_{\text{圆}} = d_j \,\|\, D_{\text{球}} = d_i)$ 求解

对于单级粒径而言，$P(D_{\text{圆}} = d_j \,\|\, D_{\text{球}} = d_i)$ 可根据概率理论得到，但是对于由多级粒径集料组成的沥青混合料来说，$P(D_{\text{圆}} = d_j \,\|\, D_{\text{球}} = d_i)$ 求解比较复杂。在球形骨料假设条件下，如果将二维截面上所有截面圆按照直径分为 m 组，直径为 $d_j \sim d_{j+1}$ 的第 j 组截面圆出现的数量密度为 $N(D_{\text{圆}} = d_j)$，三维骨料按照直径分为 n 组，直径为 $d_i \sim d_{i+1}$ 的第 i 组骨料出现的数量密度为 $N(D_{\text{球}} = d_i)$，则两者存在如下关系：

$$N(D_{\text{圆}} = d_j) = 2\Delta \sum_{i=j}^{n} k_{ji} N(D_{\text{球}} = d_i) \tag{4-8}$$

式中，Δ 为组距，$\Delta = R_{\max}/n$；k_{ji} 为第 i 组骨料对形成第 j 组截面圆的贡献量，也就是 $P(D_{\text{圆}} = d_j \,\|\, D_{\text{球}} = d_i)$ 在多级粒径下的数学表达。但是，由于二维级配本质为骨料数量通过率，因此参照式（4-8），提出混合料单位体积内各挡集料数量比与其截面单位面积上各挡集料数量比的关系式：

$$M(D_{\text{圆}} = d_j) = 2\Delta \sum_{i=j}^{n} k_{ji} M(D_{\text{球}} = d_i) \tag{4-9}$$

根据体视学理论有

$$k_{ji} = 0, \quad j \neq i; j > i \tag{4-10}$$

$$k_{ji} = ((i - 1/2)^2 - (j-1)^2)^{1/2} = (i - 3/4)^{1/2}, \quad i = j \tag{4-11}$$

$$k_{ji} = ((i - 1/2)^2 - (j-1)^2)^{1/2} - ((i - 1/2)^2 - j)^{1/2}, \quad j \neq i; j < i \tag{4-12}$$

$$M(D_{\text{球}} = d_i) = \frac{48}{\pi(d_i + d_{i+1})^3} \cdot f(D_{\text{球}} = d_i) \tag{4-13}$$

式中，$f(D_{\text{球}} = d_i)$ 为混合料级配中等效粒径在 $d_i \sim d_{i+1}$ 的集料占总集料的比例，如果假定各级集料的密度相等，则 $f(D_{\text{球}} = d_i)$ 可看作体积比或质量比。

2. 运用数字图像技术求解级配修正系数

在以上公式推导过程中，本章假定骨料为球形，而骨料实际形状千差万别，因此，有必要引入骨料形状修正系数 ξ_1。此外，级配一般由机械筛分试验得出，筛分只是根据骨料某一方向上的最大粒径进行分级，而不是按照球形骨料等效粒

径分级，可以由系数 ξ_2 对这种差异进行弥补。综合这两个因素，可引入级配修正系数 $\xi = f(\xi_1, \xi_2)$ 把二维截面参数、球形骨料级配与筛分级配三者联系起来。

考虑这些因素，多种粒径组成的混合料二维截面圆级配可由式（4-14）计算：

$$M(D_\text{圆}) = \frac{2\Delta}{\xi} k_{ji} M(D_\text{球}) \qquad (4\text{-}14)$$

式中

$$M(D_\text{圆}) = [M(D_\text{圆} = d_1), M(D_\text{圆} = d_2), \cdots, M(D_\text{圆} = d_m)]^\text{T}$$
$$M(D_\text{球}) = [M(D_\text{球} = d_1), M(D_\text{球} = d_2), \cdots, M(D_\text{球} = d_n)]^\text{T}$$

在式（4-14）中，k_{ji} 可根据级配控制筛孔尺寸划分，由式（4-10）~式（4-12）计算；$M(D_\text{球})$ 可由混合料级配，按式（4-13）计算得到。因此，若测得了级配修正系数则可方便地对沥青混合料截面内级配进行推测。级配修正系数是对集料不规则形状和机械筛分特点的综合修正，很难运用特定的理论加以分析。因此，运用数字图像处理技术，提取混合料试件切片的级配特征，通过与沥青混合料试件成型时所采用的级配进行比较，获得级配修正系数。

1）沥青混合料三维体积级配

为了确保级配修正系数具有较高的代表性，选取了道路工程中广泛使用的 AC-20、AC-16、AC-13、SMA-13 和 SMA-16 五种级配类型加以研究。由于二维数字试件生成时把细集料与沥青结合料一起作为砂浆处理，二维数字试件生成时只涉及粗集料二维级配。因此，本章在规范给出的级配范围内，以剔除了细集料后的级配作为研究的对象，表 4-1 给出 AC-20 级配各筛孔的通过率。

表 4-1　AC-20 级配各筛孔通过率

筛孔尺寸/mm	通过率/%
26.5	100
19	93.4
16	84.2
13.2	63.2
9.5	50
4.75	21.1
2.36	10.5

2）数字图像计算测量 $M(D_\text{圆})$

以如表 4-1 所示的级配成型沥青混合料车辙试验板，考虑到二维数字试件一般模拟沥青混合料劈裂试验、压缩试验等，试件尺寸较小，因此，为了避免三维级配推测二维级配时尺寸效应的影响，对车辙试验板进行纵向切割小梁，以小梁的侧面作为数字图像处理的对象。首先，用数码相机拍摄表面的数字图像，拍摄范围为 46.8mm×288mm，每像素对应 0.3mm。对获取的数字图像进行除噪、图像增强、二值化等处理。然后将其导入 Image-Pro Plus 图像分析软件，对数字图像进行集料颗粒数量、面积、等效直径等参数测量，以等效粒径描述 $M(D_圆)$。

　　3）级配修正系数

　　以混合料质量级配为基础，计算得到的截面单位体积内集料个数的通过率，如图 4-1 的曲线 1 所示，按照式（4-14）在没有考虑级配修正系数时，推测得到的截面单位面积内集料个数的通过率如图 4-1 的曲线 4 所示，计算得到了混合料二维平面粗集料级配（图 4-1 中曲线 2）。通过各条曲线的比较可以发现，不考虑集料形状修正直接采用球形集料假定时，曲线 2 与曲线 4 的集料通过率差异可达 16%左右。当级配修正系数取 0.81 时，曲线 4 可以修正为曲线 3，它与测试获得的二维数量级配相比，两者最大相差 3%左右。对其他 4 种级配进行类似的研究，发现它们的级配修正系数基本为 0.8 左右。因此，结合式（4-14），可以得到二维数量级配的计算公式如下：

$$M(D_圆) = 2.47\Delta k_{ji}M(D_球) \tag{4-15}$$

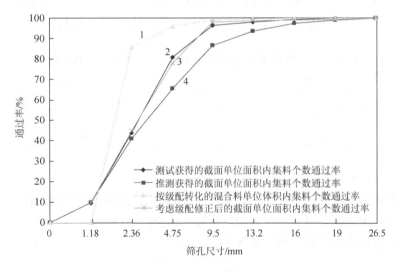

图 4-1　级配曲线

4.1.2　沥青混合料二维数值试件成型

　　4.1.1 节研究的是二维数字试件内集料的级配问题，即各级粒径集料的数量比例关系，但是仅仅获得了集料的二维级配，仍然不能确定一定尺寸试件内各级粒径的数量，因此有必要研究平面尺寸内集料的总数量，只有确定了此参数，结合二维级配，才能准确计算得出各级粒径的集料数量。另外，由于集料的不规则形状与沥青混合料微观结构具有密切的关系，集料的形状必然对沥青混合料的力学性能具有一定程度的影响，因此所生成的二维数字试件内集料应能反映不规则形状特征。围绕着这两个方面，本节开展了一定尺寸数字试件内集料总个数和集料不规则形状生成算法的研究。

1. 沥青混合料二维数字试件内各粒径粗集料个数的确定

沥青混合料二维数字试件内集料的形状不规则，而且不同尺寸的试件内集料的个数是不一致的，因此直接获得集料总个数是不现实的。为此，首先采用图像分析软件，分别获得二维数字试件内集料的面积和沥青砂浆的面积；然后，假定集料的截面为圆形，根据各级粒径集料的面积和为集料总面积，结合已经获得的集料二维数量级配，获得各级集料的数量。

1）二维数字试件内集料与试件的面积比

在实验室内成型不同级配的沥青混合料试板，切割获得切片，对其进行数码拍摄，获得数码相片，运用图像处理技术获得二值化的黑白两色图像，经图像分析软件可分别得到集料的面积和沥青砂浆的面积，表 4-2 给出不同级配类型（规范给定级配范围的中值）的沥青混合料切片上集料与试件的面积比。

表 4-2　不同级配类型的沥青混合料切片上集料与试件的面积比

级配类型	面积比/%
AC-20	40
AC-16	42
AC-13	45

2）集料个数的确定

根据集料与试件的面积比，容易计算得到数字试件内集料的总面积。由于以上获得的级配是以集料平面尺寸的当量圆直径为控制粒径的，为了便于面积计算，把粒径范围转化为面积范围，如表 4-3 所示。

表 4-3　不同粒径颗粒的数量换算

粒径范围/mm	当量圆面积范围/mm²	相邻控制筛孔的面积均值/mm²
19～16	283～201	242
16～13.2	201～137	169
13.2～9.5	137～71	104
9.5～4.75	71～18	44
4.75～2.36	18～4	11

考虑到集料分布的不规则性导致面积计算的困难，在此假定集料在相邻的控制筛孔内服从均匀分布，由此获得的相邻控制筛孔的面积均值如表 4-3 所示，并且可以得到式（4-16），以计算各级粒径集料的数量。

$$242n_1 + 169n_2 + 104n_3 + 44n_4 + 11n_5 = pS \tag{4-16}$$

式中，$n_1 \sim n_5$ 分别为粒径在 19～16mm、16～13.2mm、13.2～9.5mm、9.5～4.75mm 和 4.75～2.36mm 的数量，$n_1 \sim n_5$ 的比例关系可由二维级配计算得到；p 为不同级配沥青混合料切片内集料与切片的面积比，可由表 4-2 得到；S 为沥青混合料数字试件的面积。

2. 粗集料不规则形状的生成

在确定任一级配下某一尺寸数字试件内各挡集料的数量的基础上，着重研究集料不规则形状的实现问题。在实际工程中，沥青混合料中的集料是任意不规则形状，通过运用数字图像技术对混合料试件内集料的形状分析发现，沥青混合料截面上的集料形状可简化为不规则的多边形，其边数一般为 4～10，因此在进行不规则形状生成时，把集料看作任意 n 边形。

对于 n 边不规则多边形生成，采用极坐标 r_i 和极半径之间的夹角 θ_i 加以表述，如图 4-2 所示，并按照式（4-17）和式（4-18）加以实现。

$$r_i = R_0 + (2\lambda - 1) \times R \tag{4-17}$$

$$\theta_i = \frac{2\pi}{n} + (2\eta - 1) \times \frac{2\pi}{n} \times \delta \tag{4-18}$$

式中，λ、η 都是（0，1）上的随机数；R_0 是集料的平均半径，可为各挡集料的控制粒径

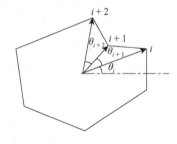

图 4-2　集料不规则形状的生成示意图

上下限的平均值或者集料当量圆半径；R 是粒径的波动范围，可由各挡集料的控制粒径上下限差值计算；δ 是不大于 1 的数，表示角度的波动程度。式（4-17）约束了集料极半径的波动范围 $(R - R_0, R + R_0)$，式（4-18）约束了集料形状极半径之间夹角的波动范围 $(2\pi(1 - \delta) / n, 2\pi(1 + \delta) / n)$，正是由于上述两个形状参数的变化构成了多边形的不规则形状特征。需要注意的是，在一般情况下 $\sum\limits_{i=1}^{n} \theta_i \neq 2\pi$，因此，为使多边形闭合，必须保证两个条件：第一，多边形生成时，在未达到指定边数之前，极半径之间的夹角和不能大于 360°，即 $\sum\limits_{i=1}^{j(j \leqslant n)} \theta_i \neq 2\pi$；第二，令 $\theta_n = 2\pi - \sum\limits_{i=1}^{n-1} \theta_i$。

3. 沥青混合料二维数字试件的可视化

1）投放过程

一旦生成各种粒径的集料后，就可以将它们逐一投放至任意形状的沥青混合料截面上。考虑到沥青混合料试件截面一般为矩形或者圆形，下面仅以边长分别为 a 和 b 的矩形截面为例说明集料的投放过程，具体如下。

步骤 1：生成一组（0, 1）之间的随机数 η_i，计算多边形集料的形心，其中 $x_i = x_{zuo} + (x_{you} - x_{zuo})\eta_i$，　$y_i = y_{xia} + (x_{shang} - x_{xia})\eta_i$。

步骤 2：按照集料粒径从大到小的顺序，从每挡集料中逐一抽取集料并将其投放至步骤 1 中计算的位置，并判断集料是否与矩形边界、先前投放的集料重叠。

步骤 3：如果第 i 个集料与先前投放在截面上的 $i-1$ 个集料没有重叠，则对第 $i+1$ 个集料重复步骤 1 和步骤 2，否则，回到步骤 1，重新抽取下一个随机数，并生成第 i 个集料的中心坐标。

2）集料重叠判据

对于沥青混合料而言，虽然骨架密实型结构的沥青混合料粗集料是相互接触的，但是在混合料试件的特定截面内，粗集料的接触状态不明显，因而，在生成沥青混合料二维数字试件时，必须判断多边形集料之间是否相交。通常，对于形状外凸的多边形集料既可以采取如图 4-3 所示的边是否相交的方法来判断，也可以采取点是否在多边形之外的方法来判断，如图 4-4 所示。

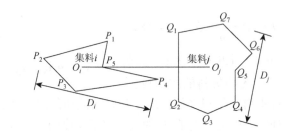

图 4-3　相邻集料的位置关系

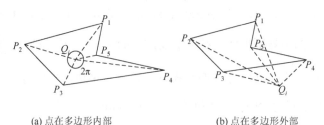

(a) 点在多边形内部　　　　　　　　　　(b) 点在多边形外部

图 4-4　点与多边形的位置关系

虽然边相交的算法也比较容易令人理解，但由于算法的效率很低，一般不被采用，因而采用点是否在多边形外的方法判断多边形重叠与否，可以分三步进行。

步骤 1：如果集料 i 和集料 j 的中心距大于两集料最长轴之和的一半，即 $O_iO_j > (D_i + D_j)/2$，那么两集料肯定不重叠，否则需进入步骤 2 进行判断。

步骤 2：如果集料 i 和集料 j 的中心距小于两集料最长轴之和的一半，则必须逐一判断一个集料的所有节点是否均位于另一集料的外部，如果成立，则两集料不重叠，否则重叠。

步骤 3：判断一点是否在另一个多边形内可由内角和法则判断得出，若 Q 点在多边形内部，则 Q 点与多边形各相邻节点的夹角总和为 2π，否则不等于 2π。

根据本节上述二维数字试件生成算法、集料不规则形状生成算法以及随机投放技术，在 Microsoft Visual C ++ 6.0 内编写相应的计算程序，程序结构和运行界面如图 4-5 和图 4-6 所示。从图中可以看出，程序的输入参数为各挡集料的数量比例关系、集料总面积与试件面积的比值、试件的尺寸，其中各挡集料的数量比例关系可由式（4-15）计算，集料总面积可由表 4-3 选取，试件尺寸根据研究任务的需要人为设定。

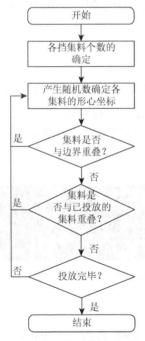

图 4-5　程序结构示意图

图 4-6　程序的运行界面

3）数字试件的可视化

（1）沥青混合料的二维数字小梁试件。

根据式（4-15），计算 AC-16 沥青混合料的二维平面级配，如表 4-4 所示，当投放区域为矩形截面（300mm×50mm）时，采用编写的数字试件生成程序生成沥青混合料二维数字试件，包括集料总面积占试件面积的 35%、40%和 45%的二维数字试件。

表 4-4　沥青混合料二维数字试件中集料通过各筛孔的数量百分率

筛孔尺寸/mm	通过数量百分率/%
19	100
16	98
13.2	95
9.5	90
4.75	70
2.36	0

（2）沥青混合料的二维数字圆形试件。

与具有矩形截面的沥青混合料二维数字试件类似，根据集料不规则形状的生成算法和投放技术，还编制了沥青混合料圆形试件生成程序。根据表 4-4 的级配，生成沥青混合料二维数字圆形试件。

4. 二维数字试件级配检验

为了验证沥青混合料数字试件生成程序的正确性，进行了二维数字试件级配的检验，对上述生成的矩形试件和圆形试件，运用 Image-Pro Plus 大型图像分析软件，以集料的当量圆直径作为评判指标，对二维数字试件内的集料区分大小，获得集料个数的分布规律并统计，如图 4-7 所示。

图 4-7　集料的数量分布规律

横坐标：集料当量圆直径，以像素为单位；纵坐标：集料个数

如图 4-8 所示，由数字试件内集料的数量分布规律可以看出，无论矩形试件还是圆形试件，粗集料到细集料的个数呈现越来越多的趋势，同一级配的矩形试件和圆形试件内集料的数量分布规律基本相同。通过定量分析数字试件集料数量级配与生成前设定的级配差异可知，生成试件的集料数量级配与设定的级配相差最大的数量通过率在 2%左右，表明程序能很好地按照数量级配生成二维数字试件。此外，运用

程序生成了大量的具有同一级配的数字试件，并通过对级配的比较发现不同试件的级配没有较大差异，表明编写的数字试件生成程序具有较好的稳定性。

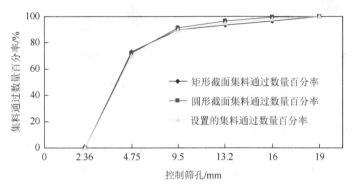

图 4-8　试件的集料通过数量百分率与设定值的比较

4.1.3　沥青混合料三维数值试件成型

与沥青混合料二维数字试件一样，三维试件的生成也涉及单个集料形状的生成、集料级配特征的考虑和集料投放等步骤，下面对这些步骤进行详细阐述。

1. 单个集料三维空间形状的生成

1）已有的集料颗粒构建技术

集料三维空间形状的虚拟构建技术目前较为成熟的是，美国 University of Illinois at Urbana Champaign 在研究铁路道砟力学特征时，经过多年的研究积累，开发的基于 DEM 方法的 DBLOKS3D 软件[2]，该软件能够直接生成单个集料颗粒，并把单个集料颗粒看作一个单元，图 4-9 为它生成的一些典型的集料颗粒单元。该软件的优点是集料形状特征与实际的三维不规则形状较为接近，适用于模拟无黏结条件下集料的堆积情形，但它不能考虑集料颗粒本身的破碎问题，且若将此软件应用于沥青混合料中，则不能考虑沥青砂浆和空隙问题，此外，该软件目前尚处于内部研究使用阶段，没有得到大面积商业推广，因而采用此软件进行混合料力学分析尚不现实。

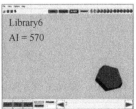

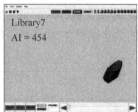
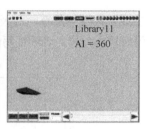

图 4-9 DBLOKS3D 生成的典型集料颗粒单元

2）不规则形状构建算法

根据离散元方法的特点，提出了基于 PFC3D 的集料三维形状的构建方法，其主要步骤有：①把任意一个空间结构看作可由其中心位置向外拓展生成，向外拓展方向简化成如图 4-10 所示的 6 个与立方体面垂直方向、8 个立方体角点与中心连接线方向，共计 14 个方向；②在即将生成空间结构的中心位置首先生成一个半径为 R 的圆球，以这个圆球构成集料颗粒的主体；③在 14 个方向中选择一些方向作为拓展方向生成半径较小的球，以这些小球构成集料的棱角度和不规则形状，可在（0，1）内随机取 14 个数 $n_i (1 \leq i \leq 14)$ 作为各个方向的随机数，并设定集料向外拓展的方向为 $n(n \leq 14)$，则每个方向可能被选择作为拓展方向的概率为 $m = n/14$，若 $n_i \leq n/14$，则第 i 个方向即被选择为拓展方向；④在拓展方向上可以设置小球生成的个数 N，而且小球的半径是逐渐减小的，相邻两球半径的减小幅度在（0，c）内，以模拟集料的棱角度，相邻两个球半径的差值为 D_4，相邻两球中小球突出大球的部分为 D_3，如图 4-11 所示；⑤为了模拟不同粒径的集料，通过大量的比较发现，当形状参数在如表 4-5 所示的正常情况下时，中心大球的半径为粒径控制筛孔下限的 40%左右。通过上述不同球体的组合可以在 PFC 内成型一个 clump 来模拟真实集料颗粒的形状。

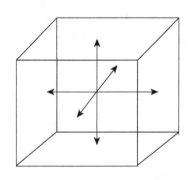
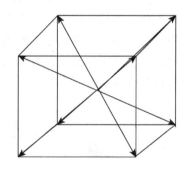

图 4-10 单元生成方向

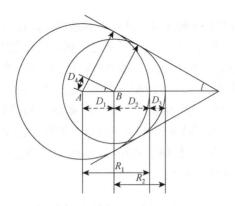

图 4-11　单元构成示意图

表 4-5　集料颗粒生成参数

$m/\%$	每个方向球生成的最多数	c	D_3
50	4	0.2R	0.2R

通过上述关于颗粒不规则形状生成算法的介绍可以看出，通过调整各生成参数，可以改变颗粒的生成形状，如集料的棱角度 θ 可以由式（4-19）控制。

$$\sin\frac{\theta}{2} = \frac{D_4}{D_3 + D_4} = \left(1 + \frac{D_3}{D_4}\right)^{-1} \tag{4-19}$$

2. 具有级配特征的集料混合物

为了在 PFC 内完成集料的投放过程，设定相关投放算法，其中某一挡集料是否投放完毕是以已投放的该挡集料质量是否达到设定的质量为判据的，因此涉及集料颗粒质量的计算。集料是由多个球重叠构成的，因此单个集料颗粒的体积 V_{clump} 可由式（4-20）计算。

$$V_{\text{clump}} = \sum_{i=1}^{n} V_i - \sum_{j=1}^{m} V_j^{\text{overlap}} \tag{4-20}$$

式中，n、m 分别为集料颗粒 clump 中球的个数和需要扣除体积的重叠个数；V_i 为第 i 个球的体积；V_j^{overlap} 为第 j 个重叠球体的体积，可由式（4-21）计算得到。

$$V_j^{\text{overlap}} = \frac{\pi}{3}R_1^2(3R_1 - h_1) + \frac{\pi}{3}R_2^2(3R_2 - h_2) \tag{4-21}$$

式中，R_1、R_2 分别是相互重叠两球的半径；h_1、h_2 分别是重叠部分两球的球冠高度，可以通过 PFC3D 内编写的子程序进行计算。通过式（4-20）和式（4-21）可以容易地计算得到单个集料的体积，若已知集料密度，则可以设定各挡集料的质量，这样就达到直接控制集料级配，以及间接控制粗集料体积百分率的目的。当各挡集料质量比例关系改变时，相当于变化了级配；当集料总质量改变，而比例关系不变时，相当于改变了集料在混合料内的体积百分率。图 4-12 为按照如表 4-5 所示的级配生成的圆柱体粗集料混合物，其中粒径 13.2～16mm 的集料为 350g，由 27 个集料构成；9.5～13.2mm 为 1050g（742 个集料）；4.75～9.5mm 为 1400g（1867 个集料）；2.36～4.75mm 为 700g（2483 个集料）。

图 4-12　具有级配特征的
粗集料混合物

3. 沥青混合料三维离散元模型的建立

前面内容解决了集料颗粒不规则形状和考虑级配特征的集料混合物生成问题，但是若要建立沥青混合料的离散元模型，则需要考虑沥青砂浆的作用。考虑到规则排列的单元力学参数计算较为方便，设计了一种沥青混合料离散元模型的建立方法，其主要步骤如下。

步骤 1：采用前面所介绍的方法，在混合料试件尺寸内随机投放具有级配特征的集料，此时的集料形状仍然由大小各异的球形单元构成。

步骤 2：在试件尺寸内生成规则排列的、直径较小的球单元，并使球单元布满整个试件尺寸空间。

步骤 3：逐一判断新生成的单元与原有集料单元的位置，若新单元与原有集料单元重叠，则将该新单元看作新的集料单元，否则视为沥青砂浆单元。

步骤 4：删除在步骤 1 中生成的原有集料单元。下面以图 4-13 所示的集料混合物为例，说明沥青混合料离散元模型的建立过程。

首先，在圆柱体空间内布满规则排列（每个单元与四周的 6 个单元相接触）的 148200 个半径为 1mm 球形单元后试件如图 4-13（a）所示，并逐一判断 148200 个单元与原有集料单元的位置，若重叠，则为新的集料单元，否则为砂浆单元，判断结束后删除原有集料单元，形成如图 4-13（b）所示的沥青混合料离散元模型。

在上述混合料离散元模型建立过程中，没有考虑空隙的存在。根据离散元建模的特点，目前有两种方法可以对空隙加以考虑：直接赋予空隙单元力学参数为零；在沥青砂浆单元中随机删除一定数量的单元，作为空隙。采用第二种方法，在混合料离散元模型内分别随机删除 5928 个和 11856 个沥青砂浆单元，形成 4% 和 8% 的空隙率，如图 4-14 所示，这样就完成了沥青混合料离散元模型建立的过程。

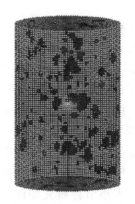

(a) 布满新单元后的集料混合物　　　　　　　(b) 沥青混合料离散元模型

图 4-13　沥青混合料离散元模型建立过程

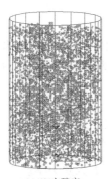
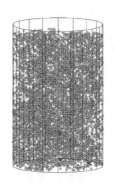

(a) 4%空隙率　　　　　　　　　　(b) 8%空隙率

图 4-14　沥青混合料空隙特征

　　通过上述分析，采用上述沥青混合料三维离散元模型建立的方法，可以建立目前室内性能试验所用的混合料各类三维模型，如梁式试件、马歇尔试件等，而且它充分考虑了混合料内空隙的存在、集料级配特征和集料的不规则形状，这就为今后从细观结构角度研究沥青混合料性能提供了十分重要的技术手段。

4.2　沥青混合料虚拟疲劳试验数值模拟

4.2.1　疲劳损伤离散元表征

　　沥青混合料离散元模型能够较好地区分集料、沥青砂浆和空隙，考虑到沥青混合料的疲劳破坏主要表现为沥青砂浆或者沥青砂浆与集料界面性能的劣化，因此在离散元内研究混合料的疲劳损伤只要解决沥青砂浆材料的疲劳损伤即可。离散元方法规定：当单元间法向拉力超过接触黏结设置的黏结力时，接触黏结失效；当单元间法向拉应力超过平行黏结设置的抗拉强度时，平行黏结失效。而无论接触黏结或者平行黏结，其设定的参数在黏结有效时并不发生改变。由此可以看出，在离散单元间单纯设置接触或平行黏结模型的情形，单元间黏结状况并没有随着荷载作用时间的延长或者荷载作用次数的增大发生劣化，也就是说它们只能分析荷载一次作用下材料破坏的现象，而不适用于所要研究的多次重复周期荷载下的混合料疲劳失效。针对 PFC 所提供的黏结模型的上述缺陷，本小节将研究如何在离散元方法内考虑沥青砂浆的疲劳损伤特征，以及如何测定损伤参数，并讨论如何将损伤的实现方法编制成相应的子程序内嵌于离散元软件内。

1. 岩石类平行黏结模型损伤的规律

相关研究表明，硅酸盐类岩石裂纹与流体腐蚀时间的关系主要受到裂纹处流体压力引起的体积膨胀影响，并采用流体动力学描述了流体对岩石类腐蚀导致裂纹出现的表达式[3]，如式（4-22）所示。

$$\ln\left(\frac{r}{r_0}\right) = c - \left(\frac{E^* - v^* \sigma_{rs}}{RT}\right) \qquad (4\text{-}22)$$

式中，r 为岩石腐蚀的速率；R 为空气系数；T 为热力学温度；σ_{rs} 为腐蚀处岩石应力；E^* 和 v^* 分别为表面活化能和体积；c 和 r_0 为常数。

在式（4-22）的基础上，可以采用如图 4-15 所示的平行黏结损伤规律，把平行黏结的损伤看作黏结直径的衰减，并推导如式（4-23）所示的黏结直径衰减计算公式。

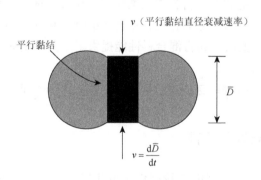

图 4-15　平行黏结的损伤示意图

$$\frac{\mathrm{d}\overline{D}}{\mathrm{d}t} = -\alpha r = -(\alpha r_0 \mathrm{e}^c \mathrm{e}^{-E^*/(RT)})\mathrm{e}^{v^*\sigma_{rs}/(RT)} \tag{4-23}$$

式中，α 为常数；$\overline{D}$ 为平行黏结直径；t 为荷载作用时间。

考虑到 σ_{rs} 与平行黏结的抗拉强度 $\overline{\sigma}_c$ 有关，而且单元间黏结的损伤存在一损伤阈值 $\overline{\sigma}_a$，式（4-23）变化为

$$\frac{\mathrm{d}\overline{D}}{\mathrm{d}t} = \begin{cases} -\beta_1 \mathrm{e}^{\beta_2(\sigma/\overline{\sigma}_c)}, & \sigma \geqslant \overline{\sigma}_a \\ 0, & \sigma < \overline{\sigma}_a \end{cases} \tag{4-24}$$

从式（4-24）可以看出，只有当单元间拉应力不小于阈值 $\overline{\sigma}_a$ 时，平行黏结直径开始衰减，且衰减的速率取决于黏结处拉应力与抗拉强度的比值，比值越小黏结直径衰减得越慢。β_1 和 β_2 为计算参数，可以按照式（4-25）计算。针对岩石类材料损伤的研究，β_1 和 β_2 一般取 5×10^{10}～5×10^{17} m/s 和 30 左右，损伤阈值 $\overline{\sigma}_a$ 一般为 70MPa，平行黏结的最小 pb_rad 为 0.01。

$$\begin{cases} \beta_1 = \alpha r_0 \mathrm{e}^c \exp(-E^*/(RT)) \\ \beta_2 = \left(\dfrac{\overline{\sigma}_c}{\sigma}\right)\left(\dfrac{v^*\sigma_{rs}}{RT}\right) \end{cases} \tag{4-25}$$

2. 沥青材料平行黏结损伤表达式的推导

由上面所建立的平行黏结半径衰减的表达式可以看出，平行黏结半径的衰减反映到单元与单元接触处表现为黏结刚度的衰减，这与沥青混合料疲劳过程中模量的衰减相一致。另外，黏结半径衰减的表达式主要涉及 β_1、β_2、$\overline{\sigma}_c$ 和 $\overline{\sigma}_a$、$\overline{\sigma}_c$ 和 $\overline{\sigma}_a$ 为材料的抗拉强度和损伤阈值，抗拉强度可由试验测得，损伤阈值可直接取零，即认为很小的拉应力也会造成损伤，只是损伤很小而已，因此需要确定的参数较少，只有 β_1 和 β_2。基于上述两个方面考虑，如果能确定沥青砂浆材料的 β_1 和 β_2，则采用黏结半径衰减来反映沥青砂浆的疲劳损伤特征是合理可行的。

建立宏观模量衰减与平行黏结直径衰减之间的联系，如式（4-26）所示。

$$\frac{\mathrm{d}\overline{E}_c}{\mathrm{d}t} = \frac{2\overline{k}^n \mathrm{d}R}{\mathrm{d}t} = \frac{\overline{k}^n \mathrm{d}D}{\mathrm{d}t} = -\overline{k}^n \beta_1 \mathrm{e}^{\beta_2 \sigma/\overline{\sigma}} \tag{4-26}$$

式中，$\overline{E}_c$ 为材料的宏观模量；$\overline{k}^n$ 为离散单元之间平行黏结刚度。由于沥青类材料具有明显的时间效应，损伤过程中材料宏观模量与时间呈非线性关系。根据大量学者的研究成果，在沥青混合料蠕变过程中，某一应力水平下的蠕变模量与时

间的关系可由式（4-27）与式（4-28）加以描述。

$$E(t) = k_1 + k_2 \left(1 + \frac{t}{k_3}\right)^{k_4} \qquad (4\text{-}27)$$

$$\frac{\mathrm{d}E}{\mathrm{d}t} = \frac{k_4 k_2}{k_3} \left(1 + \frac{t}{k_3}\right)^{k_4 - 1} \qquad (4\text{-}28)$$

结合式（4-27）和式（4-28）不难看出，只要把式（4-28）中的时间因子代入式（4-27），即可建立考虑不同应力水平时，沥青材料蠕变模量与时间的关系。

$$\frac{\mathrm{d}\overline{E}_c}{\mathrm{d}t} = -\overline{k}^n m \left(1 + \frac{t}{k}\right)^n \mathrm{e}^{\beta_2 \sigma / \overline{\sigma}} \qquad (4\text{-}29)$$

同时，可以得到沥青类材料平行黏结直径衰减速率与时间、应力水平的关系表达式。

$$\frac{\mathrm{d}D}{\mathrm{d}t} = -m \left(1 + \frac{t}{k}\right)^n \mathrm{e}^{\beta_2 \sigma / \overline{\sigma}} \qquad (4\text{-}30)$$

3. 计算过程各参数的衰减

前面推导了沥青材料单元平行黏结直径衰减的表达式，并给出了损伤参数的求解方法。本部分将主要阐述如何在离散元 PFC3D 内实现黏结直径衰减，以及如何计算由黏结直径的衰减引起的单元间其他力学性能的变化。根据单元间黏结直径的衰减，有

$$\beta = \overline{D}' / \overline{D} = \overline{R}' / \overline{R} = \overline{\lambda}' / \overline{\lambda} \qquad (4\text{-}31)$$

式中，$\overline{D}$、$\overline{R}$ 和 $\overline{\lambda}$ 分别为平行黏结设置时，黏结直径、半径和黏结半径与单元半径的比值；$\overline{D}'$、$\overline{R}'$ 和 $\overline{\lambda}'$ 分别为离散元计算过程中任一时刻平行黏结直径、半径和黏结半径与单元半径的比值。任一时刻黏结直径 $\overline{D}'$ 可由式（4-32）计算。

$$\begin{cases} \overline{D}' = \overline{D}' - \gamma \Delta t \\ \gamma = \begin{cases} \beta_1 \mathrm{e}^{\beta_2 (\sigma / \overline{\sigma}_c)}, & \overline{\sigma}_a \leqslant \sigma < \overline{\sigma}_c \\ 0, & \sigma < \overline{\sigma}_a \end{cases} \end{cases} \qquad (4\text{-}32)$$

不但平行黏结半径出现衰减，单元间接触的力、弯矩等也会出现衰减，如式（4-33）所示。

$$
\begin{cases}
[F] = [k][d] \\
\begin{bmatrix} \bar{F}^n \\ \bar{F}^s \\ \bar{M}^n \\ \bar{M}^s \end{bmatrix} =
\begin{bmatrix}
\bar{k}^n A & 0 & 0 & 0 \\
0 & -\bar{k}^s A & 0 & 0 \\
0 & 0 & -\bar{k}^n J & 0 \\
0 & 0 & 0 & -\bar{k}^s I
\end{bmatrix}
\begin{bmatrix} U^n \\ U^s \\ \theta^n \\ \theta^s \end{bmatrix}
\end{cases}
\tag{4-33}
$$

式中，平行黏结面积 A、中心轴分别为 x 和 y 的惯性矩 I 和 J，由式（4-34）计算。

$$
\begin{cases}
A' = A \begin{cases} \beta & (2D) \\ \beta^2 & (3D) \end{cases} \\[8pt]
I' = I \begin{cases} \beta^3 & (2D) \\ \beta^4 & (3D) \end{cases} \\[8pt]
J' = J \begin{cases} NA & (2D) \\ \beta^4 & (3D) \end{cases}
\end{cases}
\tag{4-34}
$$

由上述分析不难看出，PFC 计算时单元间作用力、弯矩的衰减都可以采用 β，即黏结半径与单元半径比值 pb_rad 的衰减加以表示。根据上述表达式，运用 PFC 内 "Fish" 语言编写了平行黏结半径损伤计算的子程序，以此进行疲劳损伤运算。

4.2.2　四点小梁弯曲疲劳试验数值模拟

采用小梁的四点弯曲作为虚拟疲劳试验方案，如图 4-16 所示。其中，虚拟小梁试件由上述所建立的二维数字试件生成技术获得，其尺寸与真实尺寸相同，小梁支座和加载压头的作用位置也与真实尺寸一致。除了小梁、支座和压头的尺寸与真实情况相同外，对于代替支座的"墙"，在离散元中也固定其水平、竖直方向的位置，以模拟真实支座。

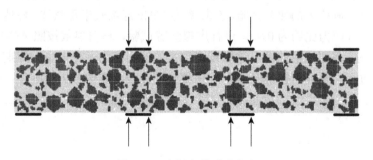

图 4-16　虚拟疲劳试验方案

1. 考虑空隙的沥青混合料离散元模型

采用 4.2.1 节编写的数字试件生成程序，生成 AC-16 型混合料二维数字小梁，试件长为 360mm，宽为 50mm。为了真实反映混合料内部结构，考虑沥青混合料内随机空隙分布，混合料截面上单个空隙的面积在 0.56~3mm^2 内，而采用的球形单元直径为 1mm，单个单元大小与空隙相当。

(a) 混合料小梁数字试件

(b) 小梁试件的离散元模型

图 4-17　沥青混合料离散元模型的建立

对于混合料结构内的空隙，离散元方法可以采用两种方法加以实现。第一种方法是对一定数量的沥青砂浆单元赋予其力学参数为零，以这些单元作为空隙；第二种方法是在离散元模型内直接删除一定数量的沥青砂浆单元，以此反映空隙的存在。其中，第二种方法在离散元内较容易实现，因此采用随机删除砂浆单元的做法来模拟空隙，删除单元的数量取决于空隙率的大小。在沥青砂浆中随机删除 700 个单元，以模拟 4% 的空隙率，图 4-18（a）为随机删除单元的分布，图 4-18（b）为考虑空隙后试件局部位置集料、砂浆和空隙的分布。

2. 沥青混合料小梁的中点弯曲疲劳试验模拟

以上述建立的模型为基础，在离散元 PFC3D 内编写虚拟疲劳试验命令流，以实现三分点控制应力的疲劳试验。在频率为 10Hz 连续式半正弦波、峰值力为 16N 周期荷载下（应力比约为 0.9），进行虚拟疲劳试验，材料参数按照 AC-16 中值级配参数取值。需要说明的是，这里设定较大的应力是为了在较少的周期内获得疲劳失效的过程，从而可以清晰地观察采集到的曲线，方便分析和阐述。在试验模

(a) 空隙分布

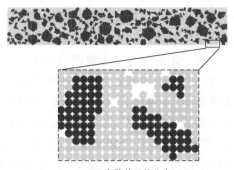

(b) 离散单元的分布

图 4-18　离散元模型内空隙的实现

拟过程中，利用 PFC 每隔 10 个计算时步采集一次数据，图 4-19～图 4-21 为采集到的初始加载 12 个周期内压头压力、挠度、跨中梁底拉应变与荷载作用时间的关系曲线。从图中可以看出，随着加载周期的增大，压头压力严格保持半正弦波形，而且荷载峰值稳定在 16N，说明虚拟试验时荷载确实是以半正弦形式施加于小梁，且荷载峰值严格执行试验条件。

图 4-19　计算时步与压头压力关系曲线 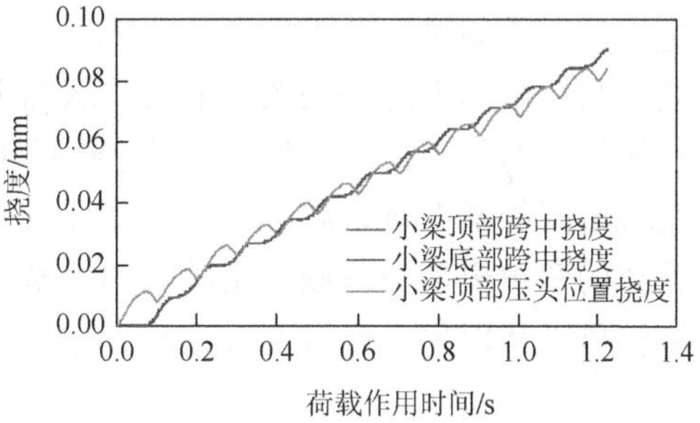　　　图 4-20　计算时步与跨中挠度关系曲线

（彩图扫二维码）

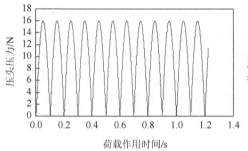

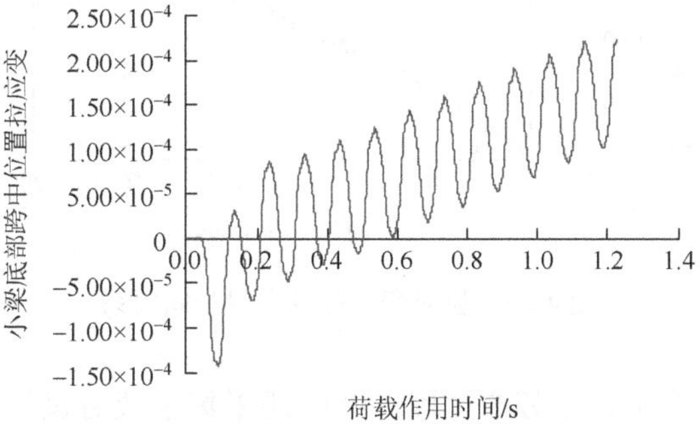

图 4-21　计算时步与跨中梁底拉应变关系曲线

　　图 4-20 为小梁顶部跨中位置、小梁底部跨中位置和压头位置的挠度随时间变化的曲线。由图中可以明显地看出，三者并不是以相同规律同时变化的，尤其是压头位置挠度与跨中挠度有一定的差异，主要表现为在一个荷载周期内当压头荷载下降时，压头处小梁挠度有一定的恢复，而跨中挠度没有出现明显的下降，只是挠度增大的速率略有降低而已。从如图 4-21 所示的小梁跨中位置拉应变与时间关系曲线可以看出，每个荷载周期作用后梁底位置拉应变没有得到完全恢复，导致随着荷载周期的增大，梁底位置拉应变越来越大，这与控制应力下疲劳试验"应力不变，应变增大"的规律相符。需要说明的是，在初始荷载作用的几个周期内，梁底出现了一定程度的压应变，通过在 PFC 内对荷载初始作用时小梁内应力分布分析发现，出现上述现象的原因是当两个压头荷载刚开始作用时，压头下部（梁底三分点位置）有一定的拉应力，而跨中位置由于荷载瞬时作用存在压应力。这种现象类似于双轮荷载作用于路面结构时，车轮以下位置存在水平拉应力，而两轮间隙中间位置存在一定压应力的情形。

　　在上述 12 个周期荷载作用的基础上，继续进行虚拟疲劳试验，一直到小梁断裂为止，图 4-22 给出小梁疲劳破坏全过程中梁底拉应变的变化情况。从图中曲线可以看出，随着荷载作用时间的增大，梁底拉应变呈现局部振动变化和整体越来越大的变化规律，当即将疲劳破坏时，拉应变有急剧增大的趋势。图 4-23 为弯拉模量与荷载作用时间的关系曲线。从图中曲线可以看出，单个周期下，小梁的弯拉模量基本呈半正弦波形式，而随着周期数的增大，弯拉模量有一定程度的下降，而且下降的幅度越来越小。从上述分析可以看出，无论梁底跨中拉应变还是小梁整体的弯拉模量与荷载作用时间的关系，都与实际室内试验相符，这就说明虚拟试验可以从现象上模拟真实试验。

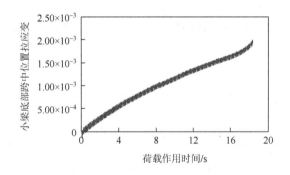

图 4-22　拉应变与荷载作用时间关系

　　为了直观地分析小梁疲劳的过程，PFC 还采集了疲劳过程的不同阶段小梁内应力分布情况，如图 4-24 所示。从图中可以看出，在初始加载阶段，压头下部具有

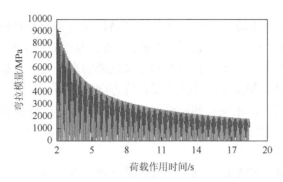

图 4-23　弯拉模量与荷载作用时间关系

较大的竖向压应力，压头正下方、梁下部有水平拉应力存在，这与常规认识相符。然而，在小梁上部、跨中位置出现了水平拉应力，小梁底部、跨中位置则有水平压应力存在，这就说明在开始加载时，荷载的传递需要有一个过程，尤其对于频率较快的周期荷载。

(a) 施加荷载瞬间

(b) 初始加载阶段

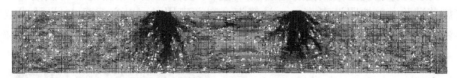

(c) 稳定加载阶段

图 4-24　荷载施加不同阶段小梁内部应力分布

当荷载接着作用一定周期后，小梁内应力发生了较大的变化，主要表现在梁顶跨中位置的拉应力变小、梁底跨中位置压应力的变小，以及压头外侧至梁端部的区域较大水平拉应力的出现。随着荷载作用次数的增大，小梁内应力趋于稳定，此时跨中位置梁下部出现水平拉应力、上部出现水平压应力，如图 4-24（c）所示，此时小梁的应力分布才与常规认识相一致。然后,若仔细分析此时跨中位置各单元间应力分布图,可以看出沥青混合料内应力分布较为复杂,具体表现为:①从小梁长度方向看,小梁底部的水平拉应力和小梁顶部的水平压应力最大值并不出现在小梁跨中位置的梁底和梁顶;②从小梁高度方向看,同一截面上也没有呈现距离底部越近拉应力越大,距离顶部越近压应力越大的规律;③集料单元间的应力往往大于砂浆单元间的应力,而且集料分布密集的小梁区域内砂浆单元的应力往往高于小梁其他区域。

出现上述现象可能是由于沥青混合料是一种复合材料,其中集料和砂浆的应力与应变关系并不相同,导致混合料内应力受集料的分布影响;而且由于集料的刚度和强度高于砂浆,集料分担了一部分应力,从这一点来说集料对于混合料抗弯拉具有一定的"贡献",然而,也正是集料的存在,导致了应力分布的复杂,集料分布密集的区域内砂浆的应力较大,可以预测这些区域可能是小梁最先疲劳损坏的区域。

4.2.3　虚拟疲劳数值试验验证

4.2.2 小节仅从试验模拟过程中观测的现象说明虚拟疲劳试验可以模拟室内实际试验,为了定量验证虚拟疲劳试验方法的正确性,本小节将进行不同应力水平下的虚拟疲劳试验,建立疲劳寿命与应力间的关系,并与传统疲劳方程进行比较。同时,为了分析虚拟疲劳试验结果的重复性,本小节还将与室内实际试验比较试验结果的离散性。

1. 室内小梁疲劳试验

为了充分验证虚拟试验的正确性,选择了实际工程中常用的 4 种级配进行室内疲劳试验,并按照沥青膜8μm计算混合料沥青用量,以空隙率4%设计成型混合料试件,图 4-25 为沥青混合料板式试件,以及由此切割后的疲劳小梁试件。

图 4-25　沥青混合料的小梁试件

同时，按此沥青膜厚度计算各级配小于 2.36mm 沥青砂浆的沥青用量，并以此沥青用量成型沥青砂浆圆柱体试件，试件尺寸为直径 100mm、高 150mm，按照上述计算得到 4 种沥青砂浆的黏弹性参数。同时，成型砂浆的马歇尔试件，在 UTM 试验机上进行间接拉伸试验，获得其抗拉强度和损伤参数，见表 4-6。以黏弹性参数和抗拉强度作为虚拟疲劳试验的沥青砂浆的材料输入参数。

表 4-6　4 种沥青砂浆的黏弹性参数

级配类型	Burgers 模型内参数				损伤参数				抗拉强度/MPa
	E_1/MPa	E_2/MPa	η_1/(MPa·s)	η_2/(MPa·s)	m/(10^{-13})	k	n	β_2	
AC-16-1	150.8	304.7	210.5	203.4	5.14	0.445	0.48	14.9	2.3
AC-16-2	92.6	205.4	250.2	200.3	4.45	0.666	0.41	14.3	2.4
AC-13-1	80.5	265.9	376.4	317.9	4.33	0.740	0.35	13.8	2.7
AC-13-2	102.2	233.7	150.9	163.1	5.11	0.674	0.47	15.1	2.4

对如表 4-6 所示的混合料进行疲劳试验，荷载波形为无间歇的半正弦波，频率为 10Hz，每种级配类型和应力水平下进行 4 个平行试件的疲劳试验，试验结果如表 4-7 所示。考虑到疲劳试验从原材料的选择和试件的制备到试验测试需要较长的周期，由于研究时间、试验设备的限制，仅测试了 4 种较高应力水平下的疲劳寿命。

表 4-7　沥青混合料疲劳试验结果

级配类型	试件编号	不同应力水平下的疲劳寿命/次			
		1.4MPa	1.2MPa	1MPa	0.8MPa
AC-16-1	1	272	427	1236	2941
	2	110	546	1174	3431
	3	452	522	2210	6290
	4	388	475	1076	3821
AC-16-2	1	367	911	1954	4129
	2	273	689	1443	5910
	3	149	425	903	5277
	4	205	528	1772	7263
AC-13-1	1	205	1232	1739	6922
	2	152	998	1244	4755
	3	304	763	1962	7321
	4	274	1127	1426	7276

级配类型	试件编号	不同应力水平下的疲劳寿命/次			
		1.4MPa	1.2MPa	1MPa	0.8MPa
AC-13-2	1	664	862	1822	6775
	2	361	1033	1130	7981
	3	122	1207	1465	5529
	4	198	975	1508	7326

2. 虚拟疲劳试验

成型虚拟疲劳试验模型,为了与室内试验(表4-8)进行比较,对单一级配也进行 4 组平行试件的虚拟试验,沥青砂浆计算参数见表 4-6。集料模量仍然取 55.5GPa。在材料参数获得后,考虑到室内试验时混合料的空隙率按照 4%设计成型,在虚拟试验时也以 4%的空隙率建立混合料小梁的离散元模型,根据 4.2.2 节建立的虚拟疲劳试验方法,采用与室内试验相同的疲劳应力水平进行虚拟试验,得到了各组混合料的疲劳寿命,见表 4-9。

表 4-8　室内疲劳试验材料

筛孔尺寸	各级配的通过率/%			
	AC-16-1	AC-16-2	AC-13-1	AC-13-1
19mm	100	100	100	100
16mm	98	98	100	100
13.2mm	94	95	98	98
9.5mm	85	90	87	91
4.75mm	67	70	67	79
2.36mm	0	0	0	0

表 4-9　虚拟疲劳试验结果

级配类型	试件编号	不同应力水平下的疲劳寿命/次			
		1.4MPa	1.2MPa	1MPa	0.8MPa
AC-16-1	1	163	572	1175	5284
	2	209	324	960	4265
	3	315	440	1088	4805
	4	302	429	1120	5873
AC-16-2	1	379	775	1863	6428
	2	183	724	1209	7055

续表

级配类型	试件编号	不同应力水平下的疲劳寿命/次			
		1.4MPa	1.2MPa	1MPa	0.8MPa
AC-16-2	3	314	705	1120	6144
	4	426	534	1454	5820
AC-13-1	1	282	521	1486	7151
	2	227	620	1788	6380
	3	366	522	1623	7249
	4	417	489	1695	6609
AC-13-2	1	524	1103	1283	8077
	2	613	864	1656	7208
	3	429	937	1425	7210
	4	225	1022	1344	7003

　　以四个平行试件的均值作为试验结果，并取疲劳寿命的对数，其与疲劳应力水平的关系如图 4-26 所示。从图中可以看出，实测试验结果与虚拟结果没有明显的差异，两者的对数与疲劳应力水平呈现较好的线性关系。这就说明虚拟疲劳试验结果与实测结果基本相当，也可以采用如式（4-35）所示的传统疲劳方程加以描述。

$$N_f = k\left(\frac{1}{\sigma}\right)^n \tag{4-35}$$

式中，n 为对数坐标下疲劳曲线的斜率，变化范围不大，一般为 2.56~5.72；k 为试验参数，它的变化范围很大，受各研究者采用的试件尺寸、试验边界条件的影响很大。

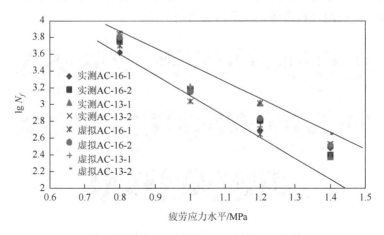

图 4-26　实测、虚拟疲劳寿命与应力水平的关系

4.3　沥青混合料细观结构对疲劳性能的影响

大量研究表明,沥青混凝土材料性能不仅依赖于集料和沥青胶浆性能,也在很大程度上取决于集料、空隙的形态特征和空间分布等细观结构。但是,沥青混合料中集料等原材料几何和物理力学性质的随机性以及混合料在构造物理体系中受力状态的复杂性、影响因素的多重性,决定了利用传统的室内现象试验方法研究混合料细观结构具有明显的局限性,研究成果也比较粗糙。

针对宏观试验方法的缺陷,将通过离散元程序 PFC,结合虚拟疲劳试验方法,重点研究集料宏观特征(集料体积含量、集料粒径和集料空间分布)、集料细观结构(扁平率、长轴取向和棱角度属性)和空隙细观结构(整体空隙率大小、单个空隙大小和空间分布)对混合料疲劳性能的影响。并期望通过细观结构对混合料宏观疲劳性能的影响分析,为完善沥青混合料设计提供参考。

4.3.1　集料宏观特征影响性分析

1. 粗集料体积含量对疲劳性能的影响

以 AC-16 型沥青混合料中粗集料级配为基础,变化粗集料在混合料中的体积含量,生成如图 4-27 所示的 5 组沥青混合料数字试件,各组粗集料体积百分率分别为 20%、25%、30%、35%和 40%。对上述 5 组试件,按照所建立的虚拟疲劳试验方法,测试在应力水平为 0.8MPa、频率为 10Hz、无间歇时间下的疲劳寿命。表 4-10 给出了粗集料不同体积百分率的沥青混合料试件起裂时荷载作用次数。需要说明的是,为了避免空隙对混合料的影响,在分析集料形状、分布等对疲劳性能的影响时,在混合料离散元模型内不考虑空隙。

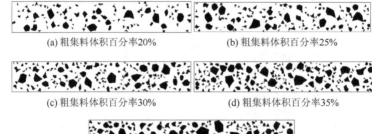

(a) 粗集料体积百分率20%　　　　　(b) 粗集料体积百分率25%

(c) 粗集料体积百分率30%　　　　　(d) 粗集料体积百分率35%

(e) 粗集料体积百分率40%

图 4-27　粗集料不同体积百分率的数字试件

表 4-10　粗集料不同体积百分率时沥青混合料试件的虚拟疲劳寿命

粗集料体积百分率/%	起裂寿命/次
0	3870
20	4757
25	5323
30	5969
35	6414
40	7521

由表 4-10 可以看出，随着粗集料在混合料中所占体积的增大，沥青混合料内裂纹出现时间越来越长，随着粗集料在混合料中所占体积的增大，沥青混合料疲劳寿命也快速增加。这就表明，在应力控制疲劳模式下，粗集料体积百分率对混合料疲劳性能的影响十分显著，提高粗集料体积含量可以较大程度地延长其疲劳寿命。当然粗集料含量的增多，可能带来压实的困难，导致空隙率增大，从而影响到混合料的疲劳性能。

2. 集料粒径对沥青混合料疲劳性能的影响

1）二维数字试件的级配

根据关于二维数字试件集料数量级配的计算，获得了 AC-16 沥青混合料的二维数量级配，并在各挡集料比例一致的情况下，计算得到了最大粒径不同的 5 组混合料的集料比例，如表 4-11 所示。根据此级配，在粗集料所占体积百分率为 40%时，生成 5 组沥青混合料数字试件，如图 4-28 所示。

表 4-11　不同当量粒径混合料各挡集料的比例关系

粒径范围/mm	1组	2组	3组	4组	5组
16～19	0	0	0	0	0.020
13.2～16	0	0	0	0.031	0.030
9.5～13.2	0	0	0.053	0.051	0.050
4.75～9.5	0	0.222	0.211	0.204	0.200
2.36～4.75	1	0.778	0.736	0.714	0.700

(a) AC-16-1　　　　　　　　　　　　(b) AC-16-2

(c) AC-16-3　　　　　　　　　　　　(d) AC-16-4

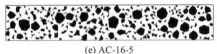

(e) AC-16-5

图 4-28　粗集料体积百分率相同、最大粒径不同的数字试件

2）各级集料对沥青混合料疲劳特性的影响

采用类似的方法可以得到 5 组混合料的疲劳寿命，见表 4-12。根据表中测试结果，当粗集料在混合料中体积一定时，沥青砂浆的疲劳寿命远小于如表 4-12 所示的五种混合料疲劳寿命，且后四种混合料的疲劳寿命差异较小，可见 2.36～4.75mm 和 4.75～9.5mm 是影响疲劳性能的关键粒径。当空隙、粗集料体积百分率不变时，通过增大这两挡集料的含量可以有效地延长混合料的疲劳寿命。当然，与上述粗集料含量对疲劳性能的影响一样，这个结论也是建立在应力控制疲劳模式的前提下的，在应变控制时可能会得到相反的结论。

表 4-12　粗集料不同最大粒径时沥青混合料试件的虚拟疲劳寿命

混合料类型	起裂寿命/次
沥青砂浆	3870
AC-16-1	5620
AC-16-2	7144
AC-16-3	7189
AC-16-4	7325
AC-16-5	7352

因此，采用最大粒径为 4.75mm 或者 9.5mm 的密级配混合料作为路面结构的抗疲劳层可以有效地延长路面寿命（尤其是沥青面层较厚的、符合应力控制模式的结构层），其原因主要是 9.5mm 以下粗集料的提高能有效地增大混凝土模量，在应力控制条件下能延长使用寿命；另外，这一粒径又避免了过粗粒径混合料压实困难、空隙率较大的弊端，保证了疲劳性能不至于因空隙的增大而出现大幅度的降低。

3. 集料空间分布特性对沥青混合料疲劳性能的影响

1）集料分布均匀性评价指标

沥青混合料的离析是指沥青混合料摊铺后，其组成成分的不均匀，造成局部区域的粗集料或细集料集中，它是沥青混合料不均匀的反映。考虑到沥青混合料主要由多级粒径的集料和沥青组成，为了区分集料分布特征，首先把试件内的集料按粒径大小分离开来，然后把试件分成面积相等的 5 个区域，如图 4-29 所示，

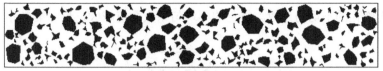

(a) 混合料二维数字试件

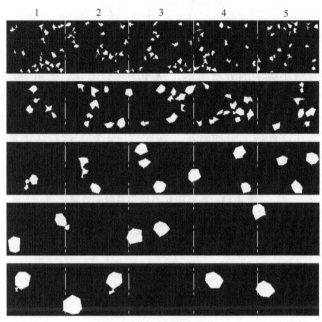

(b) 各挡集料的分布

图 4-29　小梁试件各挡集料的分离

从上至下分别为 2.36~4.75mm、4.75~9.5mm、9.5~13.2mm、13.2~16mm 和 16~19mm 五挡集料

以每个区域内某挡集料个数与该挡集料在 5 个区域内的平均个数的差异来表征该挡集料的分布均匀性，并采用标准偏差 var 作为均匀性指标[4]，称其为不均匀系数，按照式（4-36）计算。

$$\mathrm{var}_i = \sqrt{\dfrac{\displaystyle\sum_{j=1}^{5}(n_{ij}-\bar{n}_i)^2}{4}} \tag{4-36}$$

式中，var_i 为第 i 挡集料的不均匀系数；$\bar{n}_i$ 为第 i 挡集料在 5 个区域内的平均个数；n_{ij} 为以试件内等面积的第 j 个区域为分析对象，获取的第 i 挡集料的数量。

　　但是，单从标准差角度考虑，研究发现，有时不同截面上某一挡（或某些挡）集料会出现相同的标准差，但它们的均匀性却有所不同。究其原因是，此挡集料在不同截面上分布的数量不同。为了消除这一影响，只需按式（4-37）变动即可，

称 var_i' 为修正的不均匀系数。修正的不均匀系数数值越大，说明集料分布得越不均匀。

$$\mathrm{var}_i' = \sqrt{\frac{\sum\limits_{j=1}^{5}(n_{ij}-\overline{n}_i)^2}{4}} \Big/ \overline{n}_i \qquad (4\text{-}37)$$

采用 Image-Pro Plus 6.0 图像处理软件对图 4-29（a）的 AC-16 型沥青混合料二维数字试件内集料按照粒径大小进行分离，图 4-29（b）为集料分离后，每一挡集料在沥青混合料小梁中的分布图示。从图中可以看出，2.36～4.75mm、4.75～9.5mm、9.5～13.2mm、13.2～16mm 和 16～19mm 五挡集料能在沥青混合料小梁试件中单独显示，表明各挡集料得到了有效的分离，以分离后的试件为基础，可以分析各挡集料在试件内的分布特征。按照式（4-37）进行各挡集料分布不均匀系数的计算，结果见表 4-13。

表 4-13　各挡集料不均匀系数的计算

集料粒径/mm	各区域内的集料个数					修正不均匀系数
	1 个	2 个	3 个	4 个	5 个	
2.36～4.75	23	23	20	20	24	0.09
4.75～9.5	7	9	8	12	7	0.24
9.5～13.2	1	3	3	3	3	0.34
13.2～16	2	0	2	0	1	1.00
16～19	1	2	0	1	1	0.71

对表 4-13 所计算的修正不均匀系数，按照数值大小由小到大排序，各挡集料均匀性的优劣依次是 2.36～4.75mm＞4.75～9.5mm＞9.5～13.2mm＞16～19mm＞13.2～16mm，与实际观察结果基本吻合，这就表明采用式（4-37）评价各挡集料分布均匀性是合适的。在获得了各挡集料分布的修正不均匀系数后，参照数学知识，采用式（4-38）加权平均计算所有集料分布的修正不均匀系数。

$$\mathrm{differentia} = \frac{\sum\limits_{i=1}^{5} n_i \, \mathrm{var}_i'}{\sum\limits_{i=1}^{5} n_i} \qquad (4\text{-}38)$$

2）集料分布特性对沥青混合料疲劳性能的影响

在确立了集料分布均匀性评价指标后，就可以研究集料分布特征对混合料疲劳寿命的影响了。为此，采用自行编制的混合料数字试件生成程序，建立四个具有相同级配的沥青混合料梁式试件，称为 1#、2#、3#和 4#试件，如图 4-30 所示。

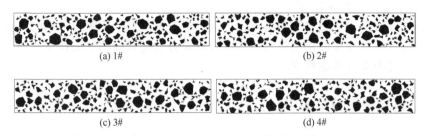

(a) 1#　　　　　　　　　　　　　　　(b) 2#

(c) 3#　　　　　　　　　　　　　　　(d) 4#

图 4-30　沥青混合料小梁试件

采用 Image-Pro Plus 6.0 图像处理软件，对混合料内粗细集料按照控制粒径
大小进行分离，并计算各挡集料分布的修正不均匀系数和集料总的不均匀系数，
如表 4-14 所示。对 4 个数字试件进行虚拟疲劳试验，试验条件与前面内容相同，
图 4-31 给出了集料不均匀系数与混合料疲劳寿命关系曲线。由图可以看出，随着
集料不均匀系数的增大，混合料的疲劳寿命有一定程度的降低，尤其表现在集料
不均匀系数较低时。究其原因，可能是均匀分布的集料，使得荷载应力在混合料
内的分布也相对均匀；而集料的分布均匀性越差，在粗集料分布比较集中的区域，
越相当于提高了集料的体积百分率，根据分析成果，集料体积百分率越大，区域
内的应力越大，从而导致应力集中处最先疲劳失效。

表 4-14　试件内集料的不均匀系数及疲劳寿命

试件编号	集料不均匀系数	小梁疲劳寿命/次
1#	0.19	7653
2#	0.34	6302
3#	0.27	6725
4#	0.20	7496

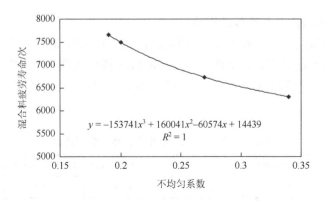

$$y = -153741x^3 + 160041x^2 - 60574x + 14439$$
$$R^2 = 1$$

图 4-31　集料分布不均匀系数与混合料疲劳寿命关系曲线

以上分析说明集料分布的均匀性对混合料疲劳寿命的影响不容忽视，提高粗集料在混合料内分布的均匀性对增强混合料疲劳性能具有明显的作用，而这恰恰是过去研究中未曾考虑到的。

4.3.2　集料细观特征影响性分析

对于沥青混合料结构内的集料，除了关注其在试件内体积大小、粗细程度和分布均匀性外，棱角度属性、扁平率和长轴取向等集料细观结构对沥青混合料疲劳性能的影响也是人们普遍关注的问题。为此，本小节通过集料形状参数评价并结合离散元虚拟试验，分析集料形状特征对沥青混合料疲劳性能的影响。

1. 集料扁平率对混合料疲劳性能的影响

1）不同集料扁平率的数字试件

集料的扁平率、长轴取向、棱角度属性以及空隙大小、分布等微观特征都可能影响混合料疲劳性能，因此在考察集料单一微观特征对混合料性能的影响时，生成的二维数字试件以具有相同的其他微观特征为前提。例如，本小节在研究集料扁平率对沥青混合料疲劳性能的影响时，为了避免其他参数的作用，以在圆形集料颗粒组成试件（见图 4-32）的基础上变化集料颗粒的长短轴比例，获取不同集料扁平率的试件，作为离散元分析的对象。

图 4-32　圆形颗粒组成的混合料试件

2）扁平率对混合料性能的影响

采用虚拟试验方法，在半正弦波形应力水平 0.9MPa 时，对上述试件进行疲劳试验，获取其起裂寿命。运用 Image-Pro Plus 图像处理软件，提取 16～19mm 的集料颗粒，并获取其扁平率。表 4-15 为集料扁平率与混合料起裂寿命的计算结果。

表 4-15　各粒径不同扁平率试件的起裂寿命

长短轴之比	16～19mm/次	13.2～16mm/次	9.5～13.2mm/次	4.75～9.5mm/次	2.36～4.75mm/次
1	3054	3054	3054	3054	3054
1.3	3200	3122	3427	3752	4279

续表

长短轴之比	16～19mm/次	13.2～16mm/次	9.5～13.2mm/次	4.75～9.5mm/次	2.36～4.75mm/次
2	3468	3545	3761	4195	4738
2.6	3306	3722	3974	4360	4985

从表中结果可以看出，无论何挡集料，随着其扁平率的增大，混合料的疲劳寿命都有一定程度的提高，这与人们通常的认知似乎相矛盾。仔细分析，不难发现，由于上述计算是以集料长轴水平为基础的，而通常认为的集料扁平颗粒对混合料性能的影响，主要表现为试件成型时，扁平颗粒长轴非水平分布导致的碾压困难，并由此引起的局部空隙大，而出现疲劳性能差。由于把集料和空隙微观特征分开考虑，因此在长轴水平时，扁平率越大疲劳寿命越大是可能的。

2. 集料长轴取向对混合料疲劳性能的影响

以上集料扁平率对混合料疲劳性能的影响是建立在所有集料的长轴为水平分布的基础上的，而作为表征集料另一微观特征的长轴取向对混合料性能的影响如何还未知，本部分即通过变化不同粒径集料的长轴方向角分析各粒径长轴取向对混合料性能的影响。

1）不同试件集料长轴取向的获取

在圆形集料颗粒组成试件的基础上变化集料颗粒的长轴方向，获取不同粒径集料长轴取向的试件，以此作为离散元分析的对象。图 4-33 即为在集料扁平率为 2.6 时，变化粒径为 16～19mm 的集料长轴方向角所获取的 AC-16 型二维数字试件。

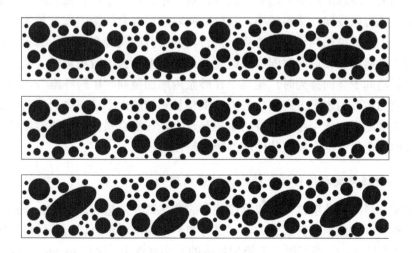

图 4-33　16～19mm 集料颗粒不同长轴取向的混合料试件

由上至下分别为 0°、17°、46° 和 69°

2）长轴取向对混合料性能的影响

对上述试件，采用所建立的虚拟试验方法，进行疲劳试验，获取其起裂寿命。运用 Image-Pro Plus 图像处理软件，提取 16～19mm 的集料颗粒，并获取其长轴取向。表 4-16 为集料长轴取向与混合料起裂寿命的计算结果。

表 4-16　各粒径不同长轴取向的试件起裂寿命

集料粒径范围/mm	不同长轴取向角时混合料疲劳寿命/次			
	0°	17°	46°	69°
16～19	3306	3252	3219	3177
13.2～16	3722	3574	3462	3402
9.5～13.2	3974	3726	3513	3462
4.75～9.5	4360	4135	4068	3987
2.36～4.75	4985	4695	4463	4215

由分析结果可知，随着集料长轴与水平向夹角的增大，混合料试件的起裂寿命有明显降低。且仔细观察不难发现，随着长轴与水平向夹角的增大，起裂寿命下降的幅度呈现越来越小的趋势。此外，对比不同粒径集料长轴取向与起裂寿命的关系，还可以发现，集料越小，长轴取向对起裂寿命的影响程度越大。上述现象表明：①集料越趋向于竖向排列，混合料的疲劳起裂寿命越短；②粗集料中，粒径较小集料的长轴取向对混合料起裂寿命的影响要大于较粗集料。其原因可能是，集料趋向于竖向排列时，相当于在砂浆内增加竖向"矿料纤维"，由于混合料疲劳应力主要为水平方向的拉应力，集料长轴越趋向于竖向排列，其对混合料的抗拉强度的提高作用越小；且由于集料越小，在混合料内分布的数量越多，其长轴取向的变化对混合料疲劳性能的影响越显著。

3. 集料棱角度属性对混合料疲劳性能的影响

以混合料二维数字试件生成程序获取的数字试件为基础，运用 Image-Pro Plus 图像处理软件和虚拟疲劳试验方法，进行集料棱角度对混合料疲劳性能影响的研究。具体方法为：①在按照一定级配生成的数字试件中，采用 Image-Pro Plus，提取出各挡粒径的集料；②通过腐蚀和膨胀技术对提取出的各挡集料，进行去棱角度化处理，根据腐蚀与膨胀循环次数的差异，获取各挡集料的不同棱角度；③把处理后的集料按其原来位置替换处理前的集料，生成新的二维数字试件；④采用虚拟试验方法，对新的二维数字试件进行疲劳试验，获取其起裂寿命。

　　1）各粒径范围内集料去棱角度化处理方法

对如图 4-34 所示的二维数字试件，首先提取出粒径为 16～19mm 的集料，如图 4-35（a）所示，图 4-35（b）为 16～19mm 集料剔除后，混合料二维数字试件的图像，采用 Image-Pro Plus 图像处理软件，对图 4-35（a）中粗集料进行一定循环次数的腐蚀与膨胀操作，进行集料的去棱角度化处理，获得的图像如图 4-35（c）所示，把图 4-35（c）中去棱角度化后的集料按照其在试件中的位置，填充至图 4-35（b）中，获取的新的二维数字试件如图 4-35（d）所示。

图 4-34　二维数字试件

(a) 提取到的16～19mm集料颗粒

(b) 剔除16～19mm集料颗粒后的数字试件

(c) 腐蚀和膨胀后的16～19mm集料

(d) 新的二维数字试件

图 4-35　二维数字试件去棱角度化预处理

　　上面详细地阐述了沥青混合料数字试件中，改变 16～19mm 粒径集料棱角度属性的方法，下面采用与上述类似的方法，对其他各挡集料进行去棱角度化的处理，图 4-36 分别为 13.2～16mm、9.5～13.2mm、4.75～9.5mm 和 2.36～4.75mm 四挡集料去棱角度化处理后的二维数字试件。

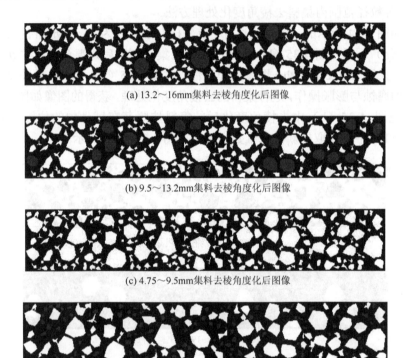

(a) 13.2～16mm集料去棱角度化后图像

(b) 9.5～13.2mm集料去棱角度化后图像

(c) 4.75～9.5mm集料去棱角度化后图像

(d) 2.36～4.75mm集料去棱角度化后图像

图 4-36　不同粒径颗粒去棱角度化处理结果

　　针对集料去棱角度化后沥青混合料二维数字试件的生成方法，需要注意的是，在集料去棱角度化过程中，腐蚀与膨胀是最为关键的技术，且不同循环次数的腐蚀与膨胀可导致集料不同的棱角度。基于腐蚀与膨胀的此项原理，生成了具有不同棱角度的沥青混合料二维数字试件。图 4-37 即为采用 Image-Pro Plus 图像处理软件对集料进行的各个集料棱角度的测试。

(a) 10次

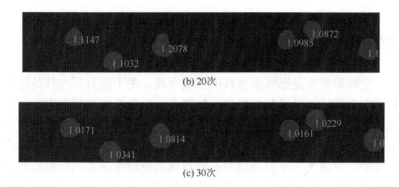

图 4-37 腐蚀与膨胀后棱角度指标评价

2）集料棱角度对混合料疲劳性能的影响

针对腐蚀与膨胀循环不同次数后的混合料开展疲劳仿真分析，运用 4.3.1 小节所建立的虚拟试验方法，进行虚拟疲劳试验，表 4-17 为试件的疲劳起裂寿命。

表 4-17 各挡集料腐蚀与膨胀循环不同次数后试件的疲劳起裂寿命

次数	疲劳起裂寿命/次				
	16～19mm	13.2～16mm	9.5～13.2mm	4.75～9.5mm	2.36～4.75mm
10	3200	3120	3102	3052	2895
20	3165	3092	3076	2903	2721
30	3165	3059	3043	2827	2594

由表 4-17 数据可以看出，随着对各挡集料腐蚀与膨胀次数的增大，混合料疲劳起裂寿命有不同程度的降低，此外不同粒径范围内集料去棱角度化引起的混合料疲劳寿命的变化是不同的，表现为：①从各条曲线的斜率可以看出，疲劳寿命对各挡集料去棱角度化的敏感性从低至高为：9.5～13.2mm＜13.2～16mm＜4.75～9.5mm＜2.36～4.75mm＜16～19mm；②从影响范围来看，集料粒径越小，对其去棱角度化所引起的混合料集料整体棱角度的变化越大，混合料疲劳寿命受棱角度的影响也越大。

分析出现上述现象的原因可能是，尽管混合料疲劳寿命与各集料去棱角度化的敏感性为 9.5～13.2mm＜13.2～16mm＜4.75～9.5mm＜2.36～4.75mm＜16～19mm，但是由于越细的集料，其去棱角度化引起的混合料内集料整体棱角度变化越大。通过上述分析可以得出结论：混合料粗集料中粒径越小的集料，其棱角度丰富程度对混合料疲劳寿命的影响越大；混合料棱角度越大，混合料疲劳起裂寿命越长。

4.3.3　空隙结构特征影响性分析

集料、空隙和沥青是沥青混合料的三相介质，关于集料，尤其是粗集料的级配和体积的宏观特征，以及粗集料的长轴取向、棱角度和扁平率等微观特征对混合料疲劳性能的影响，以上进行了详细的研究和分析。本小节将主要以沥青混合料中的空隙为研究对象，重点考察空隙率大小、空隙分析特征对混合料疲劳性能的影响。其中，空隙大小不但考虑混合料整体的空隙率还考虑空隙的数量和单个空隙大小；而空隙分布主要考虑空隙在混合料试件内的空间分布，尤其是试件内的纵向空间分布。

1. 空隙大小对沥青混合料疲劳性能的影响

首先采用二维数字试件生成程序生成一定级配的二维数字试件，并在假定一个试件内单个空隙大小相同时，设计两种情况：①在单个空隙大小相同时，通过变化空隙数量变化空隙率，获取不同空隙率的试件；②在试件整体空隙率不变时，改变单个空隙的大小，获取单个空隙不同的混合料试件。以这两种情况下获取的试件为虚拟疲劳试验的对象，得到疲劳起裂寿命，以此研究疲劳寿命与整体空隙率大小、单个空隙大小的关系。

1）整体空隙率对沥青混合料疲劳性能的影响

由于考虑到沥青混合料内整体空隙率、单个空隙大小、空隙的分布都可能影响混合料的力学性能，为了避免后两者的影响，在研究整体空隙率对混合料疲劳性能的影响时，假设每个空隙为直径相同的球形，且在混合料内随机分布。对剔除了空隙后的混合料数字试件，按照虚拟试验方法进行疲劳试验，应力水平为0.9MPa，荷载为无间歇时间的半正弦波形，荷载周期为0.1s，获取它们的疲劳起裂寿命，如表4-18所示。比较不同空隙率下混合料的疲劳寿命可以看出，空隙率为2%时的疲劳寿命为零空隙混合料的67.5%，空隙率为6%时的疲劳寿命只有零空隙混合料的30.7%，这就表明在沥青混合料内其他结构一致的条件下，空隙率对混合料疲劳性能的影响十分显著。

表 4-18　不同空隙率试件的疲劳起裂寿命

空隙率/%	起裂寿命/次	为零空隙混合料寿命的百分比/%
0	7762	100
2	5236	67.5
4	3532	45.5
6	2382	30.7

2）单个空隙的大小对沥青混合料疲劳性能的影响

上面仅分析了沥青混合料内各个空隙为尺寸相同的圆球时，空隙率大小对混合料疲劳起裂寿命的影响，而没有能够考虑单个空隙的大小。为此，在整体空隙率为 4%时，变化单个空隙大小为 $2mm^2$、$3mm^2$ 和 $4mm^2$，如图 4-38 所示。以删除空隙后的混合料试件进行虚拟疲劳试验，得到的疲劳寿命见表 4-19。

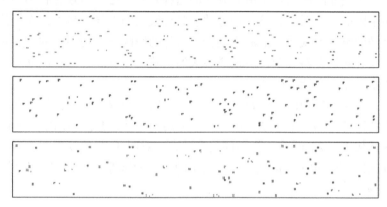

图 4-38　单个空隙大小不同的混合料数字试件

由上至下单个空隙尺寸分别为 $2mm^2$、$3mm^2$、$4mm^2$

表 4-19　不同空隙尺寸下混合料的疲劳起裂寿命

单个空隙面积/mm^2	疲劳寿命/次
0	7762
2	5984
3	4110
4	2932

由表中数据可以看出，在混合料整体空隙率相同的条件下，单个空隙大小对混合料起裂寿命具有显著影响，表现为单个空隙越大，疲劳寿命越短，且随着空隙尺寸的增大，疲劳寿命降低的幅度越来越大。值得注意的是，与混合料整体空隙率相比，单个空隙大小对混合料疲劳性能的影响程度似乎更为显著；与 4.3.2 小节集料形状参数对混合料宏观性能的影响相比，单个空隙大小也是影响混合料疲劳性能的关键因素。

上述分析结论有助于解释以往研究中一些长期困惑人们的问题，例如，采用同种沥青按照同一级配和油石比成型的试件，在试件空隙率差异不大时，不同来源的矿料构成的试件疲劳性能差异很大。出现这种现象的原因可能是，矿料的来源不同，导致其形状参数差异较大，虽然集料形状差异本身引起混合料疲劳寿命的差异不十分显著，但是集料形状如棱角度、扁平率等不同，必然导致碾压后混合料内部单个空隙大小的不同（即使整体空隙率相同），从而最终导致疲劳性能的显著差异。

2. 空隙分布特征对沥青混合料疲劳性能的影响

一般认为，在路面结构中疲劳层底的拉应力和拉应变要显著大于层顶位置，拉应力和拉应变在路面结构中纵向分布的这种差异，必然导致含有不同空间（纵向）分布空隙的混合料，其抗拉疲劳性能具有较大的差异。另外，大量的研究表明，经不同的碾压方式成型的沥青混合料试件的空隙分布是不同的，但是这种空隙分布的差异对混合料疲劳性能造成多大的影响，以及这种影响能够对生产实践具有哪些指导作用有待于研究。

为此，对混合料内的空隙设置了不同的空间分布模式，具体为：在纵向上把沥青混合料试件分为三个区域，由上至下分别为Ⅰ区、Ⅱ区和Ⅲ区（见图4-39），对各个区域按表4-20设置4组不同的空隙率。对图4-39的沥青混合料试件，按照表4-20删除砂浆单元，得到具有不同空隙分布的试件，单个空隙尺寸为$1mm^2$，如图4-40所示。

图 4-39　试件的分区

表 4-20　不同的空隙率分布形式

组别	各区空隙率/%		
	Ⅰ	Ⅱ	Ⅲ
1	2	8	2
2	5	2	5
3	7	4	1
4	1	4	7

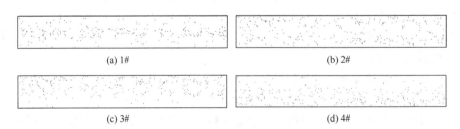

(a) 1#　　　　　　　　　　　　(b) 2#

(c) 3#　　　　　　　　　　　　(d) 4#

图 4-40　空隙在试件纵向的不同分布

对 4 组混合料小梁试件,进行虚拟疲劳试验,试验条件与前面内容相同,表 4-21 为它们的疲劳起裂寿命。从试验结果可以看出，第三组试件（深度越大空隙率越小的试件）疲劳寿命最长，而第四组试件（深度越大空隙率越大的试件）疲劳寿命最短，这说明空隙的分布特征对于疲劳寿命具有一定影响，但总体而言不如空隙的尺寸影响显著。

表 4-21　不同空隙率分布模式的试件的疲劳起裂寿命

组别	疲劳寿命/次
1	3210
2	3177
3	3725
4	2436

4.4　移动荷载下沥青路面材料疲劳特征多尺度数值模拟

通过混合料数字试件的生成、微观参数的确定，建立了沥青混合料的虚拟疲劳试验方法，并通过与室内小梁疲劳试验的比较，验证了虚拟试验方法的正确性。然而，无论室内实际试验还是虚拟试验，其加载方式、试件的边界条件等都并不完全符合车辆移动荷载作用下沥青路面的实际响应。在上述研究的基础上，把沥青混凝土材料的疲劳特征纳入整个路面结构体系加以考量，应该是今后沥青材料疲劳性能研究的方向和趋势，也是路面材料疲劳研究最终的落脚点。为此进行了移动荷载下沥青路面多尺度疲劳特征的初步分析，为路面结构疲劳特征的后续研究工作提供必要的研究思路和有益探索。

首先，采用 PFC 建立了柔性沥青路面典型结构的离散元模型，并比较了静止、振动和移动荷载形式下路面结构响应的差异；其次，分析了路面结构特征、荷载特征对移动荷载下路面结构响应的影响，以说明材料性能纳入路面结构体系研究的必要性；最后，建立了跨越沥青混凝土细观结构到路面结构整体的多尺度模型，并进行了多次移动荷载下路面结构疲劳特征分析，为后续研究工作奠定基础。

4.4.1　移动荷载下路面结构响应分析

在车辆荷载作用下，路面各结构层的受力特征一直以来都是道路工作者关注的热点问题。以往的研究主要集中于路面结构在静载作用下受力特征的分析方面，表现为分析不同的路面结构组合形式、厚度在静载作用下的应力和应变，或者以控制静载作用下路面结构的应力或应变为目标，设计合理的路面结构组合形式。有研究表明，基于静荷载的结构分析方法，对于轴载较低，速度较慢的情况较为合理；在速度较快时，车辆对路面的动力作用与静力作用相比有明显差异。考虑到静载和动载的这种差异，许多学者将移动行车荷载简化为对某一位置垂直振动的加载形式，以此模拟车辆的动态特征。然而，动载形式毕竟没有考虑荷载的移动特性，动载和车辆移动荷载下的路面响应必然存有差异。为此，本小节以离散单元颗粒流程序为计算工具，根据沥青路面典型结构形式，建立合理的离散元模型，分别以静载、振动荷载和移动荷载模拟车辆动荷载作用，比较分析路面在上述三类荷载形式下结构响应的差异，以期望说明只有移动荷载形式能较好地反映车辆荷载实际情形。

1. 路面结构的离散元分析模型与参数

1）路面结构的离散元模型

考虑到半刚性基层和刚性基层沥青路面结构中的沥青层正常情况下并不承受拉应力作用，沥青结构层疲劳破坏并不是这两种路面结构主要的损坏形式。因此，选择柔性基层沥青路面作为研究对象，分析沥青层的受力情况，以沥青稳定碎石基层下卧石灰土的结构形式为基础，利用 PFC3D 建立了路面结构的二维离散元分析模型，如图 4-41（a）所示，其中模型水平向长度为 5m，模型深度为 1.1m，共由五层材料组成，由上至下分别是厚度为 10cm 的沥青混凝土面层、厚度为 20cm 的沥青稳定碎石基层、厚度为 20cm 的级配碎石层、厚度为 20cm 的石灰土底基层和厚度为 40cm 的土基。整个路面结构模型共由 38750 个单元构成，考虑到计算效率因素，路面结构采用了大小不同的两种球形单元，土基以上结构层由半径为 5mm 的 35000 个球形单元组成，土基由半径为 1cm 的 3750 个球形单元组成，图 4-41（b）为面层和基层黏结部位的离散单元分布形式。需要说明的是，PFC3D 是三维离散元颗粒流程序，但是为了保证较好的计算效率，仅建立了 x 和 z 方向的二维路面结构模型。

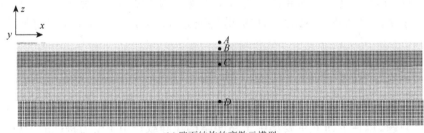

(a) 路面结构的离散元模型

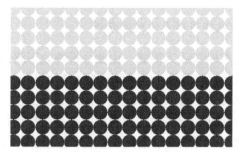

(b) 模型内单元分布（面层与基层结合处）

图 4-41　柔性基层沥青路面结构的离散元模型

2）微观参数的确定

与有限元相同，采用离散元分析路面结构响应时，也需要对结构层材料赋予相应的力学属性参数。参照路面结构材料参数的常规数值，如图 4-41 所示的各结构层宏观模量按表 4-22 取值，按照建立的材料宏观模量与离散单元微观参数的关系，计算得到的各层材料的微观参数如表 4-22 所示。此外，考虑到沥青面层、沥青碎石层是路面结构最主要的受力层，而级配碎石材料间没有黏结，因此对于沥青层按照弹性、平行黏结加以考虑，而级配碎石层以下结构层单元采用弹性、接触黏结模型。同时，材料的黏结强度可取较大值，以防止材料出现破坏即可，无须通过测试获取。

表 4-22　各层材料的微观参数

结构层位	宏观模量/MPa	接触法向刚度/(N/m)	平行黏结刚度/(Pa/m)
沥青混凝土面层	1800	—	3.6×10^{11}
沥青稳定碎石基层	1200	—	2.4×10^{11}
级配碎石层	400	8×10^6	—
石灰土底基层	400	8×10^6	—
土基	50	2×10^6	—

3）数据采集方法

在结构模型内，采集 A 点位置处竖向压应力、竖向位移，B、C 点位置处水平拉应力、拉应变，以及 D 点位置处竖向位移。数据采集方法为固定到各点位置处的离散单元，以该单元的位移作为需要采集的位移，以各点位置处水平方向相邻两单元之间黏结处法向应力作为水平应力，以各点位置处竖直方向相邻两单元之间的法向应力作为竖直应力。在 PFC 运算过程中，每间隔 10 个计算时步采集一组数据。

2. 静载与振动荷载作用形式的对比分析

目前为止，假定车辆荷载为静载，由此分析静载下路面结构响应已经进行了比较多的研究，已相对比较成熟，包括我国柔性路面设计就是采用双圆静载模型。对于动载研究相对比较少，自从 FWD 设备应用到路面检测，许多学者开始对路面动态响应问题进行研究，但多数动载模型中都是将移动行车荷载简化为对某一位置的垂直加载形式[5]，所以本节建立了静载、垂直脉冲加载与移动加载三种动载模型，并分别模拟了路面结构在静载、振动荷载和移动荷载下的响应，期望通过对比发现三者的异同点，以此说明荷载移动特征对路面结构分析的重要性。

1）静载作用下路面结构响应

（1）离散元计算结果。

对路面结构施加 0.7MPa 的恒定荷载，荷载作用距离为 10cm，利用 PFC 获取荷载作用位置处路表顶面弯沉和竖向压应力、沥青面层底部和沥青稳定碎石底部应力和应变、沥青层不同深度处的水平剪应力。图 4-42 是荷载作用路面结构后，路面结构响应与时间的关系曲线。从图中可以看出，荷载作用于路表的瞬间，路表弯沉、沥青面层底部和沥青稳定碎石底部应力基本要经历先快速增大、缓慢变小直至稳定的过程，整个变化过程大概在 0.01s 左右，也就是说静态荷载作用于

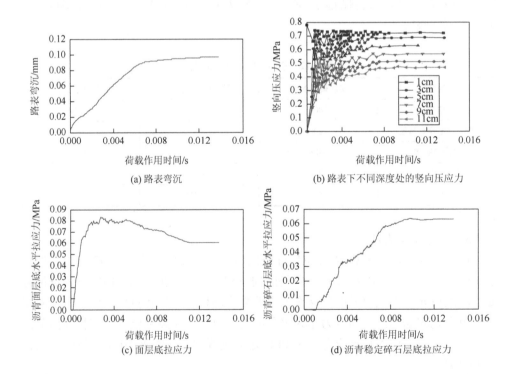

(a) 路表弯沉　　　　　　　　　　　　(b) 路表下不同深度处的竖向压应力

(c) 面层底拉应力　　　　　　　　　　(d) 沥青稳定碎石层底拉应力

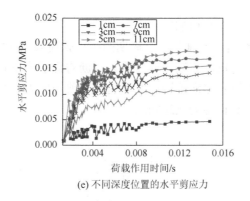

(e) 不同深度位置的水平剪应力

图 4-42　静态荷载下路面结构响应

路面结构后路面结构响应需要一小段时间才能稳定。观察图 4-42（e）中沥青层水平剪应力与荷载作用时间的关系曲线可以发现，随着深度的增大，水平剪应力先增大后减小，最大剪应力出现在路表以下 5cm 左右。

（2）离散元计算结果与 Bisar 计算结果的比较。

为了验证所建模型以及离散元计算结果的正确性，采用 Bisar 3.0 计算如图 4-41 所示结构的静载响应，各结构层模量同样按照表 4-22 取值。考虑到本节主要以分析结构层底受拉疲劳的特征为目的，因此仅以面层和沥青碎石层底水平最大拉应力进行比较，计算结果见表 4-23。由表中数据不难看出，离散元计算结果要大于 Bisar 结果，这可能是由于所建立的路面结构模型为二维所致，不过考虑到本节并不追求各结构层的精确响应，只是以获得路面结构在移动荷载下的响应规律为目的，因此离散元计算精度可以满足要求。

表 4-23　Bisar 与 PFC3D 计算结果

计算工具	面层底最大拉应力/MPa	沥青碎石层底最大拉应力/MPa
Bisar	0.042	0.022
PFC3D	0.058	0.031

2）振动荷载下路面结构响应分析

（1）振动荷载在离散元方法内的实现。

为了便于在离散元内实现对如图 4-41 所示的路面结构模型施加半正弦荷载，以路面结构表层中间位置的 10 个球形单元作为竖向荷载的施加单元，对每个单元施加半正弦波荷载，荷载频率为 10Hz。通过 PFC 内的 Fish 语言编写子程序，实现振动荷载的施加过程。

（2）振动荷载下路面结构响应。

对图 4-41 中的结构模型施加一个周期的半正弦荷载，通过对各结构层响应的采集，可以得到路表弯沉、路表竖向压应力、沥青面层底部拉应力、沥青稳定碎石基层底部的拉应力以及路面不同深度处的水平剪切应力，图 4-43 给出半正弦荷载作用一个周期时各结构层的上述响应。

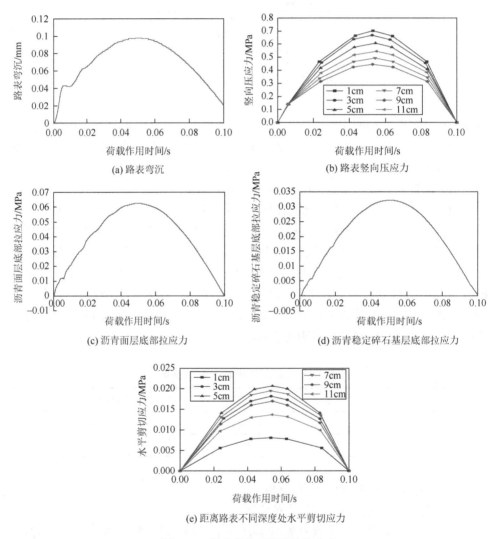

(a) 路表弯沉

(b) 路表竖向压应力

(c) 沥青面层底部拉应力

(d) 沥青稳定碎石基层底部拉应力

(e) 距离路表不同深度处水平剪切应力

图 4-43　振动荷载下路面结构响应

从图 4-43 可以看出，路面结构的各种响应都呈现半正弦波变化的规律，其形状与荷载波形几乎一致，而且在一个周期作用结束时，路面响应基本完全恢复为零。此外，不同深度处竖向压应力和水平剪切应力存在较大差异，随着深度的增大，荷载引起的竖向压应力基本呈线性下降，而水平剪切应力呈现先增大后快速减小的趋势，且路表以下 5cm 左右处水平剪切应力最大。另外，若比较静态荷载与振动荷载下路面结构的响应，可以看出当振动荷载峰值与静载同为 0.7MPa 时，静态荷载下路表弯沉、不同深度处的竖向压应力和水平剪切应力、沥青面层和基层底拉应力与振动荷载下的上述响应峰值基本相同。

3. 移动荷载作用下的路面结构响应

介绍完静态荷载和振动荷载在离散元方法内的实现方式，并比较了两者对路面结构响应的差异，本部分将着重阐述移动荷载下路面结构的响应规律。

1）移动荷载在离散元内的实现方法

为了尽可能真实地模拟车辆荷载的移动特征，首先在如图 4-41 所示建立的路面结构模型中，划分一定距离作为荷载移动范围，以模型中间 3m 范围内作为荷载移动的距离，如图 4-44 所示；其次，在荷载移动范围的端点位置，对路表（模型顶面的 10 个单元：$a_1, a_2, \cdots, a_{10}$）施加线性荷载，并以此荷载在该位置静止一段时间 Δt，该时间的长短取决于荷载移动速率；在第一个 Δt 结束后，向前移动荷载，移动距离为 l，并使荷载作用在编号为 $a_2, a_3, \cdots, a_{11}$ 的 10 个单元上，作用时间为 Δt；以此类推，一直到荷载移动 3m 结束。

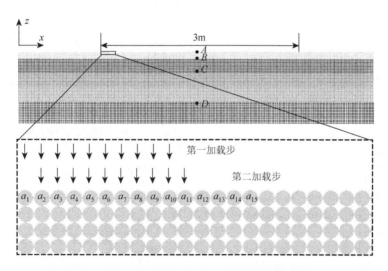

图 4-44　离散元内移动荷载的实现

根据上述移动荷载在离散元内的实现方法，由式（4-39）可以确定移动荷载在模型顶面任一位置静止的时间 Δt。

$$\Delta t = \frac{3.6l}{v} s \tag{4-39}$$

式中，l 为每次荷载移动的距离。

一旦确定了 Δt，则可以根据式（4-40）计算出每次荷载移动需要的计算时步数 n。

$$n = \frac{\Delta t}{\Delta t_0} \tag{4-40}$$

式中，Δt_0 为 PFC 计算的时步。

由荷载移动在离散元内实现方法的介绍可以看出，实际车辆荷载的移动速度反映到离散元模拟过程中为每次荷载移动的计算时步数，调整计算时步数可以模拟不同的荷载移动速度。

2）移动荷载下路面结构响应

根据移动荷载在离散元内的实现方法，编写了相应的子程序，并对如图 4-44 所示的模型施加了移动荷载，荷载应力为 0.7MPa，移动速度为 100km/h（每移动 4cm 对应 310 个计算时步）。图 4-45 为移动荷载作用下路表弯沉、路面结构内竖向压应力、沥青面层底拉应力和沥青碎石层底拉应力与荷载移动时间的关系曲线。

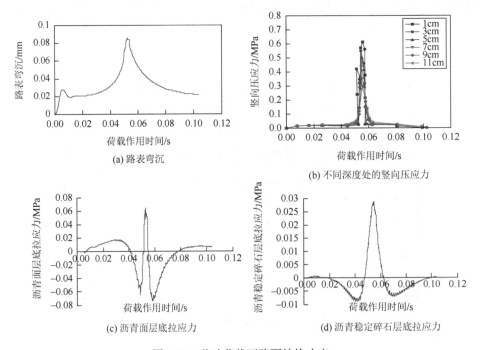

(a) 路表弯沉　　　　(b) 不同深度处的竖向压应力

(c) 沥青面层底拉应力　　　　(d) 沥青稳定碎石层底拉应力

图 4-45　移动荷载下路面结构响应

从图 4-45 中可以看出，当荷载移动至越接近模型的中间位置，此位置处的路表弯沉越大，当荷载越过中点位置时，此处的路表弯沉达到最大值，而后路表弯沉缓慢下降。而路表压应力只有当荷载移动至其上方时才会突然增大，而后快速下降，不同深度位置处的移动荷载响应不同，表现为距离路表深度越大的位置，最大压应力越小，而对荷载产生响应的时间越长。中点位置处沥青面层底部和沥青稳定碎石基层底部的应力则随着荷载与中点距离的变化，呈现受拉和受压交替作用的规律，并不是单纯地受拉或者受压，这将在后面内容做详细的分析和解释。此外，面层底部受拉时间与沥青碎石基层底部受拉时间有较大的差异，基层底受拉时间要长于面层底部，从这个意义上来说，当车辆荷载作用于路表时，不同结构层的响应时间存在差异，此时若采用相同周期的重复荷载作用研究不同结构层材料的疲劳性能就不太合适，从这个意义上来说，把沥青材料纳入路面结构考察其力学性能才能符合其实际的受力情况。

图 4-46 给出了中点位置处与行车方向平行的剪切应力与深度的关系曲线。从图中可以看出，随着深度的增大，荷载对剪切应力影响的时间越长，剪切应力呈现先增大后减小的趋势，在路表下 3～5cm 处的剪切应力达到峰值；荷载移动越过该位置的前后，该位置受到两次方向相反的剪切应力作用，从这个意义上讲，提高上中面层层间接触能力和中面层的抗剪切强度及抗剪切疲劳能力尤为重要。

此外，若比较移动荷载与振动荷载下路面结构响应的整体变化规律，可以看出：①移动荷载下某位置处路面结构的响应只有当荷载移动到该位置附近时，响应才会快速增大，当荷载越过该位置后，响应缓慢消失，而振动荷载下响应的出现和消失速率要明显大于移动荷载；②在移动荷载下，路面各结构层的响应时间存在差异，如图 4-46 所示的结构模型中点位置处的路表弯沉在荷载刚开始移动时

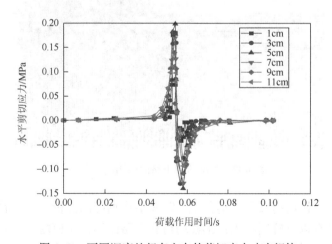

图 4-46　不同深度处行车方向的剪切应力响应规律

即开始响应，沥青层底拉应力和沥青稳定碎石基层拉应力则在荷载移动了 0.05s 和 0.046s 左右才开始出现，且三个响应的持续时间也有较大差异，分别为 0.1s、0.006s 和 0.017s，而振动荷载下路面结构响应几乎与荷载波形保持同步；③振动和移动荷载下路面结构内与行车方向平行的水平剪切应力存在较大差异，主要是移动荷载越过路面某点时，该点先后承受两次不同方向的剪切应力，而这在振动荷载下没有得到体现，而且移动荷载下路面水平剪切应力要远大于静止和振动荷载下路面的剪切应力。因此，把车辆荷载简化为作用于路表的振动荷载必然会引起较大的误差。

为了详细分析移动荷载和振动荷载对路面结构响应的差异，以及解释图 4-46 中各变化规律的需要，图 4-47 给出了一小段路面结构模型和单元间应力分布图，其中移动荷载 f 作用于模型顶部，它向左运动，A、B 两点分别是模型中间位置处面层底部和沥青稳定碎石层底部。从图中可以看出，当荷载远离 A 和 B 点时，A 和 B 点处仍然有应力作用，表现为 A 点受拉，B 点受压。当分析荷载向左运动时，A、B 点的受力特征可以看成 A 和 B 点水平向右往荷载方向移动而荷载位置保持不动的情形。由图中所给出的单元接触力分布不难看出，当 A 点水平向右移动至荷载作用位置时，分别经过拉应力变小为零、压应力变大和拉应力出现并增大；当 B 点水平向右移动时，依次出现压应力变大、压应力变小、拉应力出现并增大的情形。因此，当荷载移动时，路面结构尤其是面层底部和基层底部并不是单纯表现为受拉或者受压，而是随着荷载移动距离的不断接近而出现拉和压交错的状态。

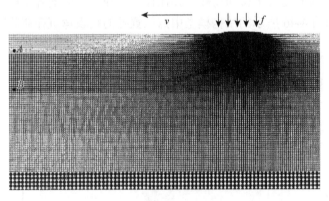

图 4-47　移动荷载下路面结构应力分布

比较静载、振动荷载和移动荷载下路面结构响应的分析，可以看出移动荷载下路面响应具有以下鲜明特点：①移动荷载下路面结构响应随着荷载的移动位置变化出现受拉和受压交替变化，而不是通常认为的单纯受拉或者受压；②路面在移动荷载作用前后受到两次不同方向的剪切应力作用；③移动荷载作用一次时，路面结构不同深度位置处的荷载响应持续时间有较大差异。上述特点是采用静载和振动荷载形式分析路面结构时所不能反映的，从这个角度来讲，以静止或正弦振动作为荷载形式进行路面结构的响应分析必然带来较大的误差。

4.4.2　路面结构层模量和厚度影响性分析

关于由路面结构本身条件引起的移动荷载在结构内响应的差异，将以图 4-47 的结构模型为考察对象，着重考察路面各结构层的模量、厚度和结构层之间黏结状态变化条件下，沥青面层和沥青稳定碎石基层底拉应力、拉应变的变化规律。

1. 结构层模量的影响

对于如图 4-47 所示的沥青稳定碎石基层下卧石灰土的柔性路面结构形式，级配碎石模量一般为 300～500MPa，石灰土的模量一般取 300～600MPa，考虑到级配碎石和石灰土施工控制相对容易，而且级配碎石层和石灰土底基层模量对于沥青层受力的影响不如沥青层模量显著，因此将重点考察沥青混凝土面层和沥青稳定碎石基层模量对沥青层受力特征的影响。以表 4-24 所示的结构形式作为基准结构，在此基准结构的基础上分别变化面层模量为 1400～2200MPa，沥青碎石基层模量为 1000～1400MPa，土基模量为 30～80MPa，形成 9 个路面结构作为分析对象。

表 4-24　柔性基层沥青路面的基准结构

结构层位	厚度/cm	模量/MPa
沥青面层	10	1800
沥青稳定碎石层	20	1200
级配碎石层	20	400
石灰土底基层	20	400
土基	—	50

在离散元内模拟上述 6 个结构在移动荷载下的动力响应，图 4-48 是沥青面层和沥青碎石基层受力特征与结构层模量的关系。从图中可以看出，随着面层模量的增大，沥青碎石基层底应力没有显著的变化，而面层底拉应力有较大幅度的增大，面层底部压应力也有一定程度的增大。仔细观察图中曲线还可以看出，结构层底受拉时间几乎不随面层模量的变化而变化，在荷载移动速度为 100km/h 时，面层和沥青碎石基层受拉时间基本为 0.006s 和 0.018s 左右。

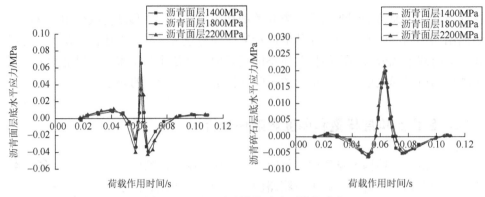

图 4-48　不同面层模量时路面结构响应

图 4-49 为沥青稳定碎石基层模量变化时的路面结构响应，由响应曲线不难看出，当沥青碎石层模量从 1000MPa 增大至 1400MPa 时，沥青面层底水平拉应力降低了 60%左右，基层底拉应力增大了约 50%，可见沥青稳定碎石层模量对于路面结构受力具有十分显著的影响。与沥青层模量对路面结构响应的影响不同，土基模量对沥青面层和沥青基层受力影响相对较小，如图 4-50 所示。出现这种现象的原因可能是为了保证离散元计算效率，所建立的路面结构模型厚度只有 1.1m，而且对模型底部单元固定了竖直方向的自由度，所以导致路面各结构层对土基模量不很敏感。需要说明的是，由于并不追求计算路面结构的精确响应，只是希望获得路面结构响应的规律，因此尽管路面结构模型尺寸不大，但仍然满足要求，这在前面内容中已经有详细的阐述。

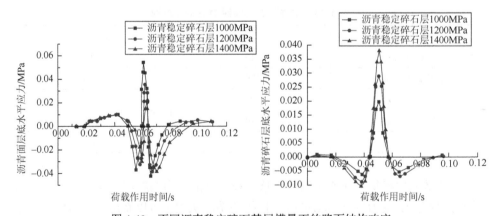

图 4-49　不同沥青稳定碎石基层模量下的路面结构响应

2. 结构层厚度对荷载响应的影响

固定石灰土底基层厚度为 20cm、级配碎石层厚度为 20cm，按照如表 4-24 所

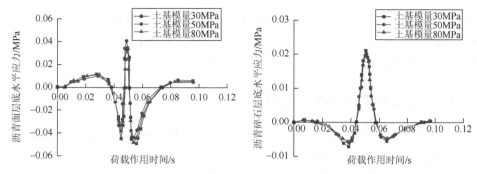

图 4-50 不同土基模量时的路面结构响应

示的基准结构对各层材料的模量进行取值，考察沥青面层为 10cm 和 12cm、沥青稳定碎石层厚 15cm、20cm 和 25cm 时各结构层的移动荷载响应。图 4-51 和图 4-52 为结构层厚度变化时，沥青面层底和沥青碎石基层底的荷载响应曲线。

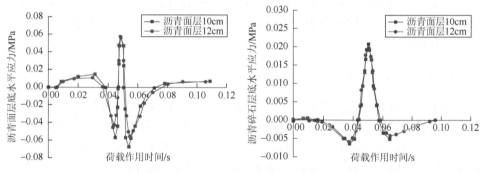

图 4-51 不同面层厚度时路面结构响应

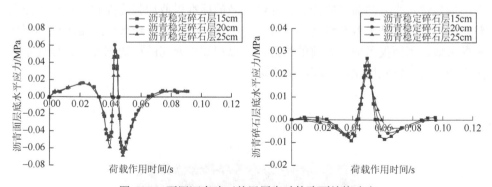

图 4-52 不同沥青碎石基层厚度时的路面结构响应

从图中曲线可以发现，面层厚度的变化对于沥青稳定碎石基层的受力影响较小。面层底部水平最大拉应力对于面层厚度也不十分敏感，不过当面层厚度减小时,面层底部的压应力有一定幅度的增大。观察图 4-52 不难看出,沥青稳定碎石基层厚度变化时,面层底部水平应力几乎没有变化。而随着沥青基层厚度的增大,其层底最大拉应力和压应力有一定程度的降低。

4.4.3　路面结构层间黏结影响性分析

层间黏结程度的好坏在实际路面结构中表现为相邻两结构层黏结较好时,两层具有较大的黏结强度,能传递较大的剪切应力,而黏结较差时,两层之间剪切强度较低,只能传递较小的剪切应力。在传统的 Bisar 等路面分析软件中,主要以层间完全连续模拟层间黏结程度较好的情形,以滑动模拟层间黏结较差的情况。在有限元方法中,通常以两层之间的摩擦系数体现传递剪切应力的能力,以此反映黏结程度的好坏。然而,大量的调查分析发现层间在黏结有效前,剪切刚度决定了剪切荷载传递的能力,刚度越大剪切荷载传递能力越强;当剪切应力水平达到层间黏结的强度或者黏结剪切疲劳后,层间黏结失效;然后,层间开始错动,层间摩擦开始抵抗剪切应力的作用。而层间黏结强度的失效过程在上述两类方法中都没有得到体现。

1. 层间黏结状态在离散元方法内的实现

为了在离散元方法内实现黏结条件的差异,对相邻结构层离散单元之间的接触和黏结进行特殊处理,图 4-53 为沥青面层与沥青碎石基层单元分布图,其中 A 点为沥青面层单元之间的一个接触,B 点为面层与基层相邻单元间的接触,C 点为基层单元之间的接触。关于层间 B 点的接触,在离散元内可以设置不同的剪切刚度、剪切黏结强度和摩擦系数,其中剪切刚度和摩擦系数分别描述黏结失效前后层间传递水平方向荷载的能力,黏结失效的标准以剪切强度控制,这样就能完整地模拟层间黏结失效至滑动的全过程。不过,考虑到黏结破坏通常表现为剪切疲劳失效,因而仅考虑失效前的情形,即以相邻单元间的剪切刚度表征传递水平应力的能力,以此反映黏结程度的好坏。

图 4-53　层间黏结处单元分布

此外,结构层黏结较差主要出现在沥青层施工过程中,主要原因是施工车辆、人员等对已铺筑后结构层表层的污染,如泥土、灰尘等,而这些污染物对于土基、石灰土、级配碎石等结构层的影响相对较小。不仅如此,距离路表较浅的沥青层往往承受了比其他结构层较大的剪切应力。因此,沥青层的黏结状态往往是工程技术人员最为关注和重点考虑的。考虑到这种因素,在分析层间黏结状态对移动荷载下路面结构响应影响时,仅对面层与沥青基层、沥青基层与级配碎石层之间的黏结状态加以分析。

2. 面层与基层不同的黏结状态

在基准结构中,面层与基层黏结单元接触处的剪切刚度设置为面层和基层材料剪切刚度的平均值,在此基础上以 60%和 10%的平均值设置接触处的剪切刚度,以描述不同的黏结状态。

图 4-54 为路面基准结构的面层与基层之间不同黏结状态时的路面结构响应,其中黏结强代表层间黏结为相邻两层材料剪切强度的均值,一般和差分别表示 60%的均值和 10%的均值。从图中可以看出,当面层与基层之间剪切刚度下降时,面层底部的水平应力有比较明显的增大,尤其表现在层间黏结较弱时。面层与基层间的黏结状态对面层受力特征影响较大,而对沥青稳定碎石基层的影响相对较小,当黏结变差后,基层底水平拉应力数值和作用时间都变化不大。

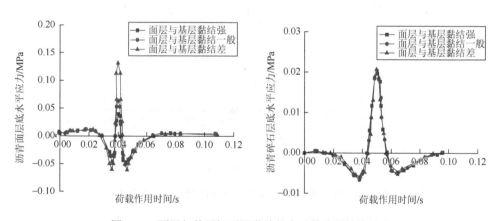

图 4-54　面层与基层间不同黏结状态时的路面结构响应

3. 沥青稳定碎石基层与级配碎石层之间黏结状态

采用面层与基层间黏结剪切刚度取值的方法,以 60%和 10%的碎石基层与级配碎石层之间剪切刚度的均值反映黏结层条件。图 4-55 为不同黏结状态时面层和沥青稳定碎石基层底部应力变化曲线。当层间黏结变弱时,无论面层还是沥青碎石层底的最大水平应力都有较大程度的增大。通过与路面结构厚度、模量以及层间黏结状态对路面结构响应影响的比较，可以看出，层间黏结对移动荷载下路面结构的影响最大，这就表明路面施工过程中良好的层间黏结处理对于路面质量控制十分关键。

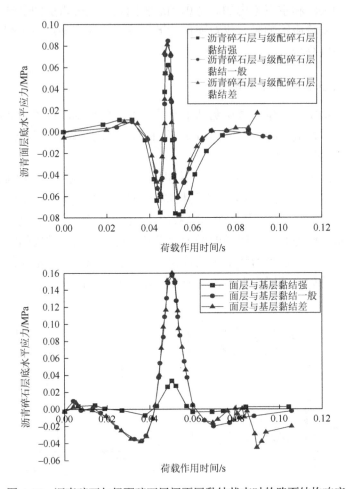

图 4-55　沥青碎石与级配碎石层间不同黏结状态时的路面结构响应

4.4.4　移动荷载大小和速度影响性分析

通常认为，作用于路面结构的车辆荷载具有很大的随机性，包含了运动荷载大小、运动速度、间歇时间和作用次序的变化等多种信息[6]，而这些因素几乎没有在以往研究中得以体现。本小节即利用 4.4.3 小节建立的柔性路面结构离散元模型，系统研究移动荷载的各种要素对路面结构中沥青层受力特征的影响。

1. 荷载大小对荷载响应的影响

变化荷载作用于路表的压应力为 0.7MPa、0.9MPa 和 1.1MPa，获得的一次移动荷载作用下，路面结构的动态响应如图 4-56 所示。由图可见，当荷载增大时，面层底部水平压应力有较大幅度的增大，而水平拉应力变化不大。与面层不同的是，沥青基层底水平拉应力随着荷载的增大呈现明显的增大。这就表明，对于沥青稳定碎石基层下卧石灰土这一结构形式，超载对于沥青基层的危害相对较大。

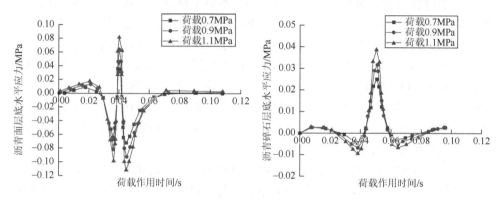

图 4-56　不同荷载大小时的路面结构响应

2. 荷载移动速度对路面结构响应的影响

荷载移动速度的变化表现在离散元模拟时为荷载每前进一次所需要的计算时步数量的差异，根据前面分析确定了模拟车速为 30km/h、60km/h 和 100km/h 时对应的荷载每前进 1cm 需要的计算时步数分别为 103、207 和 310。由此获得的一次移动荷载作用下，路面结构的动态响应如图 4-57 所示。从图中可

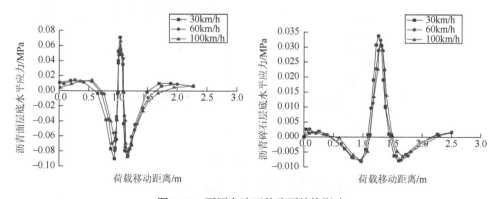

图 4-57　不同车速下的路面结构影响

以看出，荷载移动速度的变化，一定程度上改变了路面结构材料受压的持续时间，而对结构层底受拉应力没有明显的影响。移动速度越快，在荷载越过该位置前面层底受压时间越长，当荷载越过该位置后受压时间持续较短。而荷载移动速度对沥青基层影响不大。

4.4.5　移动荷载间歇时间影响性分析

关于荷载间歇时间对结构响应的影响，本小节重点考察具有多后轴的汽车作用于路表时的路面结构响应，而不针对不同车辆的组合，这是因为对于由多辆汽车组成的荷载形式，当前面一辆车通过道路某一断面后，在前后车辆安全距离为100m、车速为100km/h时，后一辆车通过此断面需要在3.6s后，如此长的时间足够路面结构内应力和应变的恢复，而实际路面上相邻车辆间距通常远远大于100m，此时以不同车辆通过某一断面的时间间隔作为本小节荷载间歇时间的计算没有较强的实际意义。因此，荷载间歇时间对于路面结构的影响主要从同一辆车多后轴的角度加以分析。

在如图 4-53 所示的模型内，按照单轴移动的方法，研究多后轴在路表移动时路面结构的响应。图 4-58 和图 4-59 分别为汽车双后轴和三后轴（设定后轴之间的间隔距离为 1m）经过路面时的结构响应。其中，各轴经过模型结构中点的时间分别是 0.053s、0.092s 和 0.131s。从图中可以看出，无论双后轴还是三后轴，只有当轴载经过该点时，该处响应才会达到最大。而且各轴经过路表时，沥青面层和基层底水平应力没有明显的差异，多轴的作用可以看成单轴作用多次的效果。当然，上述结论是建立在各轴作用次数较少，不考虑各次荷载作用下路面材料损伤的前提下的。

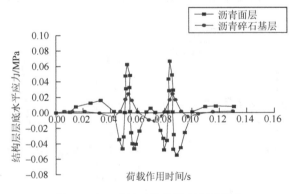

图 4-58　双后轴时结构层底水平应力

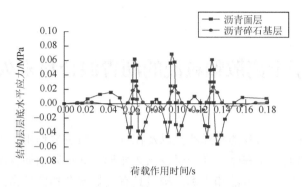

图 4-59　三后轴时结构层底水平应力

参 考 文 献

[1]　冯卫东，菅永明，龚华勇. 沥青混合料弯曲疲劳性能演化规律的宏细观试验表征[J]. 铁道科学与工程学报，2022，19（10）：2984-2994.

[2]　赵晓康，董侨，肖源杰，等. 基于细观非均质模型的水稳碎石基层材料疲劳开裂研究[J]. 中南大学学报（自然科学版），2021，52（9）：3132-3142.

[3]　高磊，解建光，贾思成，等. 沥青混合料 I 型疲劳开裂虚拟离散元试验[J]. 华中科技大学学报（自然科学版），2018，46（1）：92-97.

[4]　陈俊，黄晓明. 基于离散元法的沥青混合料虚拟疲劳试验方法[J]. 吉林大学学报（工学版），2010，40（2）：435-440.

[5]　陈俊，黄晓明. 集料分布特征对混合料疲劳性能的影响分析[J]. 建筑材料学报，2009，12（4）：442-447.

[6]　黄晓明，汪双杰. 现代沥青路面结构分析理论与实践[M]. 北京：科学出版社，2013.

第5章 基于离散颗粒流的沥青混合料永久变形研究

由于沥青混合料自身的黏弹特性以及在行车重载反复作用的内因和外因共同影响下，沥青路面产生车辙而易于引发永久变形。如何判断沥青混合料的永久变形抗力、有效确定试验方法和指标，构造具有良好永久扭曲抗力的沥青混合物，并建立沥青混合料层长期变形规律的预测模型，是近几年研究工作的重要内容。本章在力学-经验法的基础上，通过离散元建立车辙试验数值模拟，研究车辙试验数值细观结构演化机制，进一步研究沥青混合料细观结构对沥青混合料永久变形量的影响。

5.1 力学-经验车辙预测模型

5.1.1 基于应力-应变的两阶段车辙预估模型

路面车辙的发展规律与沥青混合料的车辙发展规律相似，车辙曲线存在明显的两阶段和三阶段发展特性，如图 5-1 所示。车轮荷载作用初期车辙深度发展较快，随后进入稳定增长阶段，此时并不意味着严格意义上的等速发展阶段。由于材料性质和外部环境的差异，车辙曲线可能会朝着不同的方向发展。其中一种方向是车辙发展逐渐趋于稳定，路面材料进入了工作硬化阶段（work-hardening process），并将在长时间内保持这种稳定状态。另外一种情况是在进入稳定增长阶段过程中，

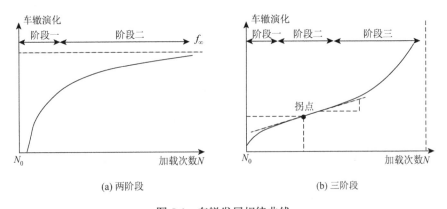

(a) 两阶段　　　　　　　　　　　(b) 三阶段

图 5-1　车辙发展规律曲线

车辙发展的速率基本保持恒定，车辙深度持续增大，在荷载作用后期车辙发展加速，进入快速发展的第三阶段。此时，面层结构产生失稳破坏，这种情况通常伴随着微观裂缝的形成与增长，以及肉眼可见的材料破坏，如粗集料与沥青砂浆出现剥离等现象[1]。

多年来，国内外学者在开发沥青路面及沥青混合料的车辙预估模型方面取得了很有限的进步[2, 3]，原因总结如下：首先，沥青路面的车辙发展受许多因素的影响，例如，路面结构、荷载配置和环境条件等；其次，在不同的理论基础上分析沥青混合料的车辙发展存在差异。从纯力学的角度来看，永久变形累积伴随着沥青混合料中微裂缝的形成和传播。为了研究沥青混合料的损伤，需要分解黏弹性、黏塑性和黏性开裂响应。另外，从工程学的角度通常采用力学-经验（mechanistic-empirical，ME）法来分析车辙，基于大量现场数据将数学模型与路面性能联系起来。在合理性和简单性之间的权衡中，ME 法遵循包括适当的理论选择、材料属性评估和关系确定在内的原则，从而达到平衡性设计。但是，ME 法（包括车辙预估）的准确性和适用性在很大程度上依赖于模型中所选的数学方程式和拟合现场数据源得到的力学-经验系数。

两阶段压密型车辙发展规律存在两个阶段，第一阶段为初始压密阶段，碾压成型后的沥青混合料在初期使用阶段，通过循环荷载作用，其内部空隙被进一步压实。第二阶段为侧向流动阶段，在高温及重载作用下，位于粗集料骨架薄弱处的沥青胶浆极易发生侧向流动，引发荷载作用周围的沥青混合料产生流动变形，造成轮迹带下方的车辙变形进一步增加，此时沥青混合料尚未产生结构性破坏。当集料骨架趋于稳定时，即不发生破坏和重组的情况下，其车辙发展最终将趋近于一个定值。根据两阶段车辙发展规律结合 Drucker-Prager 塑性屈服面准则建立沥青混合料永久应变预估模型：

$$\frac{\varepsilon_T(N)}{\varepsilon_r} = \gamma_\infty \times e^{-\left(\frac{\rho}{N-N_0}\right)^\beta} \left(\frac{\sqrt{J_2}}{P_a}\right)^m \left(\frac{\alpha I_1 + K}{P_a}\right)^n \tag{5-1}$$

$$I_1 = \sigma_{11} + \sigma_{22} + \sigma_{33} \tag{5-2}$$

$$J_2 = \frac{1}{6}((\sigma_{11} - \sigma_{22})^2 + (\sigma_{22}\sigma_{33})^2 + (\sigma_{33}\sigma_{11})^2) + \sigma_{12}^2 + \sigma_{23}^2 + \sigma_{13}^2 \tag{5-3}$$

式中，ε_T 为车辙预估模型的总应变；ε_r 为竖向黏弹性回弹应变；I_1 为应力张量第一不变量；J_2 为偏应力张量第二不变量；σ_{ij} 为应力张量；N_0 为初始车辙的加载次数；N 为加载次数；P_a 为大气压强（101.3kPa）；α 和 K 为塑性屈服面的模型系数；γ_∞、ρ、β、m 和 n 为模型材料参数。

两阶段力学-经验车辙预估模型示意图如图 5-2 所示，该模型不仅考虑了永久变形发展的形状，而且评估了应力水平对材料的影响[4]，模型的前半部分反映了在循环荷载作用下材料随时间的硬化性能。模型的后半部分函数来源于 Drucker-Prager 塑性屈服面准则，通过材料的应力状态来定义 Drucker-Prager 塑性屈服面准则，如式（5-4）所示，此公式可以确定材料屈服的起点与演化。当 $f \leqslant 0$ 时，材料处于黏弹性加载范围，当 $f > 0$ 时，材料开始进入塑性阶段，此时永久变形开始积累。从图 5-2 中的屈服面示意图可以看出，正应力对材料有增强作用，剪应力对材料有削弱作用，这些影响在模型中通过应力张量第一不变量和偏应力张量第二不变量这两个力学指标来反映，且与材料组成和周围环境密切相关。

$$f = \sqrt{J_2} - \alpha I_1 - K \tag{5-4}$$

式中，f 为定义的 Drucker-Prager 塑性屈服面准则。

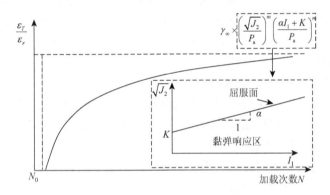

图 5-2 两阶段力学-经验车辙预估模型示意图

5.1.2 基于黏弹性回弹应变的三阶段车辙预估模型

在沥青胶浆侧向流动过程中，集料骨架逐渐成为沥青混合料的承力结构，且承担荷载的比重越来越大，随着荷载作用次数的增加或温度的升高再加上水的影响，粗集料颗粒与沥青胶浆界面极可能出现黏附破坏（adhesive failure），集料颗粒沿接触面滑动，导致沥青混合料松散，失去结构稳定性，进入车辙快速发展的第三阶段。三阶段车辙发展曲线与接缝型混凝土路面断层发展曲线形状类似，如式（5-5）所示：

$$\frac{\varepsilon_T(N)}{\varepsilon_r} = \rho \left(\ln \left(\frac{N_\infty}{N - N_0} \right) \right)^{-1/\beta} \tag{5-5}$$

式中，ε_T 为车辙预估模型的总应变；ε_r 为竖向黏弹性回弹应变；N_0 为初始车辙的加载次数；N 为加载次数；N_∞、ρ 和 β 为模型材料参数。

　　在所提出的两个模型中均考虑了黏弹性回弹应变的影响，因为黏弹性回弹应变是材料对荷载的典型响应。引入黏弹性回弹应变并不会影响车辙曲线的发展形式，却能间接地包含结构和环境因素的影响。三阶段力学-经验车辙预估模型曲线如图 5-3 所示，其车辙发展存在两个明显的拐点：第一个拐点为曲线曲率由负转正的交界点，即第三阶段车辙发展的起点，此时沥青混合料开始产生微观裂缝；第二个拐点为第三阶段车辙曲线发展的转折点，此时微观裂缝开始向宏观裂缝扩展。因此，对式（5-5）求二阶导数确定曲线的第一个拐点：

$$\frac{\partial^2}{\partial N^2}(\varepsilon_T(N)/\varepsilon_r) = \frac{\rho}{\beta}\left[\left(\frac{\ln\left(\dfrac{N_0}{N-N_0}\right)}{\beta}\right)^{-\psi\beta-2}\frac{1}{(N-N_0)^2}\frac{\beta+1}{\beta}\right. \\ \left. -\left(\ln\left(\frac{N_0}{N-N_0}\right)\right)^{-\mu\beta-1}\frac{1}{(N-N_0)^2}\right] \tag{5-6}$$

当二阶导数等于 0 时，即可获得三阶段车辙曲线第一个拐点的信息：

$$N_{\text{inflectionpoint}} = N_0 + N_\infty \mathrm{e}^{-(\beta+1)/\beta} \tag{5-7}$$

$$\frac{\varepsilon_T(N_{\text{inflectionpoint}})}{\varepsilon_r} = \rho\left(\frac{\beta+1}{\beta}\right)^{-\frac{1}{\beta}} \tag{5-8}$$

对模型取一阶导数得到曲线在第一个拐点处的斜率，来代表侧向流动的速率：

$$k = \frac{\partial}{\partial N}(\varepsilon_T(N_{\text{inflectionpoint}})/\varepsilon_r) = \frac{\rho}{\beta}\frac{\mathrm{e}^{(\beta+1)/\beta}}{N_\infty}\left(\frac{\beta+1}{\beta}\right)^{-\frac{1}{\beta}-1} \tag{5-9}$$

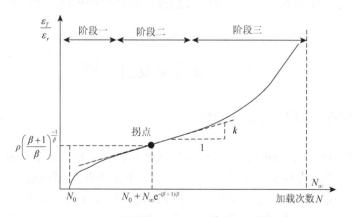

图 5-3　三阶段力学-经验车辙预估模型曲线

通过对三阶段模型拟合分析可以得到前两阶段与第三阶段车辙发展的分界点，由于分界点之前的数据仍满足两阶段车辙发展规律，采用两阶段模型拟合分界点前的数据求取压密和侧向流动阶段的两阶段模型参数，将参数代入两阶段模型反向求取分界点之后的压密和侧向流动车辙发展曲线，如图 5-4 所示的曲线，从图中可以看出两条曲线之间的部分即为由于内部结构失稳，导致沥青混合料松散产生的车辙。两阶段和三阶段模型联合分析可以确定压密、侧向流动和结构失稳三部分所占的比重，有利于进一步优化沥青混合料抗车辙性能的设计。

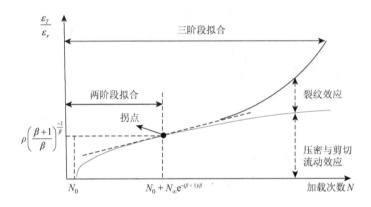

图 5-4　两阶段和三阶段车辙预估模型联合分析

由于沥青混合料的黏弹性回弹应变通常随深度的变化而变化，且每一层位的混合料对车辙的贡献率不同，因此采用分层总和法计算总的车辙深度，公式如下：

$$RD = \sum_{i=1}^{number of sublayers} \varepsilon_{Ti} h_i \tag{5-10}$$

式中，RD 为总的车辙深度；ε_{Ti} 为第 i 层沥青混合料的车辙应变；h_i 为第 i 层沥青混合料的厚度。

5.2　车辙试验数值模拟

5.2.1　数值车辙试件成型与分析

确定试件尺寸为 300mm×50mm 并生成墙；在由墙构成的车辙板试件尺寸内填充规则排列的、直径为 1mm 的基本离散计算单元圆盘；计算通过每一级筛孔集料的数量。仅仅根据集料的二维级配不足以确定一定尺寸试件内各级集料的数量，还须根据平面尺寸内集料的总数量，结合二维级配，才能准确计算得出各级粒径的集料数量，即通过每一级筛孔的集料数量。关于集料的总数量的测定，需要用到图像分析软件 Image-Pro Plus 分别获取二维数字试件内集料面积和沥青砂浆的面积。然后，假定集料的截面为圆形，将各级粒径集料的面积和拟定为集料总面积，结合二维数量级配获得各级集料的数量。

虚拟车辙试验的目的是代替室内车辙试验来研究多孔沥青混合料空隙衰变规律。因此需要对虚拟试验的加载方式进行设计。与此同时，要研究沥青混合料空隙衰变规律，需要合理的方法提取虚拟车辙试验结果中的空隙信息。车辙试验仪中的橡胶轮在车辙板试件表面以 42 次/min 的速率往返加载，标准温度 60℃。橡胶轮质量为 78kg，荷载压力为 0.7MPa。橡胶轮宽为 50mm，行驶距离为 230mm。

虚拟车辙试验的加载方式与真实试验的不同在于，虚拟试验是二维的，而真实试验是三维的。所以真实试验中，荷载作用是在一个面上，是二维的；而在虚拟试验中，荷载作用是一维的（图 5-5）。因此在采用 PFC2D 软件进行模拟时，需要考虑荷载的换算问题。

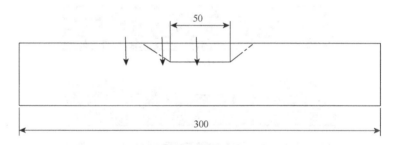

图 5-5　二维虚拟车辙试验加载方式（单位：mm）

根据静态荷载等效原理可以解决从三维到二维的转换[5]：把室内试验中的轮胎在试件表面一点的累积作用时间，等效为虚拟车辙试验的加载总时间。所以，对于二维车辙板试件的表面一点，轮胎作用在其上的总时间即等于轮胎往返时，车轮覆盖于这一点的累积时间。橡胶轮沿行驶方向与车辙板表面的接触长度 l 可以通过式（5-11）得到：

$$m \times g = p \times A = p \times (d \times l) \tag{5-11}$$

式中，m 为橡胶轮的质量；g 为重力加速度；p 为荷载压力；d 为橡胶轮宽度；l 为橡胶轮与车辙板试件表面的接触长度。根据式（5-11）计算可得 $l = 21.84mm$。因此虚拟加载时间为

$$t = \frac{t_0 \times l}{230} \tag{5-12}$$

式中，t 为虚拟加载时间；t_0 为实际加载时间。

进行虚拟二维车辙试验时，加载时间按照式（5-12）进行换算，通过 Fish 语

言编写伺服控制程序，通过不断调整"墙"的速度达到需要的荷载大小，作用相应时间即可完成试验。

　　为了验证虚拟车辙试验是否可行，设计如下一组虚拟车辙试验，在 5.2.2 小节里，将会利用同等条件的室内车辙试验对这组虚拟试验的结果进行验证。试验条件如下：温度 60℃，多孔沥青混合料空隙率为 20%，室内加载时间 t_0 分别为 15min、30min、45min、60min、90min、120min、180min、240min，换算得到相应的虚拟加载时间 t 分别为 85.5s、171s、256.5s、342s、513s、684s、1026s、1368s；虚拟试验过程如图 5-6 所示，每一组图分别为程序加载示意图和经过 MATLAB 处理后的示意图。

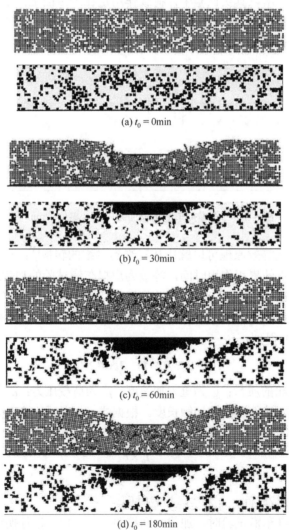

(a) $t_0 = 0$min

(b) $t_0 = 30$min

(c) $t_0 = 60$min

(d) $t_0 = 180$min

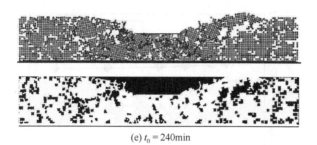

(e) $t_0 = 240\text{min}$

图 5-6　不同加载时刻下的虚拟试验过程

图 5-6（a）～（e）为虚拟车辙试验加载的过程图，从图中可以看出，随着荷载作用时间的增加，车辙逐渐产生，空隙逐渐被压密，这与真实试验的空隙发展过程是一致的，说明二维虚拟车辙试验能够有效模拟多孔沥青混合料车辙试验中空隙的衰变过程。通过图像统计软件提取荷载作用后空隙信息，对加载结果进行统计分析可知，随着车辙作用时间的增加，空隙率逐渐减小。由图 5-7 可以看出，温度为 60℃时的车辙虚拟试验，前 60min 内空隙变化比较明显，60min 后，空隙减小的速度明显减慢。通过回归拟合可以得到空隙率变化值与时间的关系如下：

$$\Delta\text{VV} = \frac{-4.65 + 20.63t - 0.64t^2}{1 + 4.63t + 0.31t^2 - 0.01t^3} \quad\quad (5\text{-}13)$$

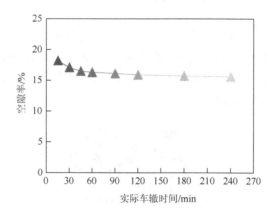

图 5-7　虚拟试验中空隙率与时间的关系

对比虚拟试验的结果如图 5-8 所示，可以发现室内试验和虚拟试验所得的空隙衰变规律基本一致。均在荷载作用的前 60min 内衰变幅度达到最大，随着荷载作用时间的增长，空隙率变化越来越缓慢。对比结果说明，基于二维虚拟车辙试验方案模拟室内车辙试验来研究沥青混合料空隙的衰变是可行的。值得注意的是，二维虚拟车辙试验测得的空隙衰变要略大于室内试验值。分析其原因为，室内成

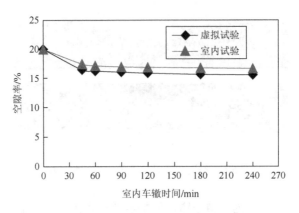

图 5-8　空隙率与时间的关系

型的试件中集料与集料的接触数量较多，试件内部集料之间的嵌锁力较强。而在二维虚拟试件中，集料之间的接触数量较少，集料之间的嵌锁力较弱，另外，在虚拟试件中，细集料被纳入沥青砂浆的范围内，导致集料之间的接触进一步减少。因此，室内成型的车辙板试件较二维虚拟车辙板试件有较强的抵抗荷载的能力，从而孔结构的改变也较虚拟试验的小，故空隙衰变小于虚拟试验。

5.2.2　数值车辙试件内部接触力分布

图 5-9 为虚拟车辙试验末期混合料试件内部的接触力分布图，接触力越大，线段越粗，接触力越小，线段越细。线段的方向表示接触处的接触力方向。从图中可以看出，车辙板试件内部同时存在接触拉力和接触压力，集中在荷载作用区域下方，且向两侧迅速衰减。

图 5-9　虚拟车辙试验末期试件内部接触力分布

通过提取沥青混合料试件内部各相组成材料之间的接触力，并进行统计分析，可进一步得到各相组成材料之间的接触力分布规律。图 5-10 和图 5-11 分别为集料与集料之间、集料与沥青砂浆之间及沥青砂浆与沥青砂浆之间的接触拉力和接触压力的频率分布。从图中可以看出，混合料内部的接触压力和接触拉力呈现减函数指数分布，随着接触力数值的增大，频率在不断减小。集料与集料之间的接

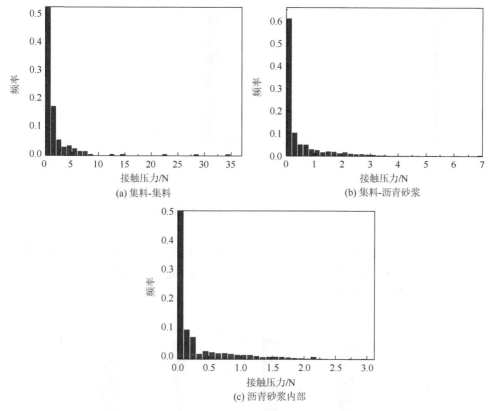

图 5-10 沥青混合料内部接触压力的频率分布

触压力水平最高，集料与沥青砂浆之间及沥青砂浆内部接触压力与接触拉力水平相当。由图 5-10（a）可以看出，集料与集料之间的接触压力最大，主要集中在 0～10N 范围内；集料与沥青砂浆之间的接触压力次之，主要集中在 0～3N 范围内；沥青砂浆内部的接触压力最小，主要集中在 0～2N 范围内。产生这种现象的原因也比较明显，集料的刚度较大，沥青砂浆的刚度较小，刚度较大的区域所承担的接触压力必然比较大，而集料与集料之间的接触刚度最大，集料与沥青砂浆之间的接触刚度次之，沥青砂浆内部的接触刚度最小，因此会呈现这种规律。由图 5-11可以看出，集料与沥青砂浆之间的接触拉力主要集中在 0～2N 范围内，沥青砂浆内部的接触拉力主要集中在 0～1N 范围内，集料与沥青砂浆之间的接触拉力水平大于沥青砂浆内部的接触拉力水平，说明在车辙试验中，沥青混合料内部的接触拉力的峰值存在于集料与沥青砂浆之间。因此，在实际工程中，要选择抗压强度较大的集料，尽量采取措施增大集料与沥青砂浆之间的黏结力，以避免集料与沥青砂浆之间较大的拉应力导致黏结的破坏，从而打破混合料内部的稳定性，最终导致混合料失稳，产生较严重的永久变形。

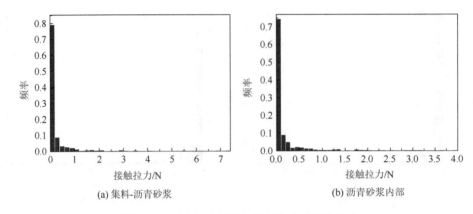

(a) 集料-沥青砂浆　　　　　　　　　　　(b) 沥青砂浆内部

图 5-11　沥青混合料内部接触拉力的频率分布

为了分析车辙板试件在车辙试验过程中内部接触力分布的变化，提取了不同加载时间下的集料与集料之间、集料与沥青砂浆之间及沥青砂浆内部单元之间的接触力均值，如图 5-12 和图 5-13 所示。

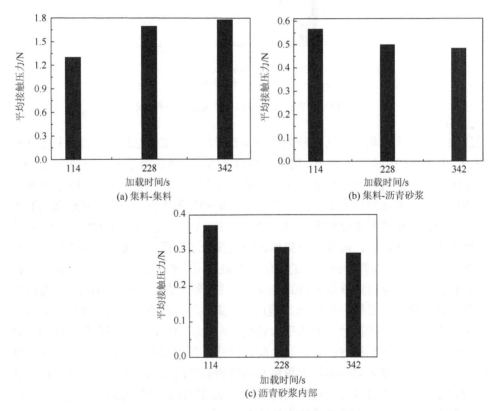

图 5-12　虚拟车辙试件内部接触压力变化

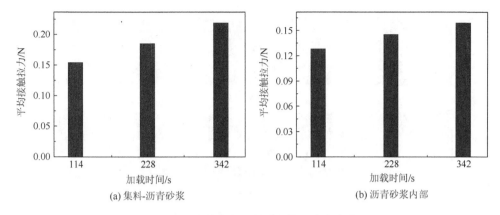

(a) 集料-沥青砂浆   (b) 沥青砂浆内部

图 5-13 虚拟车辙试件内部接触拉力变化

由图 5-12 可以看出，随着加载的进行，集料与集料之间的接触压力均值在逐渐增大，集料与沥青砂浆及沥青砂浆内部的接触压力均值在逐渐减小，说明在车辙试验过程中，接触压力从集料与沥青砂浆界面处及沥青砂浆内部逐渐转移到集料与集料之间的接触上，进一步验证了选择抗压强度较大集料的必要性。由图 5-13 可以看出，随着加载的进行，集料与沥青砂浆及沥青砂浆内部的接触拉力均值在逐渐增大，说明在车辙试验过程中车辙板试件内部的拉力逐渐增大，沥青砂浆较薄弱处或集料与沥青砂浆截面较薄弱处随着荷载的作用容易发生破坏，导致混合料的失稳，尤其要增强集料与沥青砂浆之间的黏结力。

5.2.3 虚拟车辙试件内部位移分布

沥青混合料在车辙产生的过程中，混合料内部的集料、沥青砂浆的空间位置也是在不断变化的。由于沥青混合料是一种非连续不均匀的材料，混合料内部的空间位置变化也存在不均匀性[6]。下面通过对沥青混合料试件在虚拟车辙试验中的位移分布进行分析，以此来说明车辙形成过程中混合料内部的空间位置变化情况。

1. 水平位移分布

通过遍历沥青混合料试件中的离散单元，提取离散单元的水平位移，通过 Fish 语言自行编写位移云图程序，得到水平方向位移分布云图，如图 5-14 所示。

(a) SMA-13

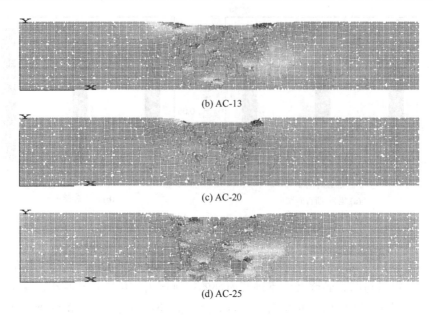

(b) AC-13

(c) AC-20

(d) AC-25

图 5-14　虚拟车辙试验过程中试件内部水平方向位移分布云图

由图 5-14 可以看出，SMA-13 和 AC-25 沥青混合料试件荷载作用区域出现了较为明显的水平位移。分析其原因是，AC-13 和 AC-20 沥青混合料由于粗集料的骨架性较弱，在荷载的作用下粗集料直接开始向垂直方向运动，而向两侧的水平方向运动有限。而 SMA-13 和 AC-25 的粗集料骨架性较好，在垂直荷载的作用下能够保持较为稳定的集料骨架性，在荷载的进一步作用下，粗集料垂直向下的运动有限，而开始向水平方向运动，因此会出现较 AC-13 和 AC-20 沥青混合料明显的水平位移。AC-13 和 AC-20 沥青混合料试件荷载作用区域上部两侧出现方向相反的水平位移，说明荷载作用区域的上部两侧出现向试件中部移动的趋势。由车辙试件内部接触力分布图可知，荷载作用区域的上部两侧出现了拉应力，类似于汽车轮载与路面作用区域的两侧会出现拉应力的现象。由于拉应力的存在，荷载作用区域的上部两侧出现向试件中部移动的趋势。

为了更清楚地说明荷载作用区域水平位移的分布规律，提取如图 5-15 所示的荷载作用区域两侧的两个截面上颗粒的水平位移，得到 SMA-13 和 AC-20 沥青混合料试件荷载作用区域水平位移。由图 5-16 可以看出，SMA-13 沥青混合料试件荷载作用区域的水平位移明显大于 AC-20 沥青混合料，这与以上分析结论较为一致，而且荷载作用区域两侧中间厚度处水平位移较大，这可能类似于沥青路面内部剪应力在一定路面深度处达到最大的规律，沥青混合料试件中的剪应力也是在靠近中间厚度处较大，因此导致中间厚度处的水平位移较大。

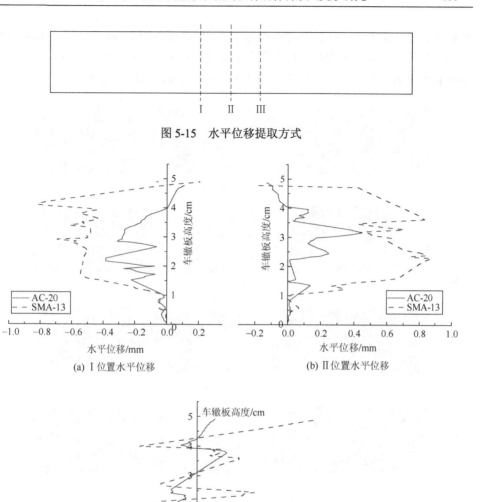

图 5-15　水平位移提取方式

(a) Ⅰ位置水平位移

(b) Ⅱ位置水平位移

(c) Ⅲ位置水平位移

图 5-16　水平位移分布规律

2. 竖向位移分布

通过遍历沥青混合料试件中的离散单元，提取离散单元的竖向位移，通过 Fish 语言自行编写位移云图程序，得到竖向位移分布云图（图 5-17）。从图中可以看出，荷载作用区域的竖向位移方向与荷载作用方向一致，为竖直向下。少数颗粒竖向位移向上，这是由于混合料试件的不均匀性，试件内部各相组成材料在荷载作用过程中相互作用，可能出现少数颗粒存在向上运动的趋势。试件内部的竖向位移主要集中在荷载下方，呈"U"形分布，且向下方逐渐衰减，向两侧迅速衰减。

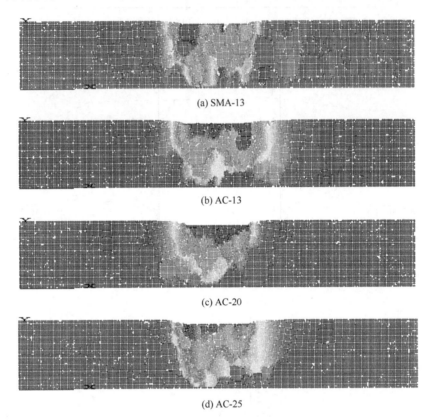

(a) SMA-13

(b) AC-13

(c) AC-20

(d) AC-25

图 5-17　虚拟车辙试验过程中试件内部竖向位移分布云图

为了更清楚地说明荷载作用区域竖向位移的分布规律，提取如图 5-18 所示的五个截面上颗粒的竖向位移，得到不同试件高度处竖向位移的变化规律。由图 5-19可以看出，试件内部的竖向位移主要集中在荷载下方，荷载下方的竖向位移从上到下呈衰减趋势，由于沥青混合料的不均匀性，同一高度处颗粒的水平位移呈现不完全对称规律。

图 5-18　竖向位移提取方式

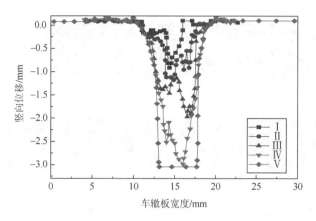

图 5-19　颗粒竖向位移沿试件高度的变化规律

5.2.4　粗集料空间运动轨迹变化

图 5-20 为 AC-20 沥青混合料虚拟车辙试件中荷载作用区域粗集料在加载过程中的空间运动情况。在 PFC3D 中，能够自动识别荷载作用不同时刻作为"聚粒"的粗集料颗粒的质心位置。将空间位置发生变化前后的粗集料的质心进行连线，并分别定义移动量 L 和移动角 θ（见图 5-21），通过移动量 L 和移动角 θ 共同描述集料在荷载作用下的轨迹变化。部分粗集料颗粒的移动量 L 和移动角 θ 计算结果如表 5-1 所示。

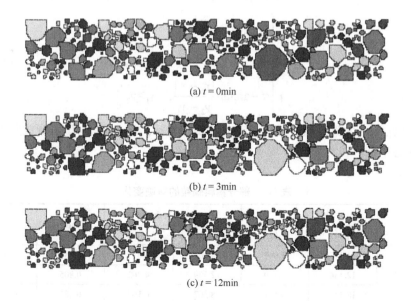

(a) $t = 0$min

(b) $t = 3$min

(c) $t = 12$min

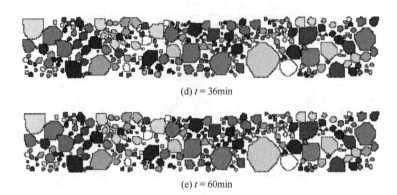

(d) $t = 36\text{min}$

(e) $t = 60\text{min}$

图 5-20　虚拟车辙试验过程中粗集料空间位置的变化

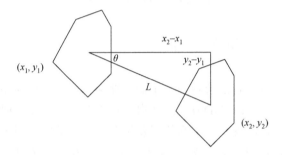

图 5-21　粗集料颗粒移动轨迹示意图

$$L = \sqrt{(x_2 - x_1)^2 + (y_2 - y_1)^2} \tag{5-14}$$

$$\theta = \begin{cases} \arctan\dfrac{|x_2 - x_1|}{y_2 - y_1}, & y_1 < y_2 \\ 0, & y_1 = y_2 \\ \pi - \arctan\dfrac{|x_2 - x_1|}{y_2 - y_1}, & y_1 > y_2 \end{cases} \tag{5-15}$$

式中，(x_1, y_1) 为集料颗粒发生运动前的质心坐标；(x_2, y_2) 为集料颗粒发生运动后的质心坐标。

表 5-1　部分集料颗粒的轨迹变化

混合料类型	加载 0min		加载 3min		L/mm	θ/(°)
	x_1/cm	y_1/cm	x_2/cm	y_2/cm		
SMA-13	14.117	3.649	14.104	3.613	0.381	109.976
	12.484	4.779	12.509	4.702	0.805	107.823
	18.346	0.187	18.367	0.167	0.285	135.347

续表

混合料类型	加载 0min		加载 3min		L/mm	θ/(°)
	x_1/cm	y_1/cm	x_2/cm	y_2/cm		
SMA-13	13.696	0.146	13.700	0.100	0.462	94.418
	13.231	1.504	13.203	1.491	0.312	156.006
AC-13	14.549	4.806	14.598	4.737	0.852	125.108
	18.189	0.126	18.200	0.100	0.282	112.779
	12.656	4.777	12.642	4.705	0.732	100.993
	12.239	4.681	12.242	4.608	0.729	92.480
	14.739	3.366	14.699	3.247	1.252	108.411
AC-20	12.543	4.829	12.468	4.718	1.336	123.743
	11.614	0.187	11.633	0.167	0.278	133.965
	16.731	1.798	16.711	1.768	0.363	123.779
	12.309	0.318	12.301	0.284	0.343	104.326
	15.426	4.786	15.405	4.704	0.838	104.457
AC-25	14.682	2.304	14.709	2.238	0.714	112.514
	15.491	1.539	15.487	1.490	0.486	94.666
	11.469	3.817	11.403	3.789	0.722	156.862
	14.566	4.810	14.693	4.704	1.658	140.298
	17.049	0.930	17.099	0.899	0.587	148.366

　　建立不同级配的沥青混合料二维虚拟车辙试件，并进行虚拟车辙试验。待虚拟试验完成后对不同加载时刻粗集料颗粒的质心位置进行统计，并计算出对应的移动量 L 和移动角 θ，不同加载阶段粗集料颗粒的移动量 L 和移动角 θ 计算结果如表 5-2 所示。

表 5-2　不同加载阶段指标计算结果

混合料类型	加载时间/min	θ/(°)		L/mm	
		平均值	标准差	平均值	标准差
SMA-13	0~3	109.879	5.054	0.332	0.051
	3~12	138.478	10.554	0.476	0.064
	12~48	143.452	12.279	0.315	0.075
	48~60	165.461	4.534	0.162	0.032
AC-13	0~3	118.992	5.658	0.368	0.048
	3~12	128.406	8.787	0.521	0.072
	12~48	131.273	9.709	0.459	0.065
	48~60	129.948	6.869	0.192	0.042

混合料类型	加载时间/min	θ/(°)		L/mm	
		平均值	标准差	平均值	标准差
AC-20	0～3	108.415	6.850	0.615	0.093
	3～12	117.905	9.826	0.766	0.125
	12～48	123.106	11.523	0.586	0.102
	48～60	125.184	7.948	0.275	0.068
AC-25	0～3	110.395	7.015	0.587	0.086
	3～12	125.135	12.685	0.621	0.123
	12～48	122.613	15.151	0.524	0.126
	48～60	123.311	8.361	0.258	0.059

由表 5-2 中的计算结果可知，由于车辙试验中轮载主要为垂直力，粗集料移动角在 110°左右，初始加载阶段粗集料主要向垂直方向移动，但移动量较小。在加载阶段 3～12min，粗集料移动角达到 138.478°，表明粗集料已有向水平方向移动的趋势。到加载末期，粗集料移动角达到了 165.461°，移动量仅约为 0.162mm，粗集料主要往水平方向移动。SMA 级配中粗集料的比例较高，集料之间的接触较多，骨架嵌锁力较强，因此在加载初期产生的移动量较小，随着加载的进行，由于 SMA 集料骨架较为稳定，在垂直荷载作用下，粗集料开始向水平方向移动。在各加载阶段，粗集料移动角标准差均在 15°以下，到加载末期，标准差仅约为 4.534°，而移动量在 0.2mm 以下，表明 SMA-13 级配粗集料骨架较为稳定，在荷载作用过程中粗集料呈现整体一致性移动，且移动量较小，因此抗车辙能力较强。

AC 型密级配沥青混合料在荷载作用初期，粗集料移动角主要在 100°～120°，粗集料基本垂直向下运动。随着荷载作用时间的延长，粗集料移动角基本在 120°～130°，仍趋于垂直方向运动。这是因为密级配混合料中粗集料和细集料共同承担荷载，而细集料相对较多，粗集料之间的接触受到细集料的干涉作用而减少，骨架承载力弱于 SMA 级配，因此在荷载的作用下粗集料骨架承载力不足，导致粗集料主要沿垂直方向移动。但在各加载阶段，粗集料移动量的标准差基本在 0.15mm 以下，粗集料的骨架仍处于较为稳定的状态，尚未发生破坏。

5.2.5 粗集料转角变化

首先建立不同级配类型的沥青混合料虚拟车辙试件，然后分别进行虚拟车辙试验，通过 Fish 语言编写粗集料转角的统计程序，对虚拟试验过程中粗集料的转角进行统计，得到各级配类型混合料中粗集料转角平均值和最大值在不同加载时刻和不同荷载大小条件下的变化规律，结果如图 5-22 和图 5-23 所示。

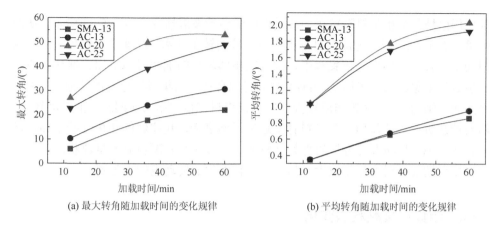

(a) 最大转角随加载时间的变化规律　　　　　(b) 平均转角随加载时间的变化规律

图 5-22　粗集料转动随加载时间的变化规律

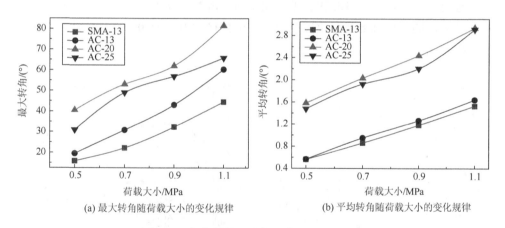

(a) 最大转角随荷载大小的变化规律　　　　　(b) 平均转角随荷载大小的变化规律

图 5-23　粗集料转动随荷载大小的变化规律

从图 5-22 中可以看出，随着加载时间的延长，粗集料的转角不断增加，但增加的幅度越来越小。SMA-13 沥青混合料试件中粗集料转角的最大值和平均值在四种级配类型混合料中最小，往上依次是 AC-13、AC-25 和 AC-20。这是因为 SMA 级配类型混合料中粗集料的骨架结构较好，骨架嵌锁力较强，在相同荷载作用下粗集料发生的转动较小。AC-13 沥青混合料由于使用了 SBS 改性沥青，显著增强了其高温稳定性，在荷载作用过程中，黏度较大的改性沥青胶结料限制了粗集料的转动，因此粗集料的转角也较小。AC-25 沥青混合料的粗集料骨架性较好，在相同荷载作用下转角小于 AC-20 沥青混合料中的粗集料。从图 5-23 中可以看出，随着荷载的增大，四种级配类型混合料中粗集料转角也逐渐增大，当荷载增大时，粗集料之间的相互作用力增大必然导致粗集料发生较大的转动。

此外，在统计的粗集料转动数据的基础上，研究了四种级配类型混合料中荷载作用区域部分粗集料颗粒在加载过程中的转动发展情况，如图 5-23 所示。从图中可以看出，AC 型沥青混合料中粗集料颗粒的转角基本呈减速增加趋势，而 SMA 型沥青混合料中选取的粗集料中，部分粗集料转角随加载时间呈加速增加趋势。产生这种现象的原因可能是，SMA 型沥青混合料中粗集料的骨架性较强，粗集料之间的嵌锁力较大，嵌锁作用较强位置的粗集料在荷载作用前期发生的转动较弱，随着荷载进一步的作用，粗集料骨架逐渐开始衰变，粗集料的转角开始呈加速增加趋势。AC 型沥青混合料的骨架性较弱，许多粗集料颗粒处于悬浮状态，在荷载作用前期混合料变形量较大，粗集料颗粒发生的转动也较为强烈。

5.2.6　粗集料接触状态变化

通过 PFC3D 内置 Fish 语言编写粗集料接触数统计程序，对虚拟试验过程中粗集料之间的总接触数及有效接触数（接触处接触力大于 0）进行统计，结果如图 5-24 所示。

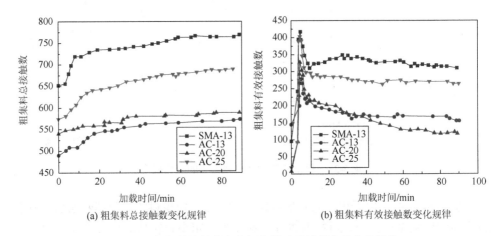

(a) 粗集料总接触数变化规律　　　　　(b) 粗集料有效接触数变化规律

图 5-24　粗集料接触数在虚拟车辙试验过程中的变化规律

从图 5-24（a）中可以看出，随着加载时间的增加，粗集料之间的总接触数不断增加。SMA-13 和 AC-25 沥青混合料试件中粗集料的总接触数在初始加载阶段迅速增加，随着荷载作用时间的延长，总接触数增加速率逐渐变小，而 AC-13 和 AC-20 沥青混合料试件中粗集料总接触数发展曲线较为平缓，初始加载阶段粗集料总接触数增加速率相对较小。产生这种现象的原因可能是，SMA-13 和 AC-25 沥青混合料粗集料骨架性相对较好，在初始加载阶段混合料内部主要产生较快的压密现象，粗集料之间的空间有所减小，细集料与粗集料之间及细集料之间的接触数可能有所增加，随着荷载的进一步作用，粗集料的骨架结构较为稳定，集料之间的总接触数相对稳定。

由图 5-24（b）可以看出，粗集料之间的有效接触数随加载时间基本呈现先增大后减小的趋势。分析其原因可能是，刚开始施加荷载时，荷载迅速传递到粗集料有效接触处，有效接触数迅速增加，达到峰值。随着荷载的进一步作用，粗集料不断发生有限的平动和转动，粗集料的骨架性也随着荷载作用时间的延长而逐渐发生衰变，进而导致粗集料之间能够受力的接触数量逐渐减小，可以预见，随着荷载的持续作用，粗集料之间的有效接触数逐渐减少，当减少到一定程度时，粗集料骨架必然发生破坏，进而混合料发生失稳，变形量迅速增大。AC-20 沥青混合料试件中粗集料有效接触数随加载时间延长下降的速度较其他类型混合料快，这可能是因为 SMA-13 和 AC-25 沥青混合料的骨架结构相对较好，在荷载的作用下粗集料骨架衰变速率较慢，因此有效接触数比较稳定。AC-13 沥青混合料试件由于采用 SBS 改性沥青，在荷载作用下黏度较大的改性沥青胶结料限制了粗集料的运动，因此有效接触数下降较慢。而 AC-20 沥青混合料粗集料骨架性较弱，在荷载的作用下，粗集料运动较大，粗集料骨架性能下降较快，因此有效接触数减小较快。

5.3　沥青混合料结构对永久变形性能的影响

5.3.1　集料宏观特征影响性分析

集料作为沥青混合料重要的组成部分，对其高温永久变形性能具有显著的影响，以往的研究主要集中在集料的级配组成对混合料永久变形性能的影响方面，而对于集料粒径和集料在混合料内的空间分布特征等对永久变形性能的影响研究甚少。为此，本章从沥青混合料中集料粒径和空间分布特征入手，分析集料对沥青混合料永久变形性能的影响。

1. 集料粒径对沥青混合料永久变形性能的影响

首先设计 6 组不同集料粗细程度的级配（见图 5-25），然后在由"墙"构成的尺寸为 300mm×300mm×50mm 的车辙板尺寸空间内随机投放具有不同粒径的集料球（见图 5-26），试验结果如图 5-27 所示。从图中的计算结果可以看出，虚拟车辙试验的动稳定度先增大后减小，车辙深度先减小后增大，这就说明并不是集料越粗，沥青混合料的高温永久变形性能越好，粗集料的含量存在一个最佳的范围，在此范围内，集料的骨架嵌挤性较好，因此沥青混合料的高温永久变形性能也较好。

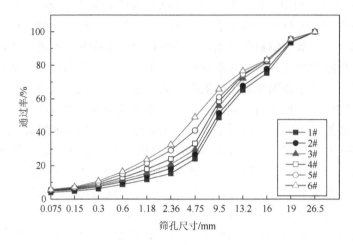

图 5-25　不同级配设计曲线

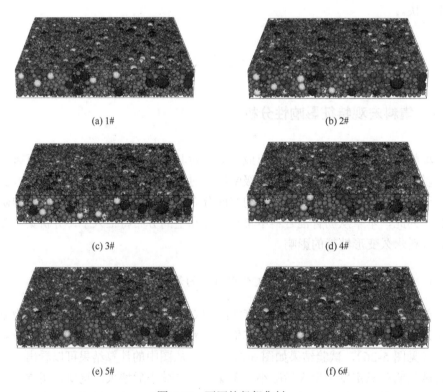

(a) 1#

(b) 2#

(c) 3#

(d) 4#

(e) 5#

(f) 6#

图 5-26　不同粒径粗集料

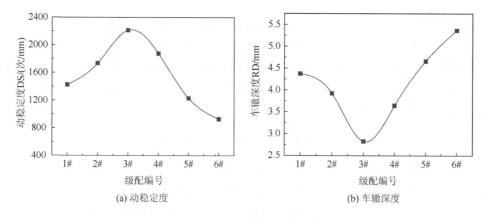

(a) 动稳定度　　　　　　　　　　(b) 车辙深度

图 5-27　虚拟车辙试验结果

为了深入探讨不同集料粒径的沥青混合料高温永久变形性能的差异，通过在车辙板空间范围内布置一定数量的测量圆（见图 5-28），分别计算 6 组不同粗细程度级配的集料配位数，如图 5-29 所示。

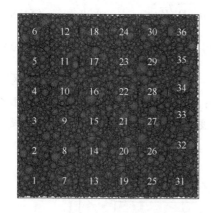

图 5-28　计算配位数的测量圆布置方式

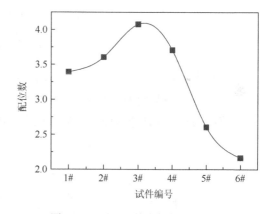

图 5-29　不同试件中粗集料配位数

从图 5-29 中的计算结果可以看出，随着集料级配由粗变细，集料的配位数先增加后减小，与动稳定度呈现相同的变化趋势。而配位数是单个颗粒与相邻颗粒的平均接触数，配位数越大，集料的骨架嵌挤性相对越好，反之亦然。因此，6 组不同粗细程度级配的沥青混合料的高温永久变形性能也呈现先增强后衰减的趋势。这可能是因为，在一定范围内增大粗集料粒径可以增强粗集料骨架性，提高沥青混合料的高温稳定性，但当粗集料粒径增加到一定程度时，过多的粗集料反而不能形成良好的骨架结构，降低了沥青混合料的高温稳定性。这就说明在一定范围内适当增大粗集料粒径有助于增强沥青混合料的高温稳定性，若超过了此范围反而会适得其反。有研究表明，4.75mm 筛孔通过率作为关键控制粒径对集料的结构组成具有关键控制性作用，且在沥青混合料高温永久变形性能的影响因素中影响程度仅次于空隙率，是控制沥青混合料高温稳定性非常重要的一个因素。从前面计算结果也可以看出，4.75mm 筛孔通过率应控制在一定范围内，以保证沥青混合料具有较好的高温稳定性。

2. 集料分布均匀性对沥青混合料永久变形性能的影响

参考对集料分布均匀性的相关研究成果，提出了反映集料分布均匀性的量化指标。首先将混合料试件沿着横向或纵向平均分成若干区域（见图 5-30），分别统计每一区域内集料体积之和，通过计算反映划分区域集料体积之和变异性的变异系数作为描述集料分布均匀性的指标。变异系数的计算表达式如下：

$$V_j = \sum_{i=1}^{m} V_i \qquad (5\text{-}16)$$

$$\bar{V} = \sum_{j=1}^{n} V_j / n \qquad (5\text{-}17)$$

$$\mathrm{var}_j = \sqrt{(V_j - \bar{V})^2 / (n-1)} \Big/ \bar{V} \qquad (5\text{-}18)$$

$$\mathrm{var} = \sum_{j=1}^{n} \mathrm{var}_j \qquad (5\text{-}19)$$

式中，V_i 为各划分区域内编号为 i 的集料体积，$i = 1, 2, 3, \cdots, m$；V_j 为各划分区域内编号为 i 的集料体积 V_i 之和，$j = 1, 2, 3, \cdots, n$；$\bar{V}$ 为各划分区域内集料体积之和的平均值；var_j 为各划分区域内集料体积之和的变异系数；var 为集料的总变异系数。

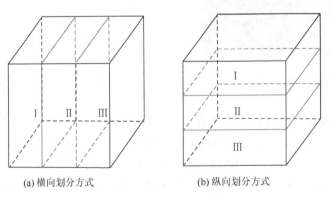

(a) 横向划分方式　　　　　　　　(b) 纵向划分方式

图 5-30　立方体试件划分区域方式

针对集料分布均匀性的问题，首先生成由"墙"构成的边长为 9mm 的沥青混合料立方体虚拟试件尺寸空间，然后从横向和纵向分别将试件平均分为三个区域

（见图 5-30），在这三个区域内分别投放不同体积比例的 AC-20 级配的粗集料（见图 5-31 和图 5-32），并保证三个区域集料的总体积保持不变，每个区域的集料体积比例分配如表 5-3 所示。

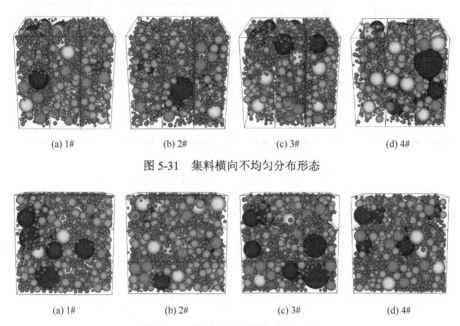

| (a) 1# | (b) 2# | (c) 3# | (d) 4# |

图 5-31　集料横向不均匀分布形态

| (a) 1# | (b) 2# | (c) 3# | (d) 4# |

图 5-32　集料纵向不均匀分布形态

表 5-3　不同区域的集料体积比例分配

不同区域		各区域集料体积占集料总体积的比例/%		
		I	II	III
横向划分	1#	30	30	40
	2#	25	30	45
	3#	20	30	50
	4#	15	30	55
纵向划分	1#	30	30	40
	2#	25	30	45
	3#	20	30	50
	4#	15	30	55

根据已建立的沥青混合料三维离散元虚拟试件的生成方法，对表 5-3 中不同区域划分方式建立相应的沥青混合料立方体虚拟试件，分别进行单轴静态蠕变加载，分别计算各集料不均匀分布状态下的变异系数和轴向应变 ε，并与集料均匀分布状态下的轴向应变 ε_0 进行比较分析，结果如表 5-4 和图 5-33 所示。

表 5-4　集料横向和纵向不均匀分布条件下的轴向应变

不同方向	区域	变异系数	轴向应变 ε /%	$\varepsilon / \varepsilon_0$
横向	1#	0.283	0.15	1.12
	2#	0.495	0.16	1.24
	3#	0.707	0.20	1.56
	4#	0.919	0.28	2.15
纵向	1#	0.283	0.17	1.31
	2#	0.495	0.22	1.70
	3#	0.707	0.38	2.90
	4#	0.919	0.64	4.90

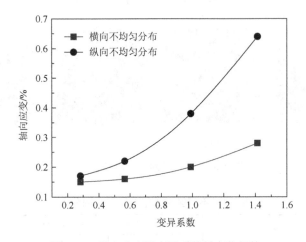

图 5-33　轴向应变随变异系数的变化规律

从表 5-4 中的结果可以看出，无论集料横向不均匀分布还是纵向不均匀分布，随着变异系数的增大，沥青混合料试件的轴向变形也增大；集料纵向不均匀分布时，混合料轴向变形的变化较大。随着变异系数的增大，混合料试件的轴向变形呈加速增长趋势，集料纵向分布不均匀时混合料轴向应变变化显著。因此，在实际工程中，道路工程师必须重视集料分布均匀性，在沥青混合料的拌和过程和摊铺过程中严格把关，以提高沥青路面的抗永久变形能力，延长道路的使用寿命和提高服务质量。

5.3.2　集料细观特征影响性分析

在沥青混合料中，集料的质量约占混合料总质量的 95%，体积约占混合料总体积的 85%，集料作为沥青混合料的主要组成材料，其材料特性及细观结构（集料粒径、分布均匀性、棱角度属性、长轴取向及表面纹理）对沥青混合料的材料特性有着显著的影响。因此，针对集料细观结构对沥青混合料高温永久变形性能进行系统的研究可以帮助道路工作者更好地进行混合料的优化设计，提高沥青混合料的路用性能和延长使用寿命。本小节在建立的沥青混合料虚拟永久变形试验的基础上，开展细观结构对沥青混合料永久变形性能的影响因素分析研究。

1. 集料棱角度属性对沥青混合料永久变形性能的影响

集料的棱角度属性反映了其轮廓形状特征的变化规律。棱角度属性的丰富程度显著影响着沥青混合料的骨架稳定性、集料的嵌锁力及耐磨程度，与沥青混合料的材料特性有着密切的联系，尤其对沥青混合料的高温永久变形性能及抗剪性能有着较大的影响。棱角度属性指标主要分为两类，第一类是反映集料轮廓上棱角度的圆度，第二类是反映集料整体轮廓的圆度。但这些指标基本都是对二维棱角度属性提出的指标，而实际集料为三维形态，因此，二维棱角度属性指标只能在一定程度上反映集料的棱角度属性，不能完全描述三维集料的棱角度属性特征。考虑到第一类棱角度属性指标测量和计算的复杂性及第二类棱角度属性指标应不受颗粒的整体轮廓影响，针对集料三维棱角度属性特征，采用不规则集料表面积与等效椭球体表面积的比值来表征集料的棱角度属性，认为集料颗粒的等效椭球体能够比较准确地反映集料的整体轮廓，最大限度地降低了集料整体轮廓对棱角度属性指标的影响，提出了能够描述三维集料棱角度属性特征的指标，如式（5-20）所示。集料的棱角度属性越好，表面积与等效椭球体表面积的比值就越大，棱角度属性指数越高。

$$AI = \left(\frac{S}{S_{ellipse}} \right)^3 \tag{5-20}$$

式中，AI 为集料颗粒的棱角度属性指数；S 为集料颗粒的表面积；$S_{ellipse}$ 为等效椭球体的表面积。

由已建立的三维不规则形状集料的生成方法可知，不规则形状集料是采用若干随机平面对边长为集料粒径范围的正六面体进行切割生成的。为了保证切割后集料颗粒粒径范围不变，所以控制随机平面的切割率在比较小的范围内，生成的不规则形状集料三个方向的尺度相差不大，整体轮廓比较接近。因此，不规则形状集料的等效椭球体可以近似为等效球体，则式（5-20）可以进一步表达为

$$AI = \left(\frac{S}{S_{sphere}} \right)^3 = \left(\frac{S}{4\pi(\sqrt[3]{3V/(4\pi)})^2} \right)^3 = \frac{S^2}{36\pi V^2} \tag{5-21}$$

式中，S_{sphere} 为等效球体的表面积；V 为集料颗粒的体积；其他同上。

　　通过采用随机平面数分别为 0～8 的随机平面对正六面体和球体进行切割，图 5-34 给出具有不同棱角度属性的粗集料颗粒，其棱角度属性随着集料编号的增大逐渐变好。根据已建立的沥青混合料三维虚拟试件生成方法获得具有不同粗集料棱角度属性的沥青混合料虚拟试件。在生成具有不同集料棱角度属性的混合料试件时，根据不规则集料生成后体积的损失量对初始投放的集料球总体积进行调整，以保证最终生成的具有不同集料棱角度属性的集料体积含量一致，使结果具有对比性。

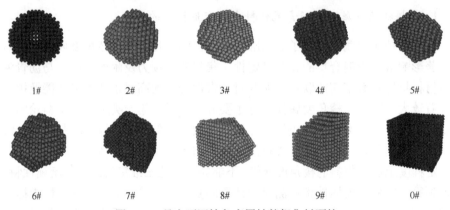

1#　　　　　2#　　　　　3#　　　　　4#　　　　　5#

6#　　　　　7#　　　　　8#　　　　　9#　　　　　0#

图 5-34　具有不同棱角度属性的粗集料颗粒

　　在沥青混合料虚拟试件中，不规则集料颗粒是由若干粒径较小的离散单元构成的，在计算集料颗粒表面积时，首先统计集料表面离散单元的数量和构成集料颗粒的离散单元的数量，然后通过式（5-22）计算不规则集料颗粒的棱角度。

$$\mathrm{AI}=\left(\frac{4R^2 n_S}{8R^3 n_V}\right)^3=\left(\frac{n_S}{2R n_V}\right)^3 \tag{5-22}$$

式中，n_S 为集料颗粒表面离散单元的数量；n_V 为构成集料颗粒的离散单元的数量；R 为离散单元的半径。

　　由式（5-22）得到的是单个集料颗粒的棱角度，而沥青混合料中有着众多的集料颗粒，不同的集料颗粒的棱角度有所不同，需要对混合料中集料的整体棱角度属性进行评价。采用单个集料颗粒棱角度的体积加权平均值作为描述一定数量集料的整体棱角度属性的指标，如式（5-23）所示。

$$\overline{\mathrm{AI}}=\frac{\sum_{i=1}^{n} V_i \times A}{\sum_{i=1}^{n} V_i} \tag{5-23}$$

式中，$\overline{\mathrm{AI}}$ 为集料的整体棱角度属性指数；V_i 为第 i 个集料颗粒的体积；n 为集料颗粒的数量。

构成集料颗粒及表面的离散单元数量获取过程如图 5-35 所示。

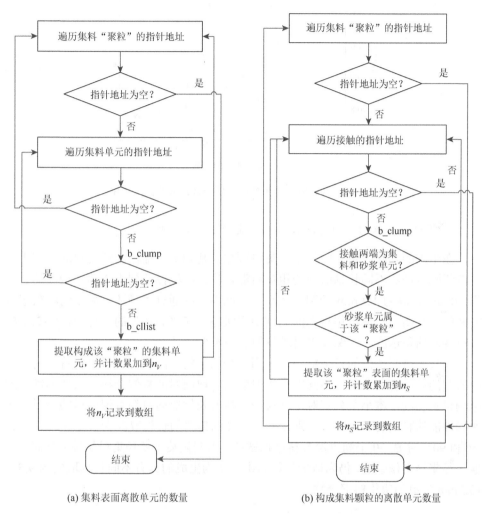

(a) 集料表面离散单元的数量   (b) 构成集料颗粒的离散单元数量

图 5-35　构成集料颗粒及表面的离散单元数量获取过程

分别计算出含有不同棱角度属性集料的沥青混合料中集料的整体棱角度属性，并对沥青混合料试件进行单轴静态蠕变加载，结果如图 5-36 所示。从图中可以看出，随着集料棱角度属性的增大，沥青混合料的高温永久变形性能在不断改善，但改善的程度逐渐减小，集料接近立方体时（AI = 1.24）沥青混合料的轴向变形最小，这与集料选择时要尽量选用形状接近立方体的集料的要求一致。因此，在实际工程中，要尽量选择棱角度属性较好的集料以提高沥青路面的高温抗车辙性能，提高沥青路面的服务质量和延长使用寿命。

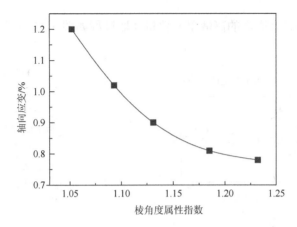

图 5-36　轴向应变随集料棱角度属性指数的变化规律

2. 集料长轴取向对沥青混合料永久变形性能的影响

在生成的具有一定取向的单个集料颗粒的基础上，根据沥青集料的级配生成具有级配特征和不同长轴取向的粗集料混合物，随机投放到由"墙"构成的直径为 100mm、高为 150mm 的圆柱体尺寸空间中，并通过"循环"命令消除粗集料之间的不平衡力，使粗集料之间达到稳定状态。在"循环"的过程中，限制集料颗粒各向的角速度，以保证集料颗粒的取向不变。

在具有级配特征的粗集料中，不同粒径的集料在沥青混合料材料特性的体现中所起的作用有所不同，不同粒径集料的长轴取向对沥青混合料永久变形性能的影响也不相同。本小节分别对不同粒径集料的长轴取向对沥青混合料的高温永久变形性能的影响展开研究，分别改变各粒径的集料的长轴取向为 0°、30°、45°、60° 和 90°，生成 30 个沥青混合料虚拟试件。当变化某一粒径集料长轴取向时，其他粒径集料不做改变，仍为球形集料。图 5-37 为生成的具有不同长轴取向的 9.5～13.2mm 集料的粗集料混合物。

(a) 0°　　　　　　　　　　(b) 30°　　　　　　　　　　(c) 45°

(d) 60°　　　　　　　　　　　　　　　　(e) 90°

图 5-37　具有不同长轴取向的 9.5～13.2mm 集料的粗集料混合物

在已生成的具有级配特征和不同长轴取向的粗集料混合物的基础上，根据已建立的沥青混合料三维离散元虚拟试件的生成方法，生成相应的沥青混合料虚拟试件，并进行单轴静态蠕变虚拟试验，结果如图 5-38 所示。

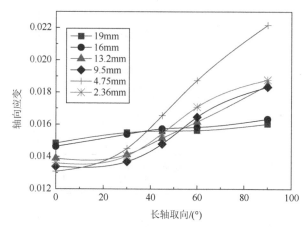

图 5-38　轴向应变随集料长轴取向的变化规律

从图 5-38 可以看出，随着各粒径集料长轴取向的增大，混合料轴向变形逐渐增大，抗车辙性能减弱，其中 19mm 和 16mm 粒径集料的长轴取向影响较小，13.2mm、9.5mm 和 2.36mm 粒径集料的长轴取向影响程度稍大且较为接近，4.75mm 粒径集料的长轴取向影响较为显著。其原因是集料长轴取向较大时，由于荷载的竖直向下作用，集料取向有向水平旋转的趋势，集料的排列不稳定，导致混合料试件的轴向变形较大。当集料的取向趋于水平时，集料的排列相对稳定，混合料试件的轴向变形也相对较小。因此，在沥青路面的碾压过程中，要采用不同种类压路机进行充分的组合碾压，迫使集料排列的取向趋于水平，使沥青路面达到更稳定的状态，提高其抗车辙性能。

3. 集料表面纹理对沥青混合料永久变形性能的影响

根据已建立的沥青混合料三维离散元虚拟试件的生成方法，生成一系列沥青混合料虚拟试件，并对已生成的混合料虚拟试件赋予不同的集料摩擦系数，集料摩擦系数的赋予过程如图 5-39 所示。然后对具有不同集料摩擦系数的混合料虚拟试件进行单轴静态蠕变虚拟试验，所得结果如图 5-40 所示。

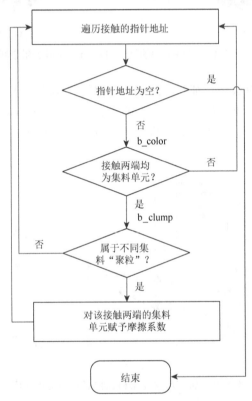

图 5-39　集料摩擦系数的赋予过程

从图 5-40 可以看出，随着集料摩擦系数的增大，即随着集料表面纹理的改善，沥青混合料抗永久变形性能变好，但改善的程度减弱。因此，实际工程中应使用纹理较好的集料，以改善混合料的永久变形性能，提高沥青路面的服务质量和延长使用寿命。

5.3.3　空隙结构特征影响性分析

沥青混合料是由粗集料、沥青砂浆及空隙三相材料结构复合而成的，空隙结

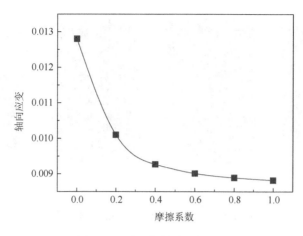

图 5-40　不同集料纹理的影响

构作为沥青混合料的结构组成之一与混合料的材料性能有着密不可分的联系，尤其是混合料的高温永久变形性能。以往的研究中对最佳空隙率大小的研究比较多，而对空隙的具体细观结构与沥青混合料材料性能的关系涉及较少。本小节主要从单个空隙大小、空隙的空间分布及空隙的取向几个方面研究空隙的细观结构对沥青混合料的永久变形性能的影响。

1. 单个空隙体积对沥青混合料永久变形性能的影响

本小节在研究单个空隙大小的影响时，为了更准确地体现单个空隙体积的变化，生成虚拟试件采用 0.5mm 较小半径的离散单元。由于离散单元半径较小，考虑到计算效率问题，生成直径为 40mm、高为 60mm 的较小体积的圆柱体虚拟试件，以减小计算量。

生成含有不同单个空隙体积的沥青混合料虚拟试件过程如下：首先根据集料的体积分数，级配生成粗集料单元，然后在粗集料单元间隙中填充总体积相同而半径不同的空隙球单元，接着在试件尺寸空间内填充规则排列的半径为 0.5mm 的离散单元，逐一判断离散单元与粗集料单元和空隙球单元的位置关系，若与粗集料单元发生重叠则视为粗集料结构，若与空隙球单元发生重叠则视为空隙结构，最后删除原空隙单元和新空隙单元。生成的空隙率相同且单个空隙大小不同的空隙如图 5-41 所示，图中 D 为单个空隙直径。

对具有相同空隙率且单个空隙大小不同的沥青混合料虚拟试件进行单轴静态蠕变试验，所得结果如图 5-42 所示。从图中可以看出，在沥青混合料整体空隙率相同的条件下，随着单个空隙的增大，沥青混合料试件的轴向应变也增大，且增大的幅度越来越大。由此说明，在沥青混合料内部其他细观结构相同时，单个空

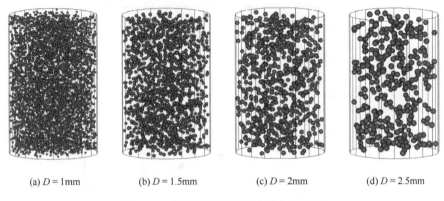

(a) D = 1mm　　　　(b) D = 1.5mm　　　　(c) D = 2mm　　　　(d) D = 2.5mm

图 5-41　不同单个体积大小的空隙结构

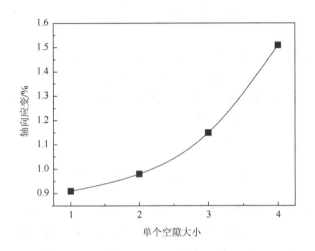

图 5-42　轴向应变随单个空隙体积的变化规律

隙大小对沥青混合料的高温永久变形性能的影响是不可忽略的。上述结论可以在一定程度上揭示以往研究中所遇到的一些问题，例如，在沥青混合料试验中，在同一批平行试件中，采用不同产地的集料，会导致试验结果的变异性较大，试验数据不可用。产生这种现象的原因除了混合料试件本身材料的变异性外，还可能是不同料源的集料的细观结构（形状、棱角度属性、表面纹理等）有较大差别导致试件成型时产生的单个空隙的大小不同，从而导致试验结果的变异性较大。因此，在进行混合料试验中，平行试件要严格采用同种沥青胶结料、同一料源的集料，以避免产生上述问题。在实际工程中，要在材料选择、拌和及摊铺环节中严格把关，使摊铺碾压后沥青路面内部能形成较小的单个空隙，以提高沥青路面的高温变形性能。

2. 空隙分布对沥青混合料永久变形性能的影响

在沥青混合料室内试验中，混合料的拌和不均会导致粗集料的分布不均，成型后的混合料试件内部空隙分布会产生差异，不同成型方法也会导致试件内部空隙分布的不同。在实际工程中，同样可能会因为混合料的拌和不均及摊铺时粗集料的离析现象导致沥青路面内部空隙分布不均现象。空隙是沥青混合料内部细观结构的重要组成部分，空隙的分布必然会影响混合料的材料力学特性。本小节将针对空隙分布对沥青混合料的高温永久变形性能的影响展开研究。

本小节的研究思路如下：①生成边长为 9cm 的 AC-20 沥青混合料立方体虚拟试件；②按划分方式将试件沿横向和纵向平均分为三个区域，在不同区域中随机删除一定数量的沥青砂浆单元，形成不同的空隙率（表 5-5）；③对已生成的不同空隙率分布的混合料试件进行虚拟单轴静态蠕变试验。

表 5-5　不同区域的集料体积比例分配

方向	区域	各区域空隙率/%		
		Ⅰ	Ⅱ	Ⅲ
横向划分	1#	2	8	2
	2#	5	2	5
	3#	1	4	7
纵向划分	1#	2	8	2
	2#	5	2	5
	3#	1	4	7

生成的不同横向和纵向的空隙分布如图 5-43 和图 5-44 所示。根据已建立的沥青混合料三维离散元虚拟试件的生成方法，生成相应沥青混合料虚拟试件，对其进行虚拟单轴静态蠕变试验，并与空隙呈均匀分布条件下的虚拟试验结果进行比较，如图 5-45 所示。

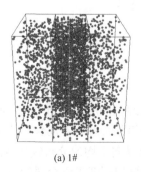 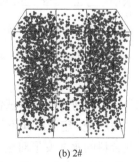 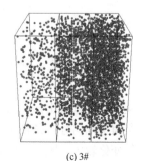

(a) 1#　　　　　　　　　(b) 2#　　　　　　　　　(c) 3#

图 5-43　空隙横向不均匀分布形态

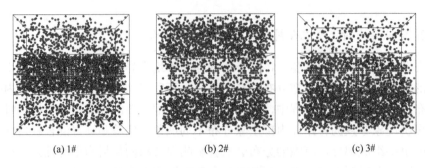

(a) 1#　　　　　　　(b) 2#　　　　　　　(c) 3#

图 5-44　空隙纵向不均匀分布形态

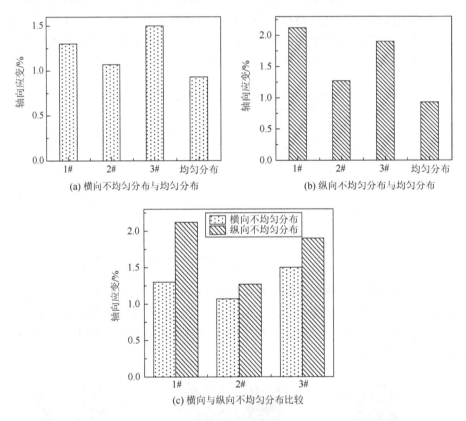

图 5-45　空隙不均匀分布与均匀分布情况下混合料的轴向应变

从图中可以看出，不同空隙分布的沥青混合料试件的轴向应变有所不同，但都大于空隙呈均匀分布条件下的轴向应变，空隙纵向不均匀分布时沥青混合料的轴向应变的变化较大。因此，沥青混合料的永久变形对空隙纵向不均匀分布较为敏感。由上述结论可知，在实际工程中要在拌和与摊铺环节严格控制沥青混合料的材料均匀性，使混合料内部的空隙分布达到相对均匀的状态，尤其是沿路面深度方向上空隙分布的均匀性，以增强沥青路面的抗车辙性能，提高服务质量和延长使用寿命。

3. 空隙取向对沥青混合料永久变形性能的影响

空隙取向的定义与集料取向的定义类似，为空隙轮廓的最长尺度的方向。在沥青混合料中，集料的细观结构的差异以及试件成型方式的不同会导致空隙取向的不同，不同的空隙取向会影响混合料内部的力学特性，从而使混合料表现出不同的材料特性。本小节即对空隙取向对沥青混合料的高温永久变形性能的影响进行分析。

通过沿某一方向连续删除若干沥青混合料虚拟试件中沥青砂浆单元，形成具有一定取向的空隙结构。鉴于建立的沥青混合料虚拟试件中离散单元排列方式为规则的矩形排列方式，在此研究中仅沿横向和纵向连续删除一定数量的沥青砂浆单元形成与 *XOZ* 平面平行且与 *X* 轴夹角分别为 0° 和 90° 的空隙结构，连续删除的沥青砂浆数量可以反映空隙结构的形状特征。为了描述的方便，定义空隙等效椭圆的长轴与短轴的比值为空隙结构的细长指数，如式（5-24）所示。连续删除的数量越多，细长指数越大，空隙结构越细长。

$$e = b / a \tag{5-24}$$

式中，e 为空隙的细长指数；b 为空隙等效椭圆的长轴长度；a 为空隙等效椭圆的短轴长度。

根据已建立的沥青混合料三维离散元虚拟试件的生成方法，生成沥青混合料虚拟试件，然后在此基础上沿不同方向随机删除一定数量的沥青砂浆单元形成具有一定取向的空隙结构（见图 5-46），从而形成具有不同空隙取向的沥青混合料虚拟试件，并对其进行虚拟单轴静态蠕变试验，结果如图 5-47 所示。

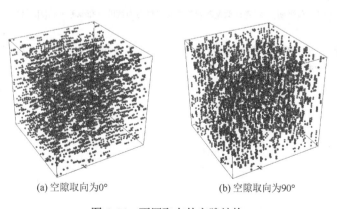

(a) 空隙取向为0°　　　　　　　　(b) 空隙取向为90°

图 5-46　不同取向的空隙结构

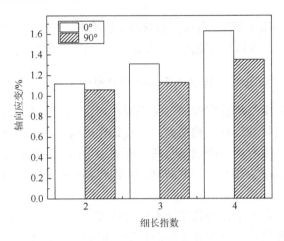

图 5-47　不同空隙取向和细长指数下的混合料轴向应变

　　从图 5-47 中可以看出,当空隙取向为 0°时沥青混合料试件的轴向应变要大于空隙取向为 90°时试件的轴向应变,且空隙结构越细长,轴向应变的差异越大。由此可知,沿着空隙取向的方向进行加载可以得到较小的轴向应变。

参 考 文 献

[1]　Yu B, Gu X Y, Ni F J, et al. Microstructure characterization of cold in-place recycled asphalt mixtures by X-ray computed tomography[J]. Construction and Building Materials, 2018, 171: 969-976.

[2]　徐慧宁, 石浩, 谭忆秋. 沥青混合料三维空隙形态特征评价方法及分析[J]. 中国公路学报, 2020, 33(10): 210-220.

[3]　Fu J, Yang Y Q, Zhang X Q, et al. Different strain distributions of cement-emulsified asphalt concrete pavement between the macro- and meso-scale[J]. Road Materials and Pavement Design, 2018, 19(2): 470-483.

[4]　牛冬瑜, 谢希望, 牛艳辉, 等. 粗集料接触参数对沥青混合料损伤演化的影响[J]. 中国公路学报, 2020, 33(10): 201-209.

[5]　常明丰, 裴建中, 黄平明, 等. 考虑级配颗粒物质间接触力力链的分布概率分析[J]. 材料导报, 2018, 32(20): 3618-3622.

[6]　李智, 王子硕, 邓志刚, 等. 沥青混合料三维仿真设计及虚拟剪切试验研究[J]. 同济大学学报 (自然科学版), 2018, 46(8): 1049-1056.

第6章 基于离散颗粒流的胶粉改性沥青混合料断裂研究

作为沥青路面的主要病害之一，沥青路面开裂问题也是各种行业普遍关注的热点问题。沥青路面抗裂性能的不足不仅导致其建造维护成本的上升，降低其长期服役性能，也直接影响车辆路面行驶安全，给人员带来极大的安全隐患。在低温下，沥青混合料一般可看成准脆性材料，而在中温下，其具有黏弹特性，但相较于金属、纤维等简单材料，由于其具有骨料、空隙、沥青的三相不均匀结构，其断裂机制一直是较为复杂的难题。其成因复杂，形式多样，不仅受到当地气候与交通量的影响，也与材料组成与性能相关，包括级配组成、沥青黏附性能、空隙分布、集料强度等，也给沥青路面开裂的前期预测评价与后期养护管理带来一定挑战。按照荷载形式，断裂问题一般分为Ⅰ型（张开型）、Ⅱ型（剪切型）和Ⅲ型（复合型）断裂。在沥青路面服役过程中，路面内部在车辆荷载作用下以受张拉作用为主，故在沥青路面的研究中，Ⅰ型断裂是最为常见的病害现象，也成为研究者关注的重点问题。作为一种可再生循环的使用方式，将废旧轮胎制备成胶粉颗粒添加在基质沥青中，不仅可以有效解决因轮胎废弃所带来的污染问题，同时也可以提高沥青路面抗开裂性能。由于集料、空隙等额外因素的影响，实际胶粉对于沥青混合料抗裂机制的提升作用并未完全揭示。本章通过相关室内试验的设计与离散元仿真，获取相关微观接触参数，完成宏观-细观参数推导；通过数值计算深入揭示胶粉颗粒与沥青作用机制，从细观层面解释胶粉颗粒对于沥青及沥青混合料断裂性能的影响。

6.1 室内断裂试验设计

6.1.1 胶粉改性沥青断裂试验

本节重点进行胶粉改性沥青断裂性能数值模拟研究，基于 Mizzou 沥青断裂试验，提出一种以随机胶粉颗粒与不均匀系数赋参相结合的胶粉改性沥青数值建模方法，实现胶粉与沥青颗粒之间相互作用的直接模拟；从细观和宏观层面深入分析胶粉颗粒对于沥青胶结料的抗裂增韧机制，详细阐明宏观断裂行为曲线下材料内部颗粒相互作用规律，为胶粉改性沥青实际推广使用提供理论支撑。

在沥青低温断裂的评价上，常用的 PG 分级方法仍显不足[1]，主要体现在：①在低温弯曲梁流变试验中，虽然蠕变劲度 S 以及蠕变速率 m 可以表征沥青胶结料在低温下抵抗变形的能力，但是由于其本身是无损试验，240s 加载中 BBR 试样并没有产生断裂破坏现象，所以这些 BBR 试验指标仅仅从侧面反映沥青胶结料低温抵抗变形能力，而非抵抗开裂能力。②直接拉伸试验以失效应变作为低温抗开裂的评价指标，但是一般而言，低温下基质沥青为脆性断裂，断裂失效曲线平直；而各种改性沥青大部分呈现韧性断裂形式，断裂失效曲线具有明显峰值点以及 pre-peak、post-peak 响应。所以即使最终失效应变相似，但失效断裂过程会根据沥青胶结料的种类差异而具有明显差别。因此，同样的失效应变结果并不能完全说明低温下沥青胶结料断裂性能一样，仅用直接拉伸试验内最终的失效应变作为唯一评价指标仍有待商榷。

同样的问题也出现在本章研究所选取的胶粉改性沥青中。如图 6-1 和图 6-2 所示，选择三种不同来源的 PG64-22 基质沥青，分别记为 IL_64-22、MO_STL_64-22 以及 GA_64-22，添加胶粉颗粒并进行 PG 分级测试。由图 6-1 可知，添加 10%左右的胶粉颗粒能够显著提高原样沥青胶结料的高温性能等级，一般高温等级能提高 2 个 PG 等级。而反观图 6-2 中的性能测试数据，虽然根据 BBR 试验指标，胶粉改性沥青的低温抵抗变形能力增强，但是依照 PG 分级规范，所选取的三种基质沥青以及在其内添加 10%胶粉后的改性沥青，其低温等级并未发生明显改善。胶粉改性沥青能够显著提高基质沥青的高低温性能，而结合图 6-1 和图 6-2 中的数据分析可知，PG 分级规范内针对胶粉改性沥青高温性能的测试评价相对可靠，能够反映胶粉改善高温性能的作用，而低温性能尤其是低温抗开裂性能指标仍显不足。如何评价沥青胶结料尤其是胶粉改性沥青的低温抗裂性能，是 Mizzou 沥青断裂试验设计、建立的目的与后期数值仿真试验的研究意义。

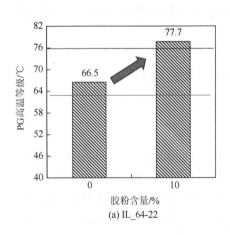

(a) IL_64-22

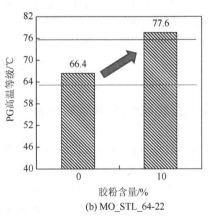

(b) MO_STL_64-22

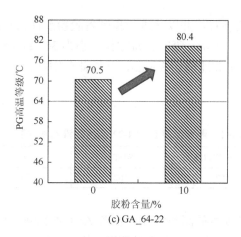

(c) GA_64-22

图 6-1　三种胶粉改性沥青 PG 高温等级

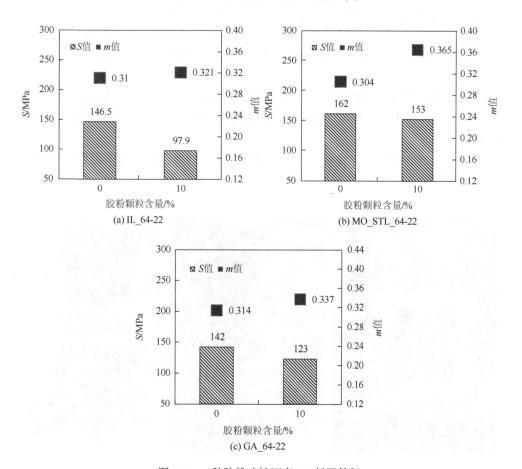

(a) IL_64-22　　　　　　　　　　　　(b) MO_STL_64-22

(c) GA_64-22

图 6-2　三种胶粉改性沥青 PG 低温等级

选取 PG64-22 基质沥青，并以此进一步制备胶粉改性沥青，所选取的基质沥青部分性能数据如表 6-1 所示。废旧胶粉颗粒大小为 30 目，将这些胶粉颗粒掺入基质沥青中，在 176℃下高速剪切 30min，并以此分别制备胶粉掺量为 8%、10% 和 12%的改性沥青。

表 6-1　断裂试验 IL_64-22 基质沥青基本性能

黏度(135℃)/(Pa·s)	黏度(165℃)/(Pa·s)	S/MPa	m	PG 高温等级/℃
0.084	0.023	162	0.304	66.5

为了研究胶粉改性沥青的断裂特性，参考 ASTM E399 金属断裂韧性计算规范，选择如图 6-3 所示的试样形式并制备相关模具，模具具体尺寸为 145mm× 139.2mm×40mm，在模具中开挖两个圆孔用于安装加载装置牵引棒，同时预留一条预制裂缝区域用于试件韧带区域和预制裂缝成型。具体试件成型制备方式如下：

（1）将高温下剪切制备的胶粉改性沥青倒入模具内，在室温下冷却至少 90min；

（2）将模具以及浇筑的试件一起放入制冷设备中，在–15℃下静置 30min；

（3）将试件快速脱模，并在裂缝口胶黏 2 个标点模块，用于后期控制 CMOD 速率；

（4）将试件放置于加载设备内，在加载设备内根据 PG 分级低温性能设定温度并静置 2h。

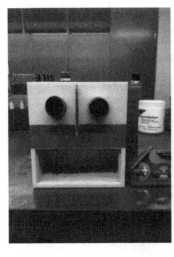

图 6-3　Mizzou 沥青断裂性能试验试件制备

Mizzou 沥青断裂试验加载设备如图 6-4 所示，采用与 DC(T)相同的加载仪器。在设备内，可以直接实现低温控制，软件内可实现加载模式、数据读取存储等控制。在试验过程中设置室内试验数据读取的频率均为 40Hz，在试验加载中，如图 6-4 所示，采用 CMOD 速率控制，而非 LLD 控制，加载速率为 CMOD-0.2mm/min，最终试验测试温度为–12℃，具体试验加载以及试件破坏过程如图 6-5 所示。

图 6-4　Mizzou 沥青断裂性能试验设备与加载

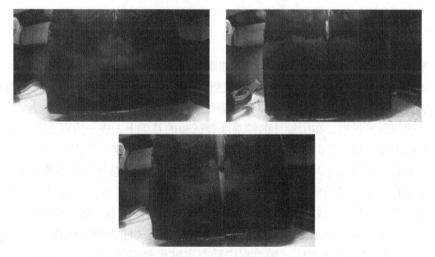

图 6-5　低温下沥青试件加载至破坏

在 Mizzou 沥青断裂试验中，记录 LOAD-CMOD 曲线并按照曲线包络面积计算低温下胶粉改性沥青断裂能。改性沥青低温下断裂曲线特征具有峰值点以及 pre-peak 和 post-peak 行为，具体数值计算输出按照式（6-1）～式（6-4）进行。断裂能表征的是低温下单位面积裂纹扩展所需的能量，断裂能越高表明沥青胶结料抵抗低温断裂的能力越强。与此同时，pre-peak 行为与 post-peak 行为也能从侧面反映沥青胶结料的性质，pre-peak 斜率行为表征沥青胶结料的刚度，post-peak

行为表征沥青胶结料的断裂扩展行为。

$$Y_i = a_0 + a_1 \cdot X_i \qquad (6\text{-}1)$$

式中，Y_i 为 CMOD 原始输出数据（mm）；X_i 为测试时间（s）；a_0、a_1 为回归方程系数。

$$\text{CMOD}_{\text{fit}} = \alpha_1 \cdot \text{Time} \qquad (6\text{-}2)$$

式中，CMOD_{fit} 为平滑后的 CMOD 数据（mm）；α_1 为斜率（mm/s）；Time 等于式（6-1）中的测试时间 X_i。

$$\text{AREA} = \sum_{i=1}^{n} (x_{i+1} - x_i) \cdot y_i + 0.5(x_{i+1} - x_i) \cdot (y_{i+1} - y_i) \qquad (6\text{-}3)$$

式中，AREA 为 load-CMOD_{fit} 曲线下包络的面积；x 等于 CMOD_{fit}；y 为加载力（kN）；n 为数据采样点，每隔 0.1kN 采样一次。

$$G_f = \frac{\text{AREA}}{B \cdot (W - a)} \qquad (6\text{-}4)$$

式中，G_f 为断裂能（J/m^2）；AREA 为 load-CMOD_{fit} 曲线下包络的面积；B 为试件厚度（m）；$W\!-\!a$ 为初始韧带区长度（m）。

6.1.2　胶粉改性沥青砂浆断裂试验

　　本节重点开展胶粉改性沥青砂浆细观断裂试验设计与数值模拟工作，基于 SEM-SERVOPLUS 设备，开发沥青砂浆细观断裂试验模式。设计实现沥青类材料断裂试验加载的同时，针对微断裂和微损伤进行实时、动态监控，且微裂纹识别探测精度达到微米级别。在所设计的细观断裂试验的基础上，进一步在离散元内开展相关数值模拟工作，详细阐述胶粉对于沥青砂浆断裂性能提升的内在机制。结合开发的细观断裂试验设计与数值模拟，将沥青类材料断裂问题推向更小的研究尺度。本节主要介绍开发试验所基于的 SEM-SERVOPLUS 设备、模具优化设计方法和相关材料预处理流程，以成功的纤维断裂试验为参照，阐述本章设计工作的现实依据。

　　如图 6-6 所示，SEM-SERVOPLUS 为日本岛津公司生产的带扫描电子显微镜的疲劳试验机，用于在疲劳试验过程中动态实时观测样品表面的微观破坏，可进行拉-拉、拉-压和三点弯曲疲劳试验等。SEM-SERVOPLUS 中，电子显微镜 SEM 与试验机采用一体化结构，具有高防振效果，可以在利用 SEM 观察的同时，进行裂纹扩展观察试验，重复向样品加载。试验过程中可以使 SEM 的视野与样品的变形同步，同时 SEM-SERVOPLUS 具有便捷的人机交互软件程序，如图 6-6（b）所示。其可以实现加载模式、数据分析和形态观测等多项功能。其具体参数：试验荷载为±5kN，最大位移为±10mm，试验温度为室温～800℃，SEM 分辨率为 3.4nm，放大倍率为 20 万～30 万倍，观测范围 6～16mm。SEM-SERVOPLUS 的加载设备如图 6-6（c）所示，采用楔形夹头安装试样，并用螺栓拧紧固定。当试样安装于楔形夹头后，将加载设备缓慢送入 SEM 真空室。在实际加载开始前，系统默认需要真空室内真空度达到要求，各项试验操作设置方可生效进行，否则仪器将报错。

(a) 整体设备

(b) 软件分析程序

(c) SEM 与传动设备

(d) 楔形夹头

图 6-6　SEM-SERVOPLUS 设备软件、硬件

　　参考玄武岩纤维微观测试试验，若将胶粉改性沥青混合料应用于 SEM-SERVOPLUS 下，需要面临几个困难的问题：①传统的沥青混合料尺寸较大，为典型的非均质材料，无法适用于 SEM-SERVOPLUS 有限的测试空间内，在进行测试时需要减小尺寸，然而若减小尺寸，由于沥青混合料包含集料、沥青、空隙三相组成，在细观试件成型切割上较为不易；②SEM-SERVOPLUS 为真空操作试验环境，对试样含水率等指标要求极高，且由于 SEM 观测镜头精度极高，其实际观测范围相比于真实的试件尺寸非常小，所以如何优化试件制备流程以及尺寸设计相当重要，既能满足 SEM-SERVOPLUS 真空要求，也能便捷捕捉微裂纹形态；③由于 SEM-SERVOPLUS 加载设备为金属夹头，沥青混合料试验无法直接固定于加载设备，需要重新设计固定于加载设备上的模具。

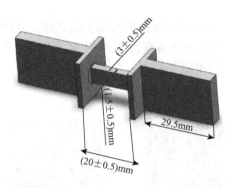

图 6-7　胶粉改性沥青砂浆 I 型断裂试件、模具尺寸设计

　　由于传统沥青混合料内大部分集料颗粒自身尺寸已经超过了 SEM-SERVOPLUS 的限制，所以针对沥青混合料采用降尺度方法。基于胶粉改性沥青砂浆展开细观断裂试验试样的设计，具体如图 6-7 所示。胶粉改性沥青砂浆尺寸设计主要考虑三部分因素，分别是：①由于 SEM-SERVOPLUS 的加载设备沿着拉压方向存在位移的上下限值，故根据此上下限值确定胶粉改性沥青砂浆试样的长度，不仅使得砂浆试样方便安装，也能在加载设备位移上限值前断裂；②由于 SEM 镜头最小放大倍数下其真实观测的区域尺寸有限，根据最小放大倍数下实际观测区域大小确定砂浆试样的宽度，确定宽度的原因是在 SEM-SERVOPLUS 加载的同时，保证 SEM 镜头能够捕捉整个截面形态，从而更好地探究微裂纹扩展演化机制和规律；③根据 SEM-SERVOPLUS 真空操作的要求，确定胶粉改性沥青砂浆的厚度。砂浆尺寸若太薄，会使得安装过程中直接发生提前破坏，砂浆尺寸若太厚，试样整体含水量上升，SEM-SERVOPLUS 内真空要求难以达到指定要求，无法进行微观观测。同时由于 SEM-SERVOPLUS 内加载设备与 SEM 镜头距离较小，若试样太厚，会使得加载传动设备部分碰触 SEM 镜头，造成设备损坏。根据以上思路，本章研究通过大量的尝试性试验，最终得到最佳的试样尺寸，如图 6-7 所示。

　　同时为了便于加载，在左右两侧设计两款模具以供砂浆试样固定，模具的设计与安装具体如图 6-8 所示。该模具的设计是因为 SEM-SERVOPLUS 原样夹具为楔形夹头，直接夹住胶粉改性沥青砂浆试件极易发生剪切破坏，需要通过固定在自行设计的金属模具上以避免与原样金属夹头直接接触。在自行设计的模具中心开有厚度为 1mm 的圆孔，用于后期环氧树脂胶水固定胶粉改性沥青砂浆试件。

　　在实验室内根据沥青混合料试件的级配成型相对应的胶粉改性沥青砂浆试件，具体级配如图 6-9 所示。沥青混合料采用 AC-13，油石比为 5.2%，沥青采用 70#沥青。沥青的基本属性根据《公路工程沥青及沥青混合料试验规程》（JTG E20—2011）进行测试并汇总于表 6-2 中。将尺寸小于 2.36mm 以下的颗粒作为沥青砂浆，并通过相关换算，抛去 AC-13 沥青混合料内的粗骨料，获得实际 AC-13 沥青混合料

图 6-8　固定模具底座与安装

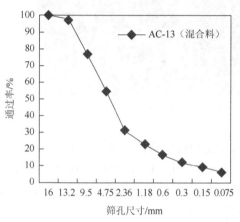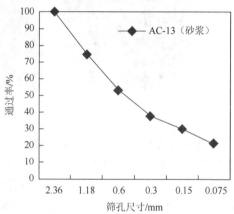

图 6-9　沥青砂浆级配设计

内砂浆的颗粒级配与沥青含量。胶粉颗粒采用 30 目大小，并采用湿法制备工艺成型最终的胶粉改性沥青砂浆试件。

表 6-2　70#沥青基本属性

材料	针入度/(0.1mm)	软化点/℃	延度(10℃)/cm	延度(15℃)/cm	弹性恢复/%	黏度(60℃)/(Pa·s)
基质沥青	70.3	46.2	26.2	>150	12	283
要求值	60~80	>45	>20	>40	—	>160
规范编号	T0604—2011	T0606—2011	T0605—2011	T0605—2011	T0662—2000	T0625—2011

如图 6-10 所示，将沥青砂浆细集料颗粒、沥青、胶粉充分拌和并碾压成型。按照图 6-10 所设计的试样尺寸进行切割，采用微型石料切割机 DK7735 完成切割操作。切割过程中尽量保证表面平整，同时在胶粉改性沥青砂浆底部预制一条 1.5mm 的裂缝，并保留 4.5mm 的韧带区域。胶粉改性沥青砂浆切割完成后，首先静置一天，以尽量排除切割过程中浇水带来含水率偏高的影响，然后将试样放置

于真空干燥箱中，中温下干燥 24 小时，以进一步干燥试件并排除试件内部水分，这项操作流程是胶粉改性沥青砂浆应用于 SEM-SERVOPLUS 内试验的必备流程。通过此操作可以确保试样达到指定的干燥度要求，以满足真空下观测需要。

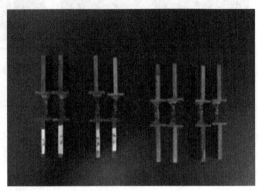

图 6-10　胶粉改性沥青砂浆试样制备

当胶粉改性沥青砂浆干燥完成后，需要在加载安装前进行喷金操作。在胶粉改性沥青砂浆表面通过专用试验预处理设备喷洒一层薄薄的金粉，以强化 SEM 背射电子、二次电子与试样表面的交互作用，增强导电性，该操作可进一步提高后期 SEM 扫描观测下的砂浆微表面形态的清晰度。

6.1.3　胶粉改性沥青混合料断裂试验

经过多年的发展，沥青混合料断裂性能测试逐步演化出众多方法[2, 3]，其中以 DC(T)、I-FIT 和 IDEAL-CT 试验应用较为广泛。然而相关学者研究发现，在改性沥青混合料的断裂测试评价中，这三种试验的结果并不完全相符。如何可靠地分析和评价沥青混合料的断裂性能，是需要进一步深入研究的问题。

本节重点开展胶粉改性沥青混合料的数值模拟研究。基于 DC(T)、I-FIT 和 IDEAL-CT 试验进行相关仿真评价，同时针对这三种断裂性能试验的可靠性进行分析。通过成型不同胶粉掺量下的沥青混合料和相同胶粉掺量下不同细观结构的沥青混合料数值模型，分别进行 DC(T)、I-FIT 和 IDEAL-CT 数值模拟试验，以评价三种断裂性能试验的可靠性。在此基础上，分析界面黏结强度和空隙率等细观结构组成对沥青混合料断裂性能的影响。DC(T)、I-FIT 和 IDEAL-CT 试验是目前美国应用较为广泛的沥青混合料断裂性能试验方法。如图 6-11 所示为这三种主流的沥青混合料断裂性能试验的测试方法与相关设备。三种测试方法总体思路基本一致，测试结果的断裂曲线也具有相似的形式，都具有 pre-peak、peak-load 和 post-peak 特征，仅仅是级别大小差异。这种差异主要是由试验加载工况、断裂模式、试件样式尺寸和测试温度的差异导致的。三种断裂性能试验均采用断裂能或失效能作为直接或者间接的评价指标，并由此发展出一些断裂行为曲线指标评价公式。采用胶粉改性沥青为基本材料，基于 DC(T)、I-FIT 和 IDEAL-CT 断裂试验开展对应的数值模拟。在混合料级别评价胶粉改性沥青混合料的抗裂性，同时对比评估三种沥青混合料断裂性能试验的实用性和可靠性。

图 6-11　DC(T)、I-FIT、IDEAL-CT 断裂试验

从断裂模式角度分析，DC(T)、I-FIT 和 IDEAL-CT 试验具有明显差别，DC(T)试验中，加载传动设备安置于沥青混合料两侧圆孔内，中间设有预制裂缝。试验开始时，在牵引设备的引导下，试件受沿着垂直于预制裂缝方向的拉力作用并最终导致预制裂缝逐步扩展直至试件断裂。DC(T)试验为标准的 I 型断裂张拉模式，且为直接拉伸。I-FIT 试验与 IDEAL-CT 试验同常规劈裂试验一样均为间接拉伸，其中 I-FIT 试验为半圆加载，半圆试件底部预制有裂缝，而 IDEAL-CT 试验为全圆试样，无任何预制裂缝。加载时，两个试验均将按照规范制备好的试件固定于加载台上，在各自试件顶部施加荷载，使得 I-FIT 试件底部和 IDEAL-CT 试件中部受张拉作用而产生破坏断裂。虽然在破坏模式上也是以张拉破坏为主，但是沿着沥青混合料断裂路径顶部和底部均受到加载头的影响。当裂尖扩展到一定位置时，会在一定程度上受到加载头加载作用的影响。而 DC(T)断裂试验在裂纹扩展路径方向无加载头的影响，仅在预制裂缝两侧受到加载作用效应，裂尖扩展为纯张拉作用，无任何加载头附带效应。

从试验工况的角度来对比分析，DC(T)试验测试温度根据规范要求，采用沥青胶结料 PG 低温等级加 10℃，而 I-FIT 与 IDEAL-CT 试验均为 25℃。从加载模式上分析，在 DC(T)预制裂纹处，安装有夹式引伸计，并与传动设备相连，加载时控制两侧 LLD 设备，使得预制裂缝处的 CMOD 速率稳定在 0.017mm/s，保持 CMOD 速率均匀是为了在低温下裂尖匀速扩张，稳定获得单位新表面张开面积而消耗的能量，即断裂能。经室内试验测试发现，当按照 CMOD-0.017mm/s 控制 DC(T)试验进程时，实际 LLD 速率并非匀速，而是逐渐衰减。I-FIT 试验与 IDEAL-CT 试验均采用试件顶部 LLD 速率控制，保持加载速率在 50mm/min，这是由于测试温度的差异，使得这两种试验加载速率的选择远大于 DC(T)试验。总结下来，三种试验最大的差别还是在于加载模式，分为 CMOD 速率控制和 LLD 速率控制。从试件尺寸来分析，三种试验的试件成型均为 Superpave 旋转压实仪成型后进行切割的相关试件。DC(T)和 I-FIT 试件厚度均为 50mm，IDEAL-CT 试件厚度为 62mm。从预制裂纹长度以及韧带区域长度对比来分析，DC(T)预制裂缝长度为 62.5mm，韧带区长度为 83.5mm；I-FIT 试验预制裂缝长度为 15mm，韧带区长度为 60mm；IDEAL-CT 试验无预制裂缝和韧带区。综上，相比于 I-FIT 试验，DC(T)试验留有更长的韧带区以给预制裂缝进行充分扩展。

　　虽然试件尺寸、测试工况与断裂模式具有一定的差别，但是 DC(T)、I-FIT 和 IDEAL-CT 试验所获得的沥青混合料断裂性能曲线具有相似特性。它们均根据 Load-CMOD 和 Load-LLD 曲线下包络的面积、试件厚度与韧带区长度等计算断裂能（DC(T)、I-FIT）或者失效能（IDEAL-CT）。虽然在断裂曲线拟合计算面积的方法上具有些许差别，但是其本质思想保持一致。DC(T)试验直接采用断裂能作为沥青混合料低温下抗裂性能的评价指标，其具体计算原理及相关公式见式（6-1）～式（6-4）；I-FIT 试验通过对 pre-peak 和 post-peak 区域的两条曲线进行分段拟合计算中温下的断裂能，具体见式（6-5）～式（6-8）。在断裂能的基础上，I-FIT 试验通过求取 post-peak 区域拐点斜率 m 的绝对值进一步提出 Flexibility Index(FI)来评价沥青混合料的断裂性能，如式（6-9）所示。由该式可见 FI 的基本思想，其结合了断裂能大小与 post-peak 行为特征来共同评价抗裂性能。断裂能越大，抗裂性能越好，post-peak 拐点斜率绝对值越低，从数学曲线形式来分析，沥青混合料断裂前最大塑性位移越大，post-peak 行为越好，故综合而言，FI 值也就越大，这也是式（6-9）的本质含义。

　　I-FIT 试验：

$$P_1(u) = c_1 \times u^3 + c_2 \times u^2 + c_3 \times u + c_4 \qquad (6-5)$$

式中，c 为多项式系数。

$$P_2(u) = \sum_{i=1}^{n} d_i \exp\left(-\left(\frac{u - e_i}{f_i}\right)^2\right) \qquad (6-6)$$

式中，d、e、f 是多项式系数；n 是多项式个数。

$$W_f = \int_0^{u_o} P_1(u)\mathrm{d}u + \int_{u_o}^{u_{\text{final}}} P_2(u)\mathrm{d}u \qquad (6-7)$$

式中，u_{final} 为加载力衰减到 0.1kN 时的位移。

$$G_f = \frac{W_f}{\text{Area}_{\text{lig}}} \times 10^6 \qquad (6\text{-}8)$$

式中，G_f 为断裂能（J/m²）。

$$\text{FI} = \frac{G_f}{|m|} \times A \qquad (6\text{-}9)$$

式中，G_f 是断裂能（J/m²）；$|m|$ 是 post-peak 区域拐点斜率的绝对值；A 是应对单位转换与收缩的相关系数。

IDEAL-CT 试验采用式（6-10）的形式计算断裂曲线下的失效能，并按照式（6-12）计算断裂指数 CT_{index}。式（6-12）中的前两项为试件尺寸影响因素，最后一项与 I-FIT 试验类似，采用 peak-load 后 75% load 处的斜率作为计算指标之一。该处的斜率同 FI 中的拐点斜率一样，用以说明 post-peak 后的曲线行为特征优劣。

IDEAL-CT 试验：

$$W_f = \sum_{i=1}^{n-1} \left((l_{i+1} - l_i) \times P_i + \frac{1}{2} \times (l_{i+1} - l_i) \times (P_{i+1} - P_i) \right) \qquad (6\text{-}10)$$

式中，W_f 为失效做功（J）；P_i 为第 i 个加载步施加的荷载（kN）；P_{i+1} 为第 $i+1$ 个加载步施加的荷载（kN）；l_i 为第 i 个加载步 LLD 位移（mm）；l_{i+1} 为第 $i+1$ 个加载步 LLD 位移（mm）。

$$G_f = \frac{W_f}{D \times t} \times 10^6 \qquad (6\text{-}11)$$

式中，D 为试件直径（mm）；t 为试件厚度（mm）。

$$\text{CT}_{\text{index}} = \frac{t}{62} \times \frac{l_{75}}{D} \times \frac{G_f}{|m_{75}|} \times 10^6 \qquad (6\text{-}12)$$

式中，CT_{index} 为断裂指数；$|m_{75}|$ 为 post-peak 后位移 75%处的斜率；l_{75} 为峰值后 75%位移（mm）；D 为试件直径（mm）；t 为试件厚度（mm）。

6.2　胶粉改性沥青及混合料数值成型方法

6.2.1　边缘识别分水岭算法

在对沥青混合料进行离散元数值建模前，需要针对 CT 扫描的沥青混合料截面图像进行识别与处理，为实际建模提供形态基础信息。在沥青混合料的图像处理中，最棘手的问题在于颗粒边缘识别以及分割，因为在实际的沥青混合料 CT 扫描图像中，存在一部分颗粒互相接触的现象，且接触点两侧颗粒密度差别较小，使得图像最终呈现的接触颗粒差别较小。如何识别并切割实际沥青混合料 CT 图像内的集料颗粒是后期离散元软件内数值成型准确性的重要保障。可采用边缘识别的分水岭算法，通过代码逻辑在 MATLAB 内实现 CT 图像预处理，并最终导入离散元软件内成型与实际形态高度一致的数值虚拟试样。

分水岭算法是一种基于拓扑学理论的数学形态学分割方法，其基本思想是把图像视为测地学上的拓扑形貌。图像中每一点像素的灰度值表示该点的海拔，每一个局部极小值及其影响区域称为集水盆，而集水盆的边界则形成分水岭。分水岭的概念和形成可以通过模拟浸入过程来说明，在每一个局部极小值表面，刺穿一个小孔，然后把整个模型慢慢浸入水中，随着浸入的加深，每一个局部极小值的影响域慢慢向外扩展，在两个集水盆汇合处构筑大坝，即形成分水岭。分水岭的计算过程是一个迭代标注过程。一般分为两个步骤，一个是排序过程，一个是淹没过程。首先对每个像素的灰度级进行从低到高排序，然后在从低到高实现淹没的过程中，对每一个局部极小值在 h 阶高度的影响域采用先进先出结构进行判断及标注。

分水岭变换得到的是输入图像的集水盆图像，集水盆之间的边界点即为分水岭。显然，分水岭表示的是输入图像极大值点。因此，为得到图像的边缘信息，通常把梯度图像作为输入图像，即

$$g(x,y) = \mathrm{grad}(f(x,y))$$
$$= \sqrt{(f(x,y) - f(x-1,y))^2 - (f(x,y) - f(x,y-1))^2} \qquad (6\text{-}13)$$

式中，$f(x,y)$ 表示原始图像；$\mathrm{grad}(\cdot)$ 表示梯度运算。

为了降低分水岭算法产生的过度切割，对梯度函数进行修改。首先针对梯度图像进行阈值处理，以消除灰度的微小变化而造成的过度切割，即

$$g(x,y) = \max(\mathrm{grad}(f(x,y), g(\theta)) \qquad (6\text{-}14)$$

式中，$g(\theta)$ 表示阈值。

如图 6-12 所示，获得适量区域后，对这些区域的边缘点灰度级进行从低到高排序。在从低到高实现淹没的过程中，在 MATLAB 内采用 watershed 命令进行分水岭切割。由于后期成型的需要，过于细小的颗粒需要删除以保证后期模拟的效率，故在分水岭切割识别图像后，进一步选择合适的阈值。采用 MATLAB 内的 bwareaopen 命令，删除较小的连通区域，通过上述图像识别和切割预处理方法可以获得最终的沥青混合料实际形态图像，如图 6-13 所示。

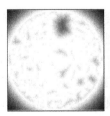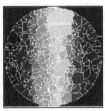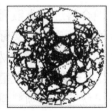

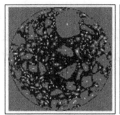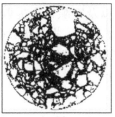

图 6-12　颗粒边缘分水岭算法流程

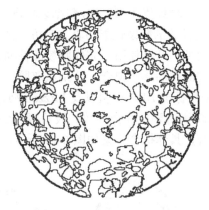

图 6-13　分水岭算法识别提取结果

　　针对 CT 扫描图像也可直接获得实际空隙形态分布，对图像进行消噪及二值化处理，如图 6-14 所示，选择合适的阈值筛选出空隙组成的像素，并通过导出空隙像素点的位置坐标进行空隙形态重构。当获得实际沥青混合料颗粒形态组成与分布和实际空隙形态与分布图像时，通过图层叠加计算的方式将对应内部结构组成坐标输入离散元软件，并赋予不同结构不同的 color_index，可以最终在离散元内重构出与实际 CT 扫描成型图像一致的虚拟沥青混合料试件，如图 6-14 所示。

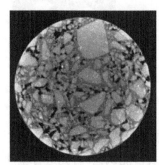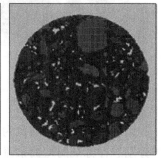

图 6-14　CT 扫描图片实际空隙提取与混合料数值建模

　　通过分水岭算法以及空隙识别提取方法完成的沥青混合料实际细观结构重构，适用于所有非均质材料。根据实际研究需要，既可以根据本小节所示的方法成型与实际形貌一致的虚拟试件，也可以保持骨架结构一致，而成型随机空隙含量和分布的虚拟试件等。

6.2.2　胶粉颗粒随机分布算法

　　本小节主要开展沥青试验数值建模工作，包括以标准 BBR 试验为基础的黏弹性仿真、Mizzou 沥青断裂试验的断裂性能仿真。在仿真试验中通过胶粉颗粒随机分布算法以及参数不均匀性的结合使用，完成胶粉改性沥青的非均质结构建模，同时通过无损黏弹至损伤断裂的逐步拟合，分别获取胶粉颗粒、沥青颗粒微观接触参数，并进行验证。采用标准 BBR 试验以及 Mizzou 沥青断裂试验分别对胶粉-沥青颗粒黏弹参数、沥青-沥青颗粒黏弹参数、胶粉-沥青颗粒断裂参数、沥青-沥青断裂参数进行逐步拟合，具体拟合方案如图 6-15 所示。

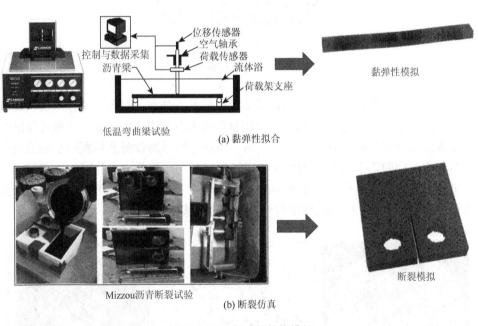

图 6-15　室内试验与数值模拟

　　由于选择的基质沥青为 PG64-22，故参考 PG 分级低温试验温度要求，在−12℃下分别进行标准的弯曲梁流变试验以及 Mizzou 沥青断裂性能试验。首先进行基质沥青、8%胶粉改性沥青、10%胶粉改性沥青和 12%胶粉改性沥青的弯曲梁流变试验，获取 240s 加载下挠度随时间变化的全响应曲线进行参数试错标定，具体流程如图 6-16 所示。

图 6-16　数值模拟方案以及参数分步获取步骤

6.2.3　本构添加与非均匀赋参

基于离散元细观建模的优势，直接建立胶粉改性沥青中的胶粉颗粒模型，目的是实现宏观力学响应分析的同时，由数值计算结果直接揭示胶粉在沥青中的作用机制以及对低温抗裂性能提升的内在机制。针对非均质的胶粉沥青结构，结合使用随机胶粉生成算法以及非均匀化分布系数，来实现胶粉改性沥青的非均质化重构[4]。胶粉改性沥青试件数值建模如图 6-17 和图 6-18 所示，分别为基质沥青、8%胶粉改性沥青、10%胶粉改性沥青和 12%胶粉改性沥青的弯曲梁流变试验小梁试件以及 Mizzou 沥青断裂试验试件。为了保证计算参数的有效性，保证拟合过程与最终数值试验的颗粒尺寸大小以及排列组合规则相同极为重要，故本小节采用规则排列组合的形式对两个试验进行建模，基本颗粒单元大小保持一致，半径均为 0.0005m。在离散元内，一般有效计算颗粒数量有限，受限于计算机运算存储能力，在弯曲梁流变仪试验中采用实际的三维数值模型进行相关计算；而 Mizzou 沥青断裂试验试件尺寸偏大，采用实际三维结构计算效率相当低下，考虑到计算效率并同时保证计算精度，针对 Mizzou 沥青断裂试验建模采用简化的二维数值模型。

(a) 基质沥青，11557个沥青颗粒

(b) 8%胶粉改性沥青，924个橡胶颗粒 + 10633个沥青颗粒

(c) 10%胶粉改性沥青，1155个橡胶颗粒 + 10402个沥青颗粒

(d) 12%胶粉改性沥青，1387个橡胶颗粒 + 10170个沥青颗粒

(e) BBR数值仿真加载

图 6-17　低温弯曲梁流变试验数值建模

式（6-15）是离散元模拟的非均匀系数分布高斯公式，通过该公式与胶粉颗粒随机生成结合的方式实现非均质材料重构，该方法针对此种胶粉改性沥青但并不局限于此材料。非均匀系数分布的意义在于描述实际非均质材料内部结构组成

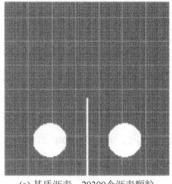

(a) 基质沥青，20300个沥青颗粒

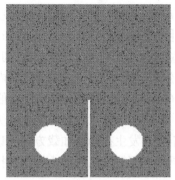

(b) 8%胶粉改性沥青，1509个
橡胶颗粒+18791个沥青颗粒

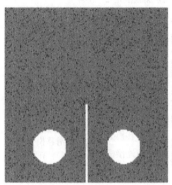

(c) 10%胶粉改性颗粒，2030个
橡胶颗粒+18270个沥青颗粒

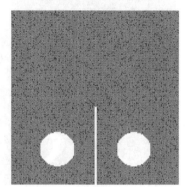

(d) 12%胶粉改性沥青，2436个
橡胶颗粒+17864个沥青颗粒

图 6-18 Mizzou 沥青断裂数值建模流程

以及其表现出宏观力学响应的变异性。针对非均质胶粉改性沥青，若在室内试验
进行相同工况下的相同任意性能试验，不考虑因不可抗力或人为因素造成的实际
误差，该性能试验多次结果指标近似但绝不相同，其在一定范围内按照一定规律
分布，这是非均质材料与理想均质材料的本质差别。非均质材料不仅大多显示非
线性行为，即使相同成分含量的材料也会因为其内部非均质性使得相同工况下的
力学响应存在变异性，这也是数值模拟中建立式（6-15）的意义。

$$Y = \frac{1}{\sqrt{2\pi} \cdot p} \cdot e^{\frac{-(\text{urand}^2 - 1 - u)^2}{2p^2}} + 0.5 \qquad (6\text{-}15)$$

式中，Y 为分布概率；urand 为 0~1 的随机数；p、u 为形状参数。

根据图 6-18 进行数值参数拟合前，需要对弯曲梁流变数值试件以及 Mizzou 沥青
断裂试验试件进行本构赋予。在弯曲梁流变数值试件中，采用伯格斯模型和点连接

模型赋予所有沥青颗粒，点连接模型设置相对较大的阈值以保证弯曲梁流变数值仿真不发生断裂破坏；在 Mizzou 沥青断裂试验试件中，采用颗粒分区与本构赋予，颗粒按照位置分为加载单元（2 个）、韧带区域外部沥青单元（16611 个）、韧带区域外部胶粉单元（1463 个）、韧带区域内部沥青单元（754 个）以及韧带区域内部胶粉单元（46 个）。在韧带区域外部以伯格斯模型、滑动模型、点连接模型进行接触点赋予，韧区内部为 CZM 模型与滑动模型，进行韧区内外划分的主要原因在于一般低温下断裂发生在沿着加载方向的韧带区域内。在 Mizzou 沥青断裂试验试件建模时，具体不同接触之间的本构添加按照如图 6-19 所示进行。

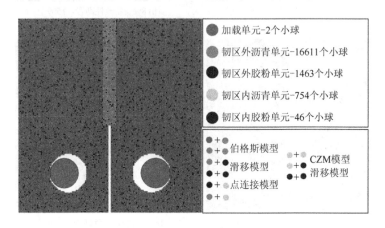

图 6-19　颗粒分区与本构模型构建

按照分步试错拟合方式进行低温下黏弹参数和断裂参数的获取。如图 6-20 所示为使用拟合黏弹参数的弯曲梁流变试验数值结果与实际结果对比，所确定的沥

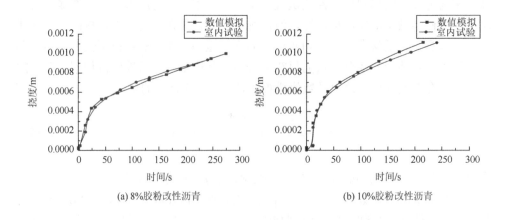

(a) 8%胶粉改性沥青　　　　　(b) 10%胶粉改性沥青

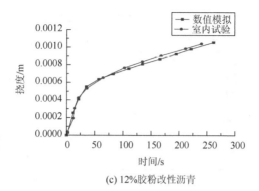

(c) 12%胶粉改性沥青

图 6-20　低温弯曲梁流变试验黏弹性参数验证

青颗粒之间、沥青颗粒与胶粉颗粒之间的黏弹参数总结于表 6-3 中。图 6-23（a）、
（b）和（c）分别为不同胶粉掺量的改性沥青数值结果。由图可知，表 6-3 中的微
观黏弹参数具有较高的准确度，低温小梁挠度随时间响应的 240s 全程曲线均有较
高的吻合度。

表 6-3　离散元内伯格斯模型微观接触参数

接触种类	Kkn	Ckn	Kmn	Cmn	Kks	Cks	Kms	Cms	Fric
沥青＋沥青	8×10^4	3.7×10^5	4×10^6	1.5×10^7	8×10^4	3.7×10^5	4×10^6	1.5×10^7	0.5
沥青＋胶粉	5×10^4	3×10^5	9×10^5	8×10^6	5×10^4	3×10^5	9×10^5	8×10^6	0.5

注：Kkn 为 Kelvin 法向弹簧刚度；Ckn 为 Kelvin 法向黏壶黏度；Kmn 为 Maxwell 法向弹簧刚度；Cmn 为 Maxwell
法向黏壶黏度；Kks 为 Kelvin 切向弹簧刚度；Cks 为 Kelvin 切向黏壶黏度；Kms 为 Maxwell 切向弹簧刚度；Cms
为 Maxwell 切向黏壶黏度；Fric 为摩擦系数。

　　将表 6-3 中的微观黏弹参数按照颗粒分区与本构赋予规则分别赋予断裂测试
的数值试件中，通过进一步试错拟合获取沥青与沥青颗粒之间、胶粉颗粒与沥青
颗粒之间的 CZM 模型微观参数，如表 6-4 所示。图 6-21 是断裂试验验证结果。
表 6-4 中的断裂参数拟合较为准确，在结合使用表 6-3 和表 6-4 中的微观接触参数
时，数值断裂试验结果与实际室内宏观试验曲线保持高度一致，证实了所拟合确
定参数的有效性。

表 6-4　离散元内 CZM 模型微观接触参数

接触种类	Sof_knc	Sof_knt	Sof_kns	Sof_ftmax	Sof_fsmax	Sof_fric	Sof_uplim
沥青＋沥青	1×10^6	8×10^5	2×10^5	1.5	1	0.5	8×10^4
沥青＋胶粉	3×10^5	1×10^5	1×10^5	6	3	0.5	9×10^4

注：Sof_knc 为受压时法向刚度；Sof_knt 为受拉时法向刚度；Sof_kns 为剪切刚度；Sof_ftmax 为抗拉强度；
Sof_fsmax 为抗剪强度；Sof_fric 为摩擦系数；Sof_uplim 为能够承受的最大累计塑性位移。

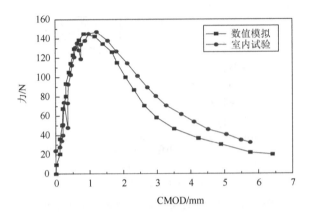

图 6-21　10%胶粉改性沥青断裂试验数值验证

6.3　胶粉改性沥青断裂数值模拟分析

6.3.1　宏观断裂响应行为特性分析

本节主要开展胶粉改性沥青低温断裂数值仿真结果分析。首先从宏观断裂响应特性分析,基于 load-CMOD 曲线行为和断裂能评价不同掺量的胶粉改性沥青低温抗裂性能;其次进行数值裂缝模拟,在离散元内定义断裂过渡区(fracture process zone,FPZ),从微观角度对裂缝长度、微裂纹数目、断裂过渡区尺寸及内部接触力大小、微断裂耗散能进行表征,进一步揭示胶粉颗粒对于改性沥青低温抗裂性能的改善作用。

图 6-22 为 Mizzou 断裂试验数值模拟,沿着 x 轴正向进行加载,加载速率为 0.2mm/min。随着 CMOD 的增大,宏观裂纹逐渐向上扩展直至断裂,在裂尖扩展过程中,裂尖前端存在较大的应力集中,并随着裂尖的发展而逐步上移。总体而言,数值断裂模拟结果趋势与室内沥青断裂试验宏观裂纹演化趋势保持一致。如图 6-23 所示为基质沥青、8%胶粉改性沥青、10%胶粉改性沥青和 12%胶粉改性沥青的 load-CMOD 数值输出结果。由图可知,基质沥青呈现明显的脆性断裂特征,没有 post-peak 曲线行为,其完全断裂时 CMOD 为 0.366mm,load 为 0.168kN;相比于各掺量的胶粉改性沥青,其前期加载 load-CMOD 曲线斜率较高,说明基质沥青低温下刚度高于胶粉改性沥青。针对胶粉改性沥青,由图 6-23 可以明显地看到,其具有显著的韧性断裂特征,在 load-CMOD 曲线上具有明显的峰值点、pre-peak 和 post-peak 行为。比较三种不同掺量的胶粉改性沥青,8%胶粉改性沥青峰值 load 为 0.13kN;10%胶粉改性沥青峰值 load 为 0.15kN;12%胶粉改性沥青峰值 load 为

0.17kN。基于以上数值模拟结果，从宏观力学响应特性的角度可以看出，胶粉的掺入能够明显地改变低温下基质沥青断裂机制，从脆性断裂转变为韧性断裂；同时随着胶粉掺量的增加，胶粉改性沥青具有更大的峰值点以及更好的 post-peak 行为，说明低温下更高胶粉掺量的改性沥青能够承受更大的外部荷载作用，抵抗变形能力也能进一步增强。

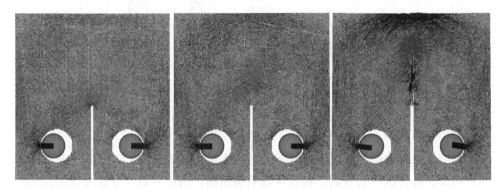

图 6-22　Mizzou 断裂试验数值模拟

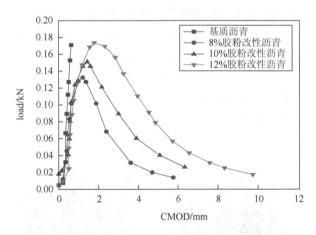

图 6-23　基质沥青和胶粉改性沥青 load-CMOD 数值计算结果

根据图 6-23 输出的数值 load-CMOD 曲线结果，依照式（6-1）～式（6-4）进行断裂能的计算，计算结果汇总于图 6-24 中。如图 6-24 所示，基质沥青、8%胶粉改性沥青、10%胶粉改性沥青和 12%胶粉改性沥青的断裂能分别为 11.8J/m²、91.3J/m²、171.8J/m² 和 228.2J/m²。基质沥青低温下的断裂能数值较小，说明低温下抵抗断裂能力并不理想。而胶粉改性沥青低温下断裂能显著得到提升，且随着掺量的提升，相比于基质沥青其断裂能分别提升了约 7 倍、14 倍以及 19 倍，进一步从宏观力学指标量化揭示了胶粉颗粒对于沥青低温断裂的提升作用。

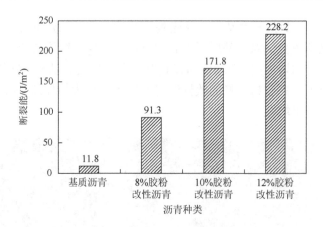

图 6-24　基质沥青、胶粉改性沥青断裂能数值计算结果

相同的试验结论也从试验后的断裂面图像得到证实，图 6-25 分别为基质沥青和胶粉改性沥青试件断裂后，韧带区域断裂面图。由图可见，基质沥青断裂面较为平顺、光滑，而胶粉改性沥青断裂面非常粗糙。结合扫描电镜扫描结果可知，胶粉颗粒完全溶解于沥青内会形成网絮状结构，部分溶解则会保留物理颗粒形态。除非胶粉改性沥青制备温度极高或者制备时间较长，胶粉颗粒能够充分溶胀并完全降解。但按照试验的制备温度与时间，胶粉颗粒完全降解、不完全降解现象都将存在，这使得裂纹在胶粉改性沥青内扩展时需要克服更多的阻力；同时由于更加明显的非均质结构以及颗粒的黏结作用，断裂面张开时形成的表面较为粗糙；最终造成胶粉改性沥青低温下断裂能显著提升。

(a) 基质沥青　　　　　　　(b) 胶粉改性沥青

图 6-25　沥青断裂面对比

6.3.2　虚拟断裂过渡区演化分析

对基质沥青、不同胶粉掺量下的改性沥青进行断裂过渡区的数值模拟研究。首先在离散元内建立虚拟断裂过渡区的判别准则，在离散元内输出不同 CMOD 下整体试件内的颗粒接触合力。在数值模拟中，颗粒接触合力定义为法向接触力、切向接触力的向量和，对接触合力分布进行线性回归；线性回归与 Y 轴交点作为虚拟断裂过渡区范围判别准则，该判别准则的依据是若无裂尖存在，不考虑材料非均质特性时，在外部荷载作用下，内部接触颗粒合力分布应看似均匀而无突变；而实际低温断裂模拟中，因为裂尖存在而产生应力集中现象，造成局部塑性变形，这部分应力集中区域内的颗粒更易发生微断裂从而产生微裂纹，进而汇聚成宏观裂纹，故承受较大接触合力作用的基本单元应当看作断裂过渡区元素。通过接触合力分布的线性回归求得 Y 轴截距的方式，可以有效提出接触合力突变的判断阈值点；该阈值点上，基本颗粒处于断裂过渡区内；该阈值点下，基本颗粒处于断裂过渡区外；最后通过图像识别处理完成数值虚拟断裂过渡区的形态重构。

如图 6-26 所示为经过优化筛选后，基质沥青、8%胶粉改性沥青、10%胶粉改性沥青以及 12%胶粉改性沥青的断裂过渡区尺寸、断裂过渡区内平均颗粒接触合力数值仿真结果。由图可知，总体来看胶粉改性沥青的断裂过渡区尺寸、断裂过渡区平均颗粒接触合力具有与 load-CMOD 曲线特性相似的行为，都存在峰值点、pre-peak 行为以及 post-peak 行为；而反观基质沥青，其断裂过渡区尺寸、断裂过渡区内的平均颗粒接触合力不再具有 post-peak 曲线特性，与其 load-CMOD 曲线类似，呈现平直的类似线性增长。这说明断裂过渡区的尺寸大小与断裂形式有密切的关系，脆性断裂与韧性断裂内的断裂过渡区演化总体规律具有根本差异。由图 6-26（a）同样可以看出，相比于胶粉改性沥青，低温下基质沥青断裂过渡区的整体尺寸相比于胶粉改性沥青偏小，且随着胶粉掺量的上升，断裂过渡区的尺寸进一步增大。说明在裂尖扩展过程中，断裂过渡区的尺寸越大，前部因应力集中现象而造成的塑性变形越显著。这种塑性变形虽然是无损变形，但是同样消耗大量能量，造成实测断裂能的上升。图 6-26（b）显示的是断裂过渡区内的平均颗粒接触合力。由图可知，胶粉改性沥青断裂过渡区内的平均颗粒接触合力远大于基质沥青，且增长幅度随着胶粉掺量的增加而进一步提高。基质沥青和各胶粉掺量改性沥青内断裂过渡区的平均颗粒接触合力表征的是裂尖前端塑性区内的颗粒黏聚力，其值越大说明裂尖前端抵抗开裂性能越强，裂尖若想进一步前移扩展，需要克服更大的阻力。随着胶粉掺量的增加，裂尖前部塑性区抵抗变形能力增强，说明胶粉的存在具有一定的增韧作用。

从图 6-26 中也观察到了有趣的现象，如图 6-26（a）所示，8%胶粉改性沥青、

10%胶粉改性沥青、12%胶粉改性沥青断裂过渡区尺寸的最大值位置分别出现在CMOD-1.4mm、1.8mm 以及 2.6mm 处；而 8%胶粉改性沥青、10%胶粉改性沥青、12%胶粉改性沥青其 load-CMOD 曲线峰值点分别出现在 CMOD-0.91mm,1.21mm以及 1.75mm 处；断裂过渡区尺寸最大值的位置分别较 load-CMOD 峰值点位置后移了 0.49mm、0.59mm 以及 0.85mm。这说明断裂过渡区尺寸的最大位置一般根据胶粉掺量的不同出现在 load-CMOD 曲线峰值点后 0.49～0.9mm 处，即 post-peak区域，而并不是峰值点。这与传统意义上出现在峰值点的认知有差别。随着胶粉掺量的增加，断裂过渡区最大尺寸点后移的现象更加明显。由图 6-26（b）可见，与断裂过渡区最大尺寸点位置类似，断裂过渡区内的颗粒平均接触合力分布的最大值也与断裂过渡区尺寸最大点基本重合，这也和实际原理保持一致。一般来说裂尖前端应力集中现象越明显，塑性变形越大，受裂尖应力集中现象而造成的塑性变形范围也就越大，故断裂过渡区内颗粒平均接触合力的最大值与断裂过渡区内的尺寸最大值基本保持相同的 CMOD 位置。

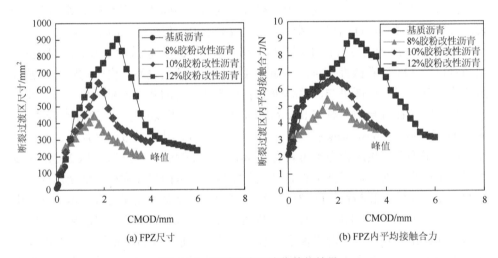

图 6-26　断裂过渡区演化数值结果

6.3.3　微裂纹扩展与胶粉增韧机制

在 Mizzou 沥青宏观断裂性能试验中，图像采集设备仅能捕获宏观裂缝路径，而无法捕捉微观裂缝成核、汇聚、扩展行为。一般在低温情况下，宏观裂纹的扩展基本沿着与加载方向垂直的韧带区域内。由经典断裂力学可知，这种宏观裂缝由微裂纹汇聚形成，且微裂纹的成核、汇聚行为主要集中在断裂过渡区内，当微裂纹密度达到一定值时，可以最终实现肉眼可见的宏观裂纹进一步扩展。为了在断裂过渡区的模拟上进一步揭示胶粉改性沥青中微裂纹的行为，对沥青胶结料内的微断裂进行数值模拟研究，相关数值拟合结果见图 6-27 和图 6-28。由图可知，低温下基质沥青呈现出脆性断裂特征，断裂过渡区尺寸较小，沿着宏观裂缝扩展路径微裂纹萌生的数量较少；而胶粉改性沥青相对于基质沥青，微裂纹数量较多且断裂过渡区尺寸较大。同时由两图可以得知，无论脆性断裂还是韧性断裂，在基于 Mizzou 沥青断裂性能试验的数值模拟中，断裂过渡区的形态均沿着荷载方向呈现扁平结构。

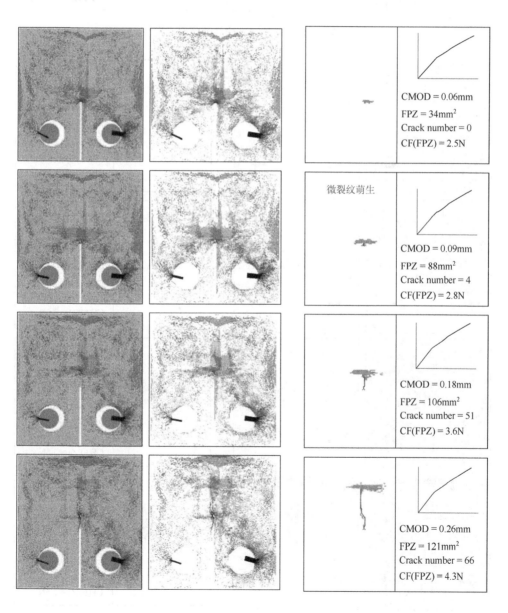

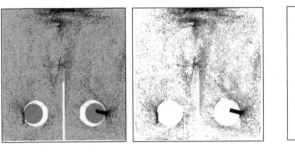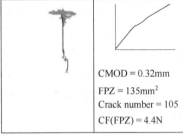

CMOD = 0.32mm

FPZ = 135mm²

Crack number = 105

CF(FPZ) = 4.4N

图 6-27　低温下基质沥青脆性断裂数值模拟

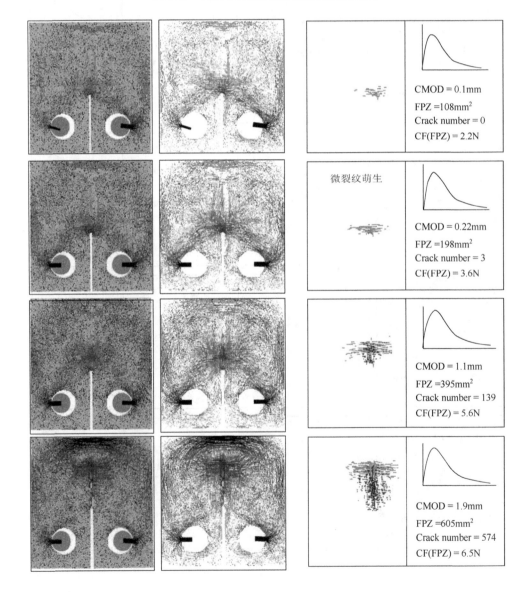

CMOD = 0.1mm

FPZ =108mm²

Crack number = 0

CF(FPZ) = 2.2N

微裂纹萌生

CMOD = 0.22mm

FPZ =198mm²

Crack number = 3

CF(FPZ) = 3.6N

CMOD = 1.1mm

FPZ =395mm²

Crack number = 139

CF(FPZ) = 5.6N

CMOD = 1.9mm

FPZ =605mm²

Crack number = 574

CF(FPZ) = 6.5N

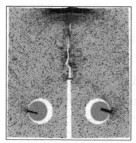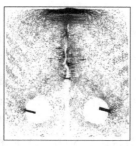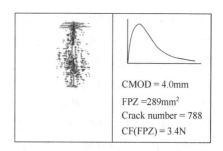

CMOD = 4.0mm
FPZ = 289mm²
Crack number = 788
CF(FPZ) = 3.4N

图 6-28　低温下胶粉改性沥青韧性断裂数值模拟（10%胶粉含量）

图 6-29 是数值模拟试验中宏观裂纹长度以及微裂纹数量演化结果。如图 6-29（a）所示，基质沥青的脆性断裂中宏观裂纹长度增长速率极高，并极快地扩展至数值试件顶部；而随着胶粉的掺入，宏观裂纹的扩展速率逐步降低。观察图 6-29（a）中三种胶粉改性沥青的宏观裂纹长度曲线可知，断裂前期所有沥青胶结料宏观裂纹扩展速率均保持恒定值，但当宏观裂纹扩展至距离试件顶部较近的位置时，受边界限制条件影响显著，宏观裂纹扩展的速率均下降。图 6-29（b）显示的是基质沥青和各掺量胶粉改性沥青的微裂纹数目演化曲线。由图中结果可知，不同沥青胶结料的微裂纹起裂萌生点具有一定的差别。基质沥青、8%胶粉改性沥青、10%胶粉改性沥青以及 12%胶粉改性沥青的微裂纹起裂点分别为 CMOD-0.090mm、0.196mm、0.220mm 和 0.286mm。这说明胶粉的掺入能够降低沥青微裂纹的起裂时间，且掺量越多，起裂时间点越晚。基质沥青的微裂纹数目演化曲线在前期斜率较胶粉改性沥青更高，说明在前期基质沥青内的微裂纹数目增长极快，这与模拟结果图 6-29（b）中基质沥青宏观裂纹扩展更快保持一致。但是基质沥青微裂纹

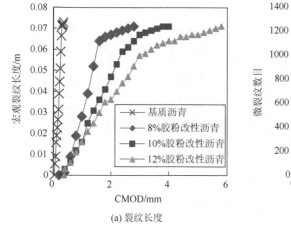

(a) 裂纹长度

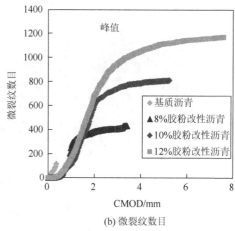

(b) 微裂纹数目

图 6-29　裂纹扩展数值结果

数目仅在 CMOD-0.36mm 处就停止了增长，而胶粉改性沥青由于具有更大的
CMOD 扩展范围，虽然前期微裂纹增长速率较基质沥青偏低，但整体微裂纹的总
数目远大于基质沥青。对比 8%胶粉改性沥青、10%胶粉改性沥青以及 12%胶粉改
性沥青的微裂纹数目增长演化曲线可知，微裂纹数目增长速率在 pre-peak 区域以
及 post-peak 前部区域基本保持一个较高的恒定值，而在 post-peak 后部区域微裂
纹增长速率逐渐减缓，并趋于稳定。总体而言，8%胶粉改性沥青微裂纹总数目达
到 420，10%胶粉改性沥青微裂纹总数目达到 809，12%胶粉改性沥青微裂纹总数
目达到 1171，说明随着胶粉掺量的增加，试件最终断裂时，全局响应过程中微裂
纹总数目显著提升。

　　图 6-30 所示为裂尖初始扩展阶段以及扩展一定时间后裂尖周围的接触力分布
与相对应的微裂纹示意图。如图 6-30（a）所示，在裂尖扩展过程中，胶粉颗粒具
有较高的黏结强度，增加了裂尖进一步扩展的阻力；同时由于胶粉颗粒仍旧存在
一定的物理颗粒形态，并未完全降解，所以当裂尖扩展至胶粉颗粒附近时，宏观
裂纹并不能穿过胶粉颗粒，相对应地改变了断裂路径而绕过这些胶粉添加颗粒；
所以相对于基质沥青，胶粉改性沥青的宏观裂纹长度会更长，且扩展时间会更慢。

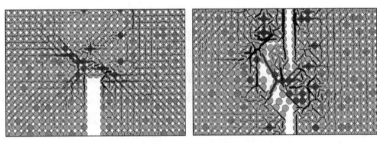

(a) 裂纹路径扩展接触力分布

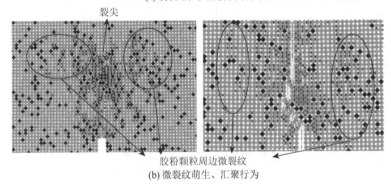

(b) 微裂纹萌生、汇聚行为

图 6-30　胶粉增韧作用机制

　　如图 6-30（b）所示为宏观裂纹扩展过程中的微裂纹分布。由图中模拟结果可

知，在裂尖扩展前，前部区域微裂纹逐渐萌生，当微裂纹密度达到一定值后，汇聚成宏观裂纹，这在数值模拟中已经得到体现验证。同时可见，胶粉改性沥青在断裂试验数值模拟中，不仅在裂尖前端存在微裂纹，在裂尖附近两侧的胶粉颗粒周边也存在大量微裂纹。而反观脆性断裂数值模拟图，可以发现在基质沥青裂尖扩展的过程中并没有出现这样的现象。这是因为胶粉颗粒分散在基质沥青时，由于其不同降解程度的物理形态，会在其周围产生一个界面过渡区。在低温下，由于胶粉颗粒的软化作用，整体材料的刚度存在不均匀性，即低温下基质沥青刚度较高，过渡区刚度较低；当沿着张拉方向承担相同的微应变作用时，基质沥青相比于过渡区以及溶解的胶粉颗粒本身承担更大的应力作用；与此同时，溶解的胶粉颗粒以及过渡区具有更大的极限强度，如图 6-30（a）所示。

综上，低温下基质沥青颗粒相对于溶解的胶粉颗粒以及过渡区具有高刚度、低强度的特性，所以在图 6-30（b）中，裂尖两侧胶粉颗粒周边会出现大量微裂纹。这种两侧大量微裂纹的生成消耗掉更多的能量，进一步减缓裂尖前端微裂纹萌生扩展汇聚行为。所以胶粉改性沥青中胶粉掺量越高，实测断裂能越高，宏观裂缝扩展速率越低，post-peak 区域行为越好。

6.3.4　宏观断裂能与微观耗散能分析

图 6-31 和图 6-32 为 Mizzou 沥青断裂数值试验中所监控记录的耗散能仿真结果。在实际宏观试验中，任何的有损断裂试验其内部都包含材料的非破坏变形，包括弹性变形、塑性变形等，这也是在实际室内试验中观测到断裂过渡区的原因。从宏观试验的角度来看，加载设备的牵引系统外部做功，并被材料内部所存储消耗。在断裂试验中，一部分能量被用于产生新的微断裂面并最终生成微裂纹，剩余的一部分能量以非破坏变形的形式存储于材料中，如断裂过渡区内的塑性变形

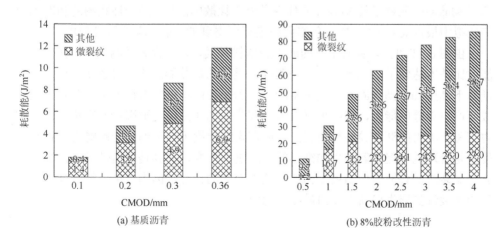

(a) 基质沥青　　　　　　　　　　　　　(b) 8%胶粉改性沥青

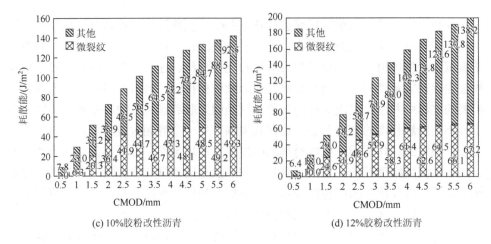

(c) 10%胶粉改性沥青   (d) 12%胶粉改性沥青

图 6-31　不同沥青种类耗散能对比

等。从数值计算的角度来看，能量的迁移转换与计算过程中选取的数学模型有极大关系。

在图 6-31 中，叉线填充的柱状图表示的是数值模拟中基质沥青、不同掺量胶粉改性沥青随着 CMOD 增长，真实生成微裂纹所耗散掉的能量，该部分耗散能由颗粒之间的断裂本构模型与断裂数值模拟中的微裂纹数目演化曲线结合计算得出。斜线填充的柱状图表示的是因为数学模型计算而产生的其他耗散能，这部分其他耗散能根据计算原理分为以下几个方面：①离散元内颗粒的滑动现象而产生的摩擦能，与摩擦系数以及颗粒之间相对滑动位移有关；②颗粒动能，与颗粒质量以及运动速率相关；③未达到 CZM 模型断裂要求而存储于 CZM 模型内的弹性应变能，与采用 CZM 本构模型颗粒之间的相对位移有关；④伯格斯模型耗散能，这部分耗散能既包括了 Maxwell 元件以及 Kelvin 元件内弹簧的存储应变能，也包括了 Maxwell 元件以及 Kelvin 元件内黏壶所耗散的能量。两种柱状图的和即为数值模拟中根据 load-CMOD 下包络面积换算所得到的断裂试验实际耗散能。

由图 6-31 可知，针对不同的沥青胶结料种类，在全程力学响应中，其他耗散能占比基本达到了 50%～70%，说明其他类型的耗散能影响不可忽视。这说明在低温下 Mizzou 沥青断裂性能试验所实测的断裂能不仅仅表征的是材料新表面生成而产生裂缝的能力，其中也有很大一部分受到非破坏变形因素的影响。通过室内试验所测得的沥青胶结料断裂能可以在宏观尺度下表征沥青开裂能力，在该尺度下是合理的，但是若在更加细小的尺度进行研究，尤其是数值试验内，真正的表征微裂纹的耗散能应当被看作评价抗裂性能的指标，因为这部分耗散能才是真正用于裂纹扩展生成新表面的最终驱动力。

　　由图 6-31 可知，胶粉改性沥青的耗散能比基质沥青更大，说明随着胶粉掺量的提高，更多的能量被真实的微裂纹以及非破坏变形消耗掉；同时微裂纹耗散能与微裂纹演化曲线保持一致，也是在 pre-peak 区域、post-peak 区域前部保持较高的增长，在 post-peak 区域后期增长缓慢并逐渐趋于稳定。而在 post-peak 区域后期，虽然微裂纹耗散增速降低趋于稳定，但是其他类型耗散能仍旧持续上升，这说明在断裂试验中，当 CMOD 增长到 post-peak 区域后期时，非破坏性变形增长占据主导地位，而不是微裂纹扩展。

　　图 6-32 是数值断裂试验中基质沥青、各胶粉掺量下的改性沥青完全断裂时，微裂纹耗散能占实测断裂能的比例。由图中可见，相比于基质沥青，胶粉改性沥青中非破坏性变形所占比例较高。鉴于胶粉改性实测更高的断裂能，可以推断，随着胶粉掺量的增加，改性沥青将具有更强的抵抗非破坏性变形的能力，能存储更多的应变能，同时能够产生更多的微裂纹以吸收能量。这两点原因共同作用下，使得室内宏观试验下实测的断裂能增长显著，并具有更高的峰值点以及更好的 post-peak 曲线行为，有力地证实了胶粉颗粒对于基质沥青低温抗裂性能提升的重要作用。

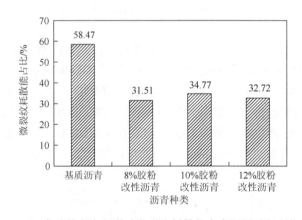

图 6-32　沥青试件完全断裂时微裂纹耗散能占实际测试断裂能比例

6.4　胶粉改性沥青砂浆断裂数值模拟分析

6.4.1　宏观断裂响应行为特性分析

　　如图 6-33 所示为胶粉改性沥青砂浆 Ⅰ 型断裂试验数值模拟，沿着 x 轴正向进行加载，加载速率为 5mm/min。如图 6-34 所示为基质沥青砂浆、8%胶粉改性沥青砂浆、10%胶粉改性沥青砂浆和 12%胶粉改性沥青砂浆的 load-CMOD 数值模拟结果。由图可知,基质沥青砂浆和胶粉改性沥青砂浆均具有 post-peak 曲线行为,为韧性断裂,且断口形态数值模拟结果与实际形态具有较高的吻合度。

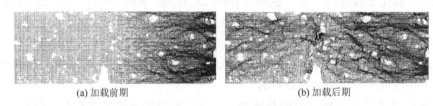

(a) 加载前期　　　　　　　　　　　　(b) 加载后期

图 6-33　胶粉改性沥青砂浆细观Ⅰ型断裂数值模拟

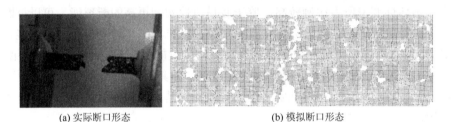

(a) 实际断口形态　　　　　　　　　　(b) 模拟断口形态

图 6-34　实际细观试验断口形态与数值模拟结果

如图 6-35 所示,比较三种不同掺量的胶粉改性沥青砂浆与基质沥青砂浆的力学响应曲线特征。基质沥青砂浆峰值点出现在 CMOD-0.38mm 处,峰值 load 为 0.022kN;8%胶粉改性沥青砂浆峰值点出现在 CMOD-0.47mm 处,峰值 load 为 0.028kN;10%胶粉改性沥青砂浆峰值点出现在 CMOD-0.54mm 处,峰值 load 为 0.032kN;12%胶粉改性沥青砂浆峰值点出现在 CMOD-0.70mm 处,峰值 load 为 0.036kN。四种沥青砂浆的 post-peak 曲线均可延伸至 2～2.5mm 处。由以上数值模

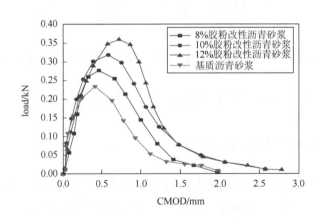

图 6-35　不同胶粉掺量的沥青砂浆Ⅰ型细观断裂试验数值模拟结果

拟结果可知，从宏观力学响应特性的角度来分析，中温下，胶粉的掺入可以明显地改变沥青砂浆的断裂曲线行为，具体表现在峰值的增大以及峰值位置的后移，同时 post-peak 行为也具有一定的提升。

图 6-36 为基质沥青砂浆、8%胶粉改性沥青砂浆、10%胶粉改性沥青砂浆和12%胶粉改性沥青砂浆的断裂能数值计算结果。四种沥青砂浆断裂能数值计算结果分别为 1303.1J/m²、1711.5J/m²、2429.5J/m² 以及 2682.4J/m²，相对于基质沥青砂浆，在中温下，8%、10%、12%的胶粉掺量使得基质沥青砂浆的断裂能提升31.3%、86.4%、105.8%。这说明在中温下，胶粉颗粒同样对沥青砂浆的抗裂性能具有显著增益的效果。

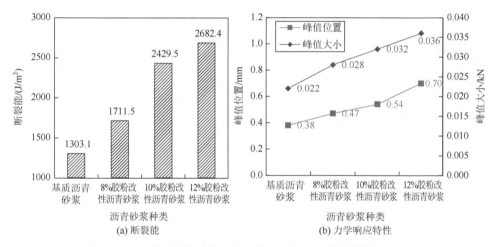

(a) 断裂能　　　　　　　　(b) 力学响应特性

图 6-36　不同胶粉掺量的沥青砂浆 I 型细观断裂数值模拟分析

6.4.2　微裂纹扩展与胶粉增韧机制

如图 6-37 和图 6-38 所示为离散元内针对基质沥青砂浆和不同掺量的胶粉改性沥青砂浆进行微裂纹的识别追踪与数值模拟。对比中温下沥青砂浆 I 型断裂微裂纹演化和低温下 Mizzou 沥青断裂微裂纹演化可知，在 Mizzou 沥青断裂微裂纹演化过程中，一般宏观裂纹较为平直，沿着加载垂直方向扩展，且微裂纹较多。而从沥青砂浆的 I 型断裂数值结果中可知，虽然宏观裂纹整体上仍旧沿着与加载垂直方向进行扩展，但是由于集料颗粒的加入，宏观裂纹路径发生较大变化。中温下，集料颗粒强度相对较高不易发生断裂。当宏观裂纹扩展至集料表面时，会绕过集料颗粒从而改变宏观裂纹扩展路径。同时相对于沥青断裂微裂纹扩展，沥青砂浆内部的微裂纹数目相对较少。这是因为相比于沥青断裂试件，沥青砂浆试件内部沥青含量较少。对比图 6-37 和图 6-38 可知，胶粉改性沥青砂浆完全断裂时，其内部的微裂纹相比于基质沥青砂浆更多。但无论基质沥青砂浆还是胶粉改性沥青砂浆，其整体的断裂路径基本保持一致，其宏观断裂路径极易受到空隙分布的影响，并沿着空隙分布方向进行扩展。同时由图 6-37 和图 6-38 可知，在中温下，沥青砂浆内部的颗粒界面极易发生黏聚力破坏，预制裂纹前端的空隙分布以及颗粒界面破坏共同影响最终的宏观裂纹路径扩展，这与 SEM 下观测的实际室内试验结果保持一致。

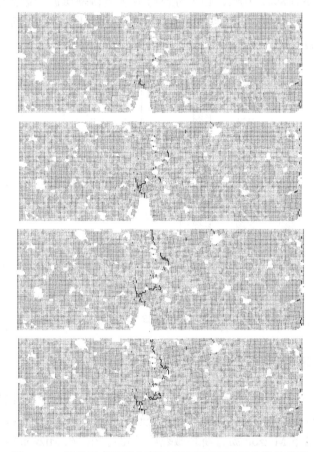

图 6-37　基质沥青砂浆 I 型细观断裂微裂纹演化数值模拟

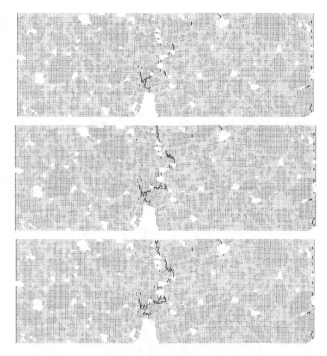

图 6-38　10%胶粉改性沥青砂浆Ⅰ型细观断裂微裂纹演化数值模拟

　　如图 6-39 所示为胶粉颗粒在沥青砂浆内部的增韧作用机制。由图可知，在中温下，胶粉颗粒仍旧具有较高的黏结强度。当裂尖扩展时，不仅要绕过集料颗粒，还要绕过胶粉颗粒，同时胶粉颗粒不仅能增强沥青内的黏结作用，同时也能相对提升集料颗粒与沥青之间的黏附性能，这使得宏观裂纹进一步扩展时，所需要的外部能量增加，故可进一步提高断裂能。图 6-40 和图 6-41 分别为离散元内胶粉改性沥青砂浆内部断裂模式的数值模拟结果，分别为黏聚力破坏以及内聚力破坏形式。在沥青砂浆Ⅰ型断裂细观数值模拟中，宏观裂纹的扩展路径一般在韧区内

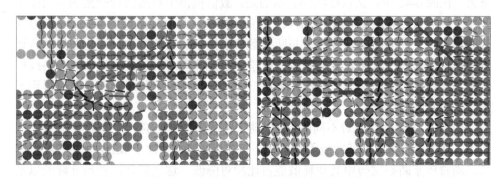

图 6-39　胶粉在沥青砂浆内增韧作用机制

沿着集料界面和空隙连接的方向上。在集料界面、空隙周边极易首先产生微裂纹，并导致该部分区域成为薄弱区，主要表现为黏聚力破坏。其次在产生微断裂的界面和空隙之间，砂浆内部的内聚力破坏会逐渐扩展并将各薄弱区之间进行连通，最终呈现肉眼可见的宏观裂纹。

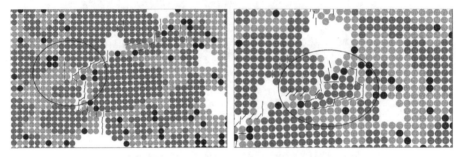

图 6-40　胶粉改性沥青砂浆细观 I 型断裂数值模拟黏聚力破坏

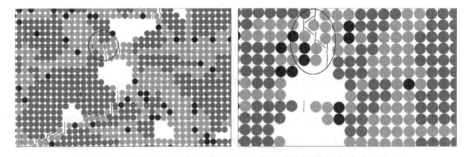

图 6-41　胶粉改性沥青砂浆细观 I 型断裂数值模拟内聚力破坏

6.4.3　宏观断裂能与微观耗散能分析

图 6-42 和图 6-43 为沥青砂浆 I 型断裂数值试验中所监控记录的耗散能仿真结果。在图 6-42 中，叉状柱状图表示的是，数值模拟中基质沥青砂浆和不同掺量胶粉改性沥青砂浆随着 CMOD 增长，真实生成微裂缝所耗散掉的能量，该部分耗散能由颗粒之间的断裂本构模型与断裂数值模拟中的微裂纹数目演化曲线结合计算得出。而斜线柱状图表示的是因为数学模型计算而产生的其他耗散能。斜线柱状图与叉状柱状图的和为数值模拟中根据 load-CMOD 下包络面积换算所得到的断裂试验实际断裂能。

由图 6-42 可知，针对不同的沥青砂浆，在全程力学响应中，其他耗散能占比较大，说明其他类型的耗散能影响同样不可忽视。但是相比于 Mizzou 沥青断裂试验，沥青砂浆断裂试验中其他耗散能占比相对降低，这主要是试件尺寸降低以及沥青含量相对较少造成的，使得非破坏性的黏弹塑性变形比例降低。由图 6-42 可知，在中温下所设计的沥青砂浆 I 型断裂性能试验所实测的断裂能不仅仅表征的是材料新表面生成而产生裂缝的能力，其中也有很大一部分受到非破坏变形因素的影响。通过室内试验所测得的沥青胶结料断裂能可以在宏观尺度下表征沥青开裂能力，在该尺度下是合理的，但是若在更加细小的尺度进行研究，尤其是数值试验内，真正的表征微裂纹的耗散能应当被看作评价抗裂性能的指标。因为这部分耗散能才是真正用于裂纹扩展生成新表面的最终驱动力。

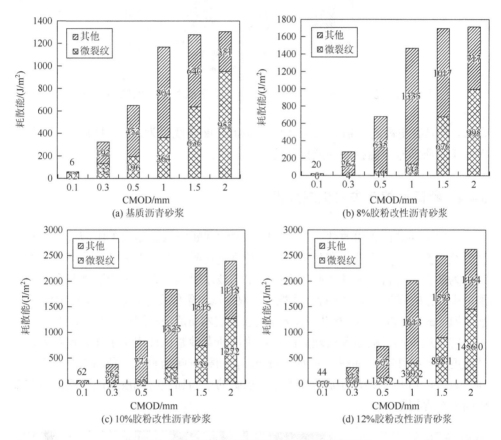

图 6-42　不同沥青砂浆种类断裂能、耗散能对比

　　由图 6-43 可知，数值断裂试验中基质沥青砂浆、各胶粉掺量下的改性沥青砂浆完全断裂时，微裂纹耗散能占实测断裂能的比例。由图中可见，相比于基质沥青砂浆，胶粉改性沥青砂浆中非破坏性变形所占比例较高，实际微裂纹耗散能比例较低。鉴于胶粉改性实测更高的断裂能，可以推断，随着胶粉掺量的增加，胶粉改性沥青砂浆将具有更强的抵抗非破坏性变形的能力，能存储更多的应变能，同时能够产生更多的微裂纹以吸收能量，使得室内宏观试验下实测的断裂能增长

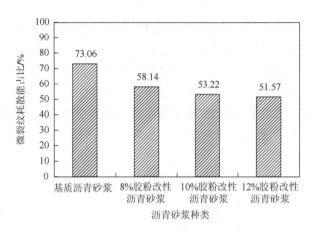

图 6-43　沥青砂浆试件完全断裂时微裂纹耗散能占实际测试断裂能比例

显著，并具有更高的峰值点以及更好的 post-peak 曲线行为，有力地证实了胶粉颗粒对于基质沥青中温抗裂性能提升的重要作用。

6.4.4　断口形貌与失效机制分析

本节主要进行胶粉改性沥青砂浆的Ⅰ型细观断裂试验相关工作，从断口形式、微裂纹种类、微裂区演化和裂尖损伤等角度阐述砂浆在Ⅰ型断裂模式下的内在机制，为沥青类材料断裂领域研究提供一定的技术手段。在保证力学加载和微观观测同步进行的同时，录制全程加载视频，根据以上条件设计胶粉改性沥青砂浆Ⅰ型断裂细观试验，以进一步帮助研究者了解微断裂本质原理与演化过程。如图 6-44 所示，将经过干燥、喷金预处理后的胶粉改性沥青砂浆试件固定于加载设备内，测试温度为室温 25℃，加载速率为 5mm/min，加载方向为垂直于预制裂纹的张拉方向。如图 6-45 所示为最小放大倍数下，录制的不同加载时刻胶粉改性沥青砂浆细观断裂全程视频。

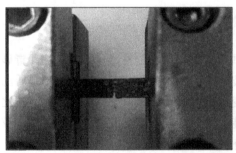

图 6-44　胶粉改性沥青砂浆细观断裂试验加载

图 6-45　胶粉改性沥青砂浆细观断裂试验加载视频录制

　　图 6-46 为胶粉改性沥青砂浆细观断裂试验中,不同放大倍数下所捕获的微断裂形貌特征。其观测尺度达到了微米级别,这也是沥青类材料首次在如此高精度的级别下观测到实时和动态的微裂纹形貌演化,有力地弥补了因沥青胶结料自愈合现象而无法观测到微裂缝的缺陷。由图中可见,所设计的胶粉改性沥青砂浆

(a) 100μm

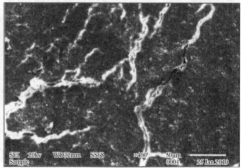

(b) 50μm

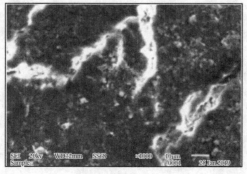

(c) 10μm

图 6-46　不同放大倍数下胶粉改性沥青砂浆内微裂纹捕捉

细观断裂试验能够有效地观测到裂尖扩展机制，在裂尖前端出现大量的表面微裂纹。如图 6-46（a）中浅色圈内所示，这部分白色线条出现的原因是沥青砂浆在测试之前经过喷金操作，原样试样表面具有一层薄薄的金粉。当微裂纹成型时，会产生新的表面，这些新的表面因为没有金粉而具有与原样表面不同的导电性。根据 SEM 图像成型的原理，这部分新产生的表面会显示高亮白色，即为微裂纹。当表面微裂纹进一步萌生、扩展和汇聚后，会在裂尖前端形成贯穿裂纹，如图 6-46（a）中黑圈所示。

如图 6-47 所示为不同放大倍数下胶粉改性沥青砂浆断裂面形态。由图中可见，胶粉改性沥青砂浆在中温下，其Ⅰ型断裂面并不平整，非常粗糙崎岖。脆性断裂面较为光滑平整，可知中温下胶粉改性沥青砂浆具有韧性断裂特性，而非脆性断裂。

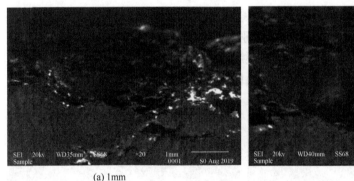

(a) 1mm   (b) 500μm

图 6-47 不同放大倍数下沥青砂浆断裂面形态

如图 6-48 所示为 SEM-SERVOPLUS 下未加载前沥青砂浆试件截面，如图 6-49 所示为 2s 测试时间、4s 测试时间下同样的沥青砂浆试件 SEM 扫描图片。在图 6-49

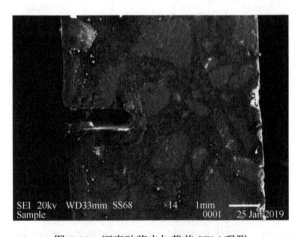

图 6-48 沥青砂浆未加载前 SEM 观测

中，深色圈显示的是集料颗粒与沥青之间的界面破坏，即黏聚力破坏，而浅色圈内显示的是沥青内部之间的断裂破坏，即内聚力破坏。

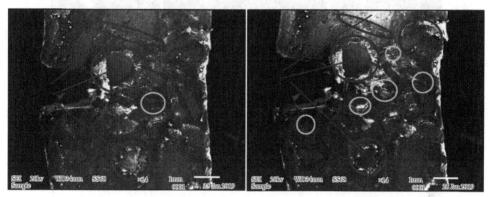

(a) 2s加载时间　　　　　　　　　　　　　　　　(b) 4s加载时间

图 6-49　胶粉改性沥青砂浆试件 I 型断裂内部失效模式分析

由图 6-49 中胶粉改性沥青砂浆 I 型断裂的微观形貌演化扫描图像发现，在中温下，胶粉改性沥青砂浆在加载前期，黏聚力破坏占据主导位置，此时微裂纹除了存在于裂尖区域外，还主要分布于集料颗粒与沥青的界面之间。随着加载的持续进行，裂尖的微裂纹逐渐汇聚成宏观裂缝，并使得裂尖逐步扩展。同一时期，虽然沥青砂浆内部破坏（内聚力破坏）仍有增长，但是试件内部的黏聚力破坏仍旧占据主导地位，沥青与集料界面出现大量聚集性微裂纹，如图 6-49（b）所示。这项微观发现阐释了胶粉改性沥青砂浆的内在断裂机制，也能在一定程度间接反映沥青混合料内的断裂演化规律。即在中温下，黏聚力破坏起着显著影响作用，内聚力破坏形式直至加载后期才逐渐产生不利影响。这也说明了集料与沥青之间的黏附作用相当重要，在中温下影响整体宏观结构的断裂性能。所以在未来的材料组成设计中，集料与沥青界面黏附需要引起相当大的重视，也是未来研究一个需要额外关注的问题。

图 6-50 显示的是胶粉改性沥青砂浆试件 I 型断裂加载中期黏聚力破坏和内聚力破坏的细观形态，由图中可以清晰地看到两种破坏的形态差别。图 6-51 显示的是裂尖前端贯穿裂纹的萌生和汇聚行为，这两幅图片充分验证了本章设计试验能够捕捉到沥青砂浆中各种各样的微裂纹形态，包括表面微裂纹、贯穿裂纹、黏聚力破坏形态和内聚力破坏形态等。也充分说明，虽然沥青砂浆、混合料为非均质材料，但是和其他已经应用的简单材料一样，完全能够实现其内部微裂纹形态的捕捉，其断裂机制符合断裂力学基本理论。

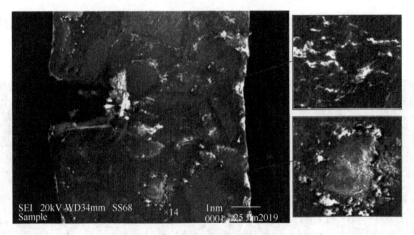

图 6-50　黏聚力破坏与内聚力破坏对比

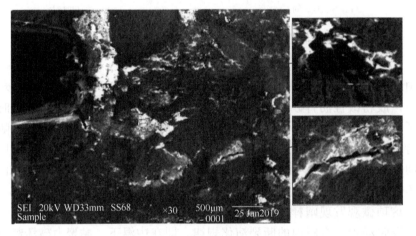

图 6-51　裂尖前端贯穿裂纹萌生、扩展

　　图 6-52 为分辨率 1mm 下沥青砂浆 I 型断裂裂尖微观形态。由图中可知，在中温下，裂尖前端微裂纹逐渐扩展，其中沿着裂尖扩展方向，集料颗粒与沥青之间的界面更容易发生破坏。

　　图 6-53 为分辨率 250μm，不同 CMOD 加载下胶粉改性沥青砂浆 I 型断裂裂尖微观形貌演化图。由图中可知，依靠所设计的细观断裂试验，沥青砂浆裂尖前部的断裂过渡区实际微观形貌演化被精确地捕捉到。裂纹扩展是以裂缝前端形成的微裂缝区为先导，分布在此区域内（即断裂过渡区）的材料虽然已经在外部荷载下产生损伤但仍具有一定的黏结作用，即在断裂过渡区内仍然分布着阻碍裂缝进一步扩展的黏聚力。在图 6-53 的微观形态演化中，可以清晰地看到这种现象，微裂纹在前端逐渐累积，但是并没有完全断开，仍旧保持一定的原

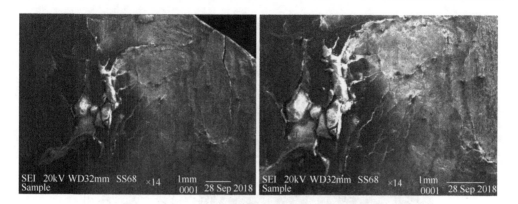

图 6-52　分辨率 1mm 下胶粉改性沥青砂浆 I 型断裂裂尖损伤演化

样形态，直至微裂纹密度达到一定程度，裂尖扩张向前。同时由图 6-53（a）可知，由于胶粉改性沥青砂浆成型过程中需要预制切割裂缝，所以在胶粉改性沥青砂浆加载开始前，裂尖前端已经存在一定的微裂纹和微损伤。这也与断裂力学基本理论相符，即自然界中不存在任何无损伤材料，任何材料结构成型之初都存在一定的微损伤。

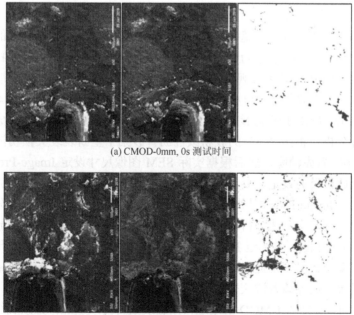

(a) CMOD-0mm, 0s 测试时间

(b) CMOD-0.5mm, 5.1s 测试时间

(c) CMOD-1mm, 11.5s 测试时间

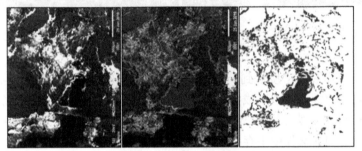

(d) CMOD-1.5mm, 14.7s 测试时间

图 6-53　分辨率 250μm 下胶粉改性沥青砂浆 I 型断裂裂尖损伤演化图

　　从断裂的本质来看，宏观裂纹是由微裂纹成核、扩展和汇聚而成的，所以以裂尖微裂纹密度为损伤量作为直接评价指标更为合理，而非相关力学特性等间接指标。在图 6-53 中的裂尖微观形态演化图中，借助 Image-Pro 软件开展进一步的微裂纹形貌识别获取与评价分析。Image-Pro 软件具有强大的图像分析功能，该软件设计之初主要应用于细胞形态学上，可以根据强大的内置命令库完成细胞集合的形态指标分析。将图 6-53 的胶粉改性沥青砂浆 I 型断裂裂尖损伤演化图导入 Image-Pro 中，首先消噪，然后根据实际 SEM 图像尺寸设定 Image-Pro 内的坐标比例尺，该比例尺的设定主要用于后期微裂纹形态尺寸的精确计算。完成上述准备工作后，在 Image-Pro 软件内，设定相应的 RGB 颜色指数阈值来区分微裂纹以及非微裂纹目标。由前述分析可知，在本章研究所设计的细观断裂试验中，微裂纹基本呈现高亮白色，故通过 RGB 阈值筛选，可以识别真实的微裂纹形态及其演化，同时自动分析所识别提取的微裂纹的形态特征，包括最大长度、最大面积和微裂纹数目等。通过该方法获得的不同 CMOD 加载下微裂纹的形貌汇总于表 6-5 中。由表中可知，随着 CMOD 的增加，微裂纹数目持续增加，且微裂纹最大长度和最大面积也随着 CMOD 的增长而显著提升。

表 6-5　胶粉改性沥青砂浆Ⅰ型细观断裂试验裂尖处微裂纹形态汇总

CMOD/mm	微裂纹数目	微裂纹总面积/μm^2	损伤变量	微裂纹最大长度/μm	微裂纹最大面积/μm^2
0	88	15083	7.54%	145.636	2245
0.5	1887	47920	23.96%	160.489	6960
1	2018	108774	54.39%	239.302	15132
1.5	3128	124824	62.41%	506.503	33694
2	3574	138741	69.37%	748.504	44158

由于所设计的细观断裂试验试样尺寸较小，且封闭在 SEM 真空室内进行测试，传统试验中的夹式牵引计无法直接应用于制备的胶粉改性沥青砂浆试样的预制裂纹处。然而，传统的宏观室内试验中，夹式牵引计是测量 CMOD 位移的重要保证[5,6]。为了在所设计的细观断裂试验中克服此困难，采用视频转化图片批处理的方式进行操作，原理及流程如下：首先在 SEM-SERVOPLUS 软件内将输出视频设定为 24 帧/s；将胶粉改性沥青砂浆细观断裂试验拍摄的视频转换成系列图片格式，并按照如图 6-54 所示的方法在系列图像中标注预制裂缝两侧特征点；通过对输出图片批处理操作，识别输出特征点之间的相对位移，即为针对该细观断裂试验简化的 CMOD 测量方法。该砂浆细观断裂试验 load-CMOD 曲线如图 6-55 所示。

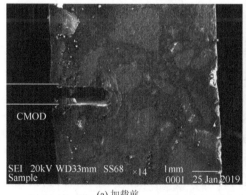

(a) 加载前

(b) 加载时

图 6-54　基于图像批处理手段获取 CMOD 值

针对图 6-54 中断裂过渡区的图像处理结果，根据式（6-16）建立裂尖损伤量。该损伤量直接以裂尖前端微裂纹密度为表征，是断裂扩展前直接评价指标，而非其他力学响应值等间接评价指标。不同 CMOD 加载下，裂尖的损伤变量演化汇总于图 6-55 中。由图可知，中温下，在胶粉改性沥青砂浆完全断裂时，裂尖前端的微裂纹密度可达 70%，该损伤量也可以作为相关数值模拟计算的输入变量。

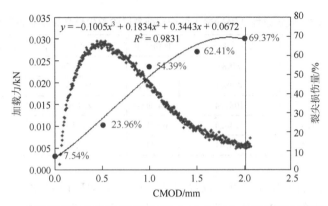

图 6-55　沥青砂浆 I 型细观断裂试验 load-CMOD 曲线与裂尖损伤变量

$$D = d_{tip} = \frac{A_{tip}}{A_{mortar}} \qquad (6\text{-}16)$$

式中，D 为损伤变量（%）；d_{tip} 为裂尖前端微裂纹密度；A_{tip} 为已有微裂纹总面积（μm^2）；A_{mortar} 为沥青砂浆面积，不包含预制裂缝面积（μm^2）。

6.5　胶粉改性沥青混合料断裂数值模拟分析

6.5.1　DC(T)数值模拟

　　本节主要开展基质沥青混合料和不同胶粉掺量的改性沥青混合料断裂数值模拟试验研究。基于 DC(T)、I-FIT 和 IDEAL-CT 数值模拟试验，评价胶粉颗粒掺量对于沥青混合料在低温和中温下的抵抗开裂的能力。在此基础上，以这三种试验测试获取的试验指标来进一步评价沥青混合料的抗裂试验方法的可靠性和稳定性，包括 DC(T)试验中的断裂能、I-FIT 试验中的断裂能与 FI、IDEAL-CT 试验中的失效能与 CT_{index}。

　　如图 6-56 所示为离散元内进行基质沥青混合料、8%胶粉改性沥青混合料、10%胶粉改性沥青混合料和12%胶粉改性沥青混合料的DC(T)断裂试验数值模拟。沿着预制裂缝垂直方向施加相应荷载，使得 CMOD 速率保持在 0.017mm/s。由图中可见，裂尖逐渐张开并向试件顶部扩展。如图 6-57 所示为裂尖扩张细观形貌图像，在图中观察到与 Mizzou 沥青断裂试验类似的现象。即胶粉颗粒具有较强的黏结强度，在沥青胶浆中表现出积极的增韧作用，可以有效地抑制裂缝的扩张。同时低温下，裂尖扩张到集料表面时，并不会绕过集料颗粒产生新的断裂路径，相反会穿过集料，集料会直接破碎。这说明在低温下，硬脆的沥青胶浆的强度大于集料颗粒本身的强度。

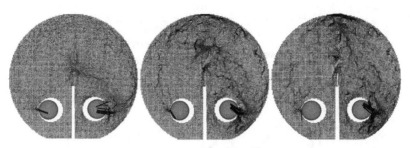

图 6-56　DC(T)断裂试验数值模拟

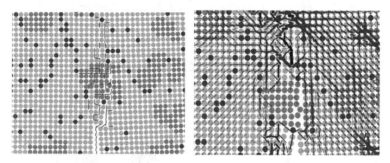

图 6-57　裂尖扩张与胶粉颗粒增韧作用

如图 6-58 所示为 DC(T)断裂模拟的 load-CMOD 响应曲线。与 Mizzou 沥青断裂试验不同，在低温下，基质沥青胶浆构成的混合料并不完全呈现脆性断裂的特征，相反具有一定的 pre-peak 和 post-peak 行为特征。而随着胶粉含量的上升，与 Mizzou 沥青断裂试验类似的是，沥青混合料 load-CMOD 响应曲线的 peak-load 上升，且具有更好的 post-peak 行为，说明在沥青混合料尺度级别，胶粉颗粒也可以提高其低温抗裂性能。胶粉改性沥青断裂曲线的峰值为 0.13～0.17kN，断裂前 post-peak 曲线延伸至 6～10mm。而反观图 6-58 可知，相对于胶粉改性沥青胶结料本身，胶粉改性沥青混合料断裂曲线具有更大的峰值但是其 post-peak 区域范围较窄。一般根据胶粉掺量不同，混合料的峰值相对于胶结料峰值提高了 30～40 倍，而 post-peak 值域也得到显著减小。这是因为混合料相比于胶结料具有更高的强度和刚度，但是其低温下抵抗塑性变形的延展性不足。

图 6-59 和图 6-60 分别为 DC(T)数值模拟断裂能分析结果、峰值大小及位置分析结果。由图中定量结果分析可知，相比于基质沥青混合料，8%胶粉改性沥青混合料、10%胶粉改性沥青混合料、12%胶粉改性沥青混合料的断裂能分别提升了 41.7%、103.6%和 130.3%。随着胶粉掺量的增加，峰值大小由 0.13kN 增加到 0.41kN、0.47kN 和 0.66kN，峰值位置由 2.7mm 延伸至 2.88mm、3.49mm 和 4.01mm，这些曲线行为特征的变化充分说明了低温下胶粉颗粒对于沥青混合料抗开裂性能的显著提升作用。

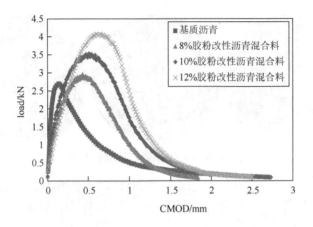

图 6-58　DC(T)断裂模拟的 load-CMOD 响应曲线

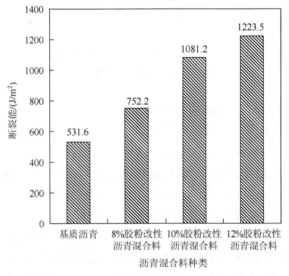

图 6-59　DC(T)断裂能分析

6.5.2　I-FIT 数值模拟

如图 6-61 所示为离散元内进行基质沥青混合料、8%胶粉改性沥青混合料、10%胶粉改性沥青混合料和12%胶粉改性沥青混合料的 I-FIT 断裂试验数值模拟。在数值试件顶部施加对应荷载，并控制速率为 LLD-50mm/min。半圆加载试样在顶部荷载的作用下逐渐失效，其试件顶部以受压为主，试件底部预制裂纹处以受张拉作用为主。张拉作用力随着加载头的持续作用而逐渐增大，并导致底部预制裂纹向上扩展并最终贯穿整个试件。

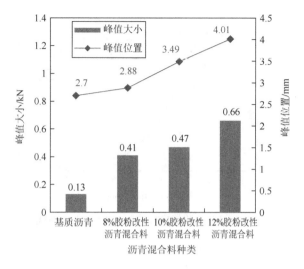

图 6-60　DC(T)峰值大小与峰值位置

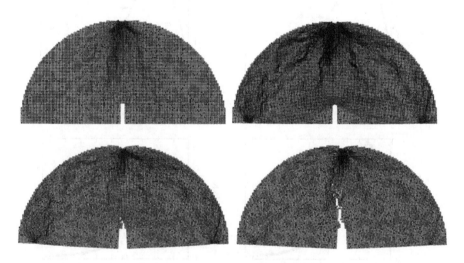

图 6-61　I-FIT 断裂试验数值模拟

如图 6-62 所示为 I-FIT 数值模拟的 load-LLD 响应曲线。相比于低温下的 DC(T) 断裂试验，I-FIT 试验由于采用 25℃，其断裂响应曲线具有更大的 post-peak 值域。相比于基质沥青，随着胶粉的掺入以及胶粉含量的提升，断裂曲线峰值提升且曲线包络的面积更大。采用伊利诺伊大学交通研究中心开发的 I-FIT 试验评价计算软件进行数据处理，将数值模拟的曲线结果输入软件内可以自行计算出包括断裂能、post-peak 拐点斜率和强度等指标，有关 post-peak 拐点斜率的软件计算结果如图 6-63 所示。

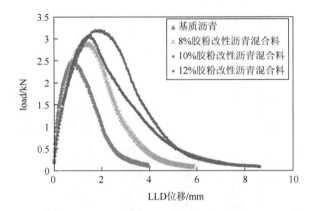

图 6-62　I-FIT 数值模拟的 load-LLD 响应曲线

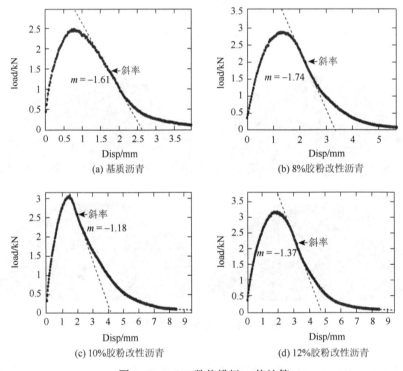

(a) 基质沥青

(b) 8%胶粉改性沥青

(c) 10%胶粉改性沥青

(d) 12%胶粉改性沥青

图 6-63　I-FIT 数值模拟 m 值计算

对于基质沥青混合料、8%胶粉改性沥青混合料、10%胶粉改性沥青混合料和
12%胶粉改性沥青混合料，I-FIT 试验下计算得出的 post-peak 区域拐点斜率分别
为-1.61、-1.74、-1.18、-1.37。一般而言，拐点斜率的绝对值越小，说明 post-peak
曲线降低得越快，更容易达到一个更高的塑性延展范围，从而有潜在可能具有较
高的抗开裂特性。然而由曲线拐点得出的结果分析发现，随着胶粉掺量的增加，

这种 post-peak 曲线中的拐点特征值，其斜率存在较大的变异性。按照所得斜率结果分析，10%胶粉改性沥青混合料 post-peak 行为更好，8%胶粉改性沥青混合料的 post-peak 行为不如基质沥青混合料，这与实际相悖。

图 6-64 为 I-FIT 数值试验曲线数据导入官方的分析软件得出的结果汇总。图 6-64（a）为 I-FIT 试验断裂能分析，由图中可知，不同掺量下的胶粉改性沥青混合料的断裂能远大于基质沥青混合料，且随着胶粉掺量的增加，断裂能逐步提高。在此得出和 DC(T)试验相同的结论，即无论中温、低温，胶粉颗粒对于沥青混合料的抗开裂性能均具有显著的积极作用，且胶粉含量越高，抗开裂性能提升越显著。

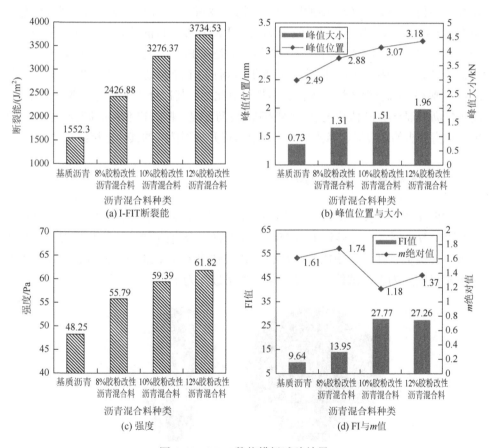

图 6-64　I-FIT 数值模拟试验结果

如图 6-64（b）所示为 I-FIT 试验下基质沥青混合料、8%胶粉改性沥青混合料、10%胶粉改性沥青混合料和 12%胶粉改性沥青混合料的峰值大小与峰值位置。由图中可知，与 DC(T)试验结果类似，随着胶粉掺量的增高，I-FIT 试验断裂曲线峰值逐步提高，且峰值位置后移。但是相比于低温下的 DC(T)试验，在材料组成相同时，I-FIT 试验的峰值远小于低温下 DC(T)试验的峰值，其峰值出现的位置大于 DC(T)试验的峰值出现的位置。进一步说明胶粉改性沥青混合料在低温下相比于中温，具有更高的刚度和强度，但是抵抗塑性变形的延展性稍差。

如图 6-64（c）所示为 I-FIT 试验计算的强度，基质沥青混合料的强度为 48.25Pa，8%胶粉改性沥青混合料、10%胶粉改性沥青混合料和 12%胶粉改性沥青混合料相对于基质沥青混合料分别增长了 14.6%、25.2%和 28.8%，说明胶粉可以增加沥青混合料的整体强度。

如图 6-64（d）所示为 I-FIT 试验内计算的 post-peak 拐点斜率的绝对值，以及基于该值与图 6-64（a）中的断裂能共同计算得出的 FI 值。由 I-FIT 试验自身结果图 6-64（a）和（b）可知，胶粉颗粒对于沥青混合料的抗裂性能具有显著积极的影响，尤其断裂能增长幅度极为明显。但是在 FI 的指标计算中，相对于基质沥青混合料，不同掺量的胶粉改性沥青混合料的 FI 确实是显著提升的，但是当与 8%、10%和 12%胶粉改性沥青混合料指标对比时，其评价并不完全可靠。12%的胶粉改性沥青混合料 FI 值相比于 10%胶粉改性沥青混合料的 FI 值略有减少，这与 I-FIT 前述自身分析的断裂能、峰值和强度等显著提升抗裂性能的其他指标结果相反。

6.5.3　IDEAL-CT 数值模拟

如图 6-65 所示为离散元内进行基质沥青混合料、8%胶粉改性沥青混合料、10%胶粉改性沥青混合料和 12%胶粉改性沥青混合料的 IDEAL-CT 断裂试验数值模拟。在数值试件顶部施加对应荷载，并控制速率为 LLD-50mm/min。试件顶部与下部以受压为主，试件中部以受张拉作用破坏为主。

图 6-65　IDEAL-CT 数值模拟

如图 6-66 所示，中温下的 IDEAL-CT 断裂曲线行为基本特征同低温下的 DC(T)以及中温下的 I-FIT 试验，也具有 pre-peak、peak-load 和 post-peak 行为。由于具有相同的加载条件，将 IDEAL-CT 试验与 I-FIT 试验曲线进行对比。两个试验的基本操作差别在于，I-FIT 试验试样厚度为 50mm，预制裂缝长度为 15mm，IDEAL-CT 试验试样厚度为 62mm，无预制裂缝。I-FIT 试验相对于 IDEAL-CT 试验仅仅从相同直径的圆柱形试样截取了一半，厚度减小 12mm，同时增加 15mm 预制裂缝，除此以外，其他所有材料特征和加载工况均一致。

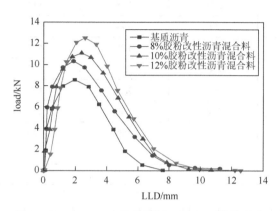

图 6-66　IDEAL-CT 数值模拟 load-LLD 曲线响应

由表 6-6 可知，在失效能的数值级别上，IDEAL-CT 试验相比于 I-FIT 的断裂能和峰值远远提升。IDEAL-CT 试验内基质沥青、8%胶粉改性沥青混合料、10%胶粉改性沥青混合料和 12%胶粉改性沥青混合料的峰值分别为 8.62kN、10.37kN、11.04kN 和 12.45kN，失效能分别为 3560.3J/m²、5115.1J/m²、5465.9J/m² 和 5848.5J/m²。而在 I-FIT 试验中，峰值分别为 2.49kN、2.88kN、3.07kN 和 3.18kN，断裂能分别为 1552.3J/m²、2426.88J/m²、3276.37J/m² 和 3734.53J/m²。同为间接拉伸、相同工况下的 IDEAL-CT 试验和 I-FIT 试验，其断裂峰值出现差距是由试件尺寸造成的。但是失效能、断裂能均是归一化评价参数，即通过 load-LLD 曲线下包络的面积除以试件厚度以及韧区长度（IDEAL-CT 无韧带区，直接将整个试件沿加载方向的竖向切片区域作为韧带区，即韧区长度 150mm）获得。但评价指标级别差距较大，说明由于沥青混合料的非均质性，目前 DC(T)、I-FIT 和 IDEAL-CT 试验测试所获得的断裂能、失效能并非材料常数，仅是该试验模式下一种评价沥青混合料整体抗开裂性能的相对评价指标。

表 6-6　IDEAL-CT 试验结果汇总分析

参数	基质沥青	8%胶粉改性沥青混合料	10%胶粉改性沥青混合料	12%胶粉改性沥青混合料
失效能/(J/m²)	3560.3	5115.1	5465.9	5848.5
峰值/kN	8.62	10.37	11.04	12.45
峰值位置/mm	2.34	2.09	2.68	2.89

参数	基质沥青	8%胶粉改性沥青混合料	10%胶粉改性沥青混合料	12%胶粉改性沥青混合料
85%峰值/kN	7.33	8.81	9.38	10.58
85%峰值位置/mm	3.38	3.38	3.96	4.06
65%峰值/kN	5.6	6.74	7.18	8.09
65%峰值位置/mm	4.03	4.28	4.76	4.74
75%峰值/kN	6.47	7.78	8.28	9.34
75%峰值位置/mm	3.7	3.78	4.37	4.42
75%峰值斜率	2.66	2.30	2.75	3.66
直径/mm	150	150	150	150
厚度/mm	62	62	62	62
CT_{index}	35.94	63.46	63.07	50.47

图 6-67 为 IDEAL-CT 断裂模拟失效能与 CT_{index} 结果。具体计算依照式（6-6）～式（6-8），相关计算中间过程量汇总于表 6-6 中。由图 6-67 可见，与 DC(T) 和 I-FIT 试验结论类似，相比于基质沥青混合料，胶粉改性沥青混合料的中温抗裂性能显著增强，主要体现在图中失效能的显著增长。但是由 post-peak 后 75%peak-load 点处斜率绝对值结合失效能共同计算出的 CT_{index} 指标的评价可靠性仍显不足。当纵向对比基质沥青与各掺量胶粉改性沥青混合料时可知，CT_{index} 指标显著增加，说明中温抗裂性能提升。但是当横向对比各掺量胶粉改性沥青混合料时发现，CT_{index} 并非上升反而下降，且 12%胶粉改性沥青混合料的 CT_{index} 下降明显。图 6-67 中 CT_{index} 的下降结果与实际 IDEAL-CT 输出计算得出的失效能增长趋势相反。

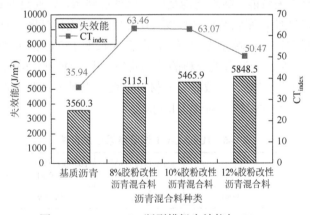

图 6-67　IDEAL-CT 断裂模拟失效能与 CT_{index}

6.5.4　界面黏结强度影响性分析

针对 10%胶粉改性沥青混合料进行进一步的 DC(T)、I-FIT 以及 IDEAL-CT 数值试验对比分析，保持胶粉掺量为 10%不变。定义界面收缩系数为离散元内集料与沥青胶浆颗粒 CZM 参数放大缩小倍数，设定其值分别为 0.8、1.0 以及 1.2，并将其赋予在 DC(T)、I-FIT 和 IDEAL-CT 数值试验内所有的集料与沥青胶浆颗粒原始断裂接触参数之间。该界面收缩系数实际表征的是沥青胶浆与集料颗粒之间的 CZM 模型参数变化，其中的 CZM 峰值以及 CZM 最大塑性位移分别扩大80%、100%和 120%。界面收缩系数越大表明离散元内集料与沥青胶浆颗粒黏结强度越高，界面越不容易发生断裂。DC(T)、I-FIT 和 IDEAL-CT 数值试验不同界面收缩系数数值模拟断裂曲线行为分别汇总于图 6-68（a）～图 6-68（c）中。

由图 6-68（a）可见，低温下集料-沥青胶浆界面的强度提升对于整体断裂行为虽有提升但影响并不大，说明低温下界面的黏聚力破坏并不显著，更多的是沥青内部内聚力破坏。由图 6-68（b）和（c）的断裂曲线特性可知，中温下界面黏结强度的增强对于沥青混合料整体抗裂性能的改善具有显著影响，界面黏结强度

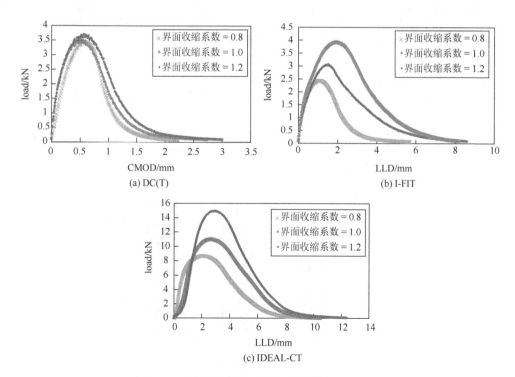

图 6-68　不同界面强度系数下断裂模拟数值结果

越高，断裂曲线的峰值越大，且 post-peak 曲线行为越好。这也从侧面说明，随着温度的升高，胶粉改性沥青混合料内部的黏聚力破坏逐渐占据主导位置，并对最终的宏观断裂性能产生影响。针对图 6-68 中的 I-FIT 试验曲线，同样利用 I-FIT 官方分析软件进行指标分析，同时对 IDEAL-CT 试验曲线进行特征评价与计算，相关的定量指标计算结果汇总于表 6-7 和图 6-69～图 6-71 中。

表 6-7　不同界面收缩系数下 IDEAL-CT 试验结果汇总分析

参数	界面收缩系数为 0.8	界面收缩系数为 1	界面收缩系数为 1.2
失效能/(J/m^2)	3884.11	5465.88	7018.19
峰值/kN	8.68	11.04	14.94
峰值位置/mm	2.13	2.68	2.87
85%峰值/kN	7.37	9.38	12.70
85%峰值位置/mm	3.27	3.96	4.05
65%峰值/kN	5.64	7.17	9.713
65%峰值位置/mm	3.91	4.75	4.73
75%峰值/kN	6.51	8.28	11.20
75%峰值位置/mm	3.59	4.37	4.41
75%峰值斜率	−2.71	−2.78	−4.40
直径/mm	150	−150	150
厚度/mm	62	62	62
CT$_{index}$	37.31	62.30	50.36

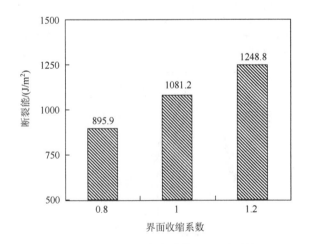

图 6-69　不同界面收缩系数 DC(T)断裂能

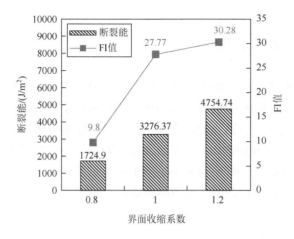

图 6-70　不同界面收缩系数 I-FIT 断裂能与 FI 值

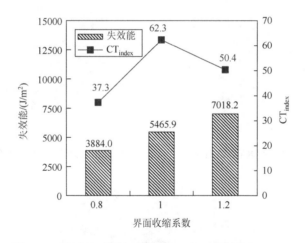

图 6-71　不同界面收缩系数 IDEAL-CT 失效能与 CT_{index}

图 6-69 为不同界面收缩系数下的 DC(T)断裂能。随着黏结强度的提升，界面收缩系数由 0.8 增长至 1.2，断裂能分别提高了 20.6%和 39.3%。而在中温下的 I-FIT 试验与 IDEAL-CT 试验中，断裂能和失效能随着界面收缩系数的增加，分别增长了 89.9%、175.6%和 40.7%、80.1%，从定量分析的角度进一步说明了界面黏结强度对于胶粉改性沥青混合料抗裂性能提升的积极作用，但这种积极作用在低温下不如中温下显著。图 6-70 中，随着界面黏结强度的增加，FI 值也稳定增加，与实际断裂能增长趋势一致。而在图 6-71 中，当界面黏结强度增长时，虽然失效能显著增加，CT_{index} 却先增长后降低，其中界面收缩系数为 1.2 的 CT_{index} 远小于界面收缩系数为 1.0 的 CT_{index}，这与实际失效能增长，抗裂性能提升的结果相反。

6.5.5　空隙率影响性分析

针对10%胶粉改性沥青混合料进行进一步的DC(T)、I-FIT和IDEAL-CT数值试验对比分析。保持胶粉掺量为10%不变，通过随机空隙成型的方式进一步对比在不同空隙率下三种断裂试验的可靠性。在空隙率影响分析中，选择随机成型的空隙率值分别为4%、6%和8%，空隙分布按照随机均匀分布概率在三种断裂数值试件内成型，如图6-72～图6-74所示。数值模拟试件中的白色空隙即为随机选择并删除的沥青胶浆颗粒，并以此模拟随机虚拟空隙含量以及形态分布。

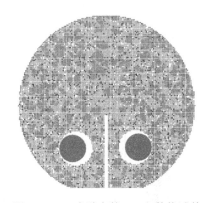

图6-72　6%空隙率的DC(T)数值试件　　　图6-73　6%空隙率的IDEAL-CT数值试件

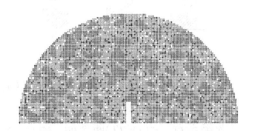

图6-74　6%空隙率的I-FIT数值试件

图6-75为DC(T)、I-FIT以及IDEAL-CT不同空隙率下的数值试验结果。由图中数值结果可知，无论中温还是低温，空隙率都会对胶粉改性沥青混合料的断裂性能产生一定影响，具体表现为：①空隙率越大，断裂行为曲线峰值越小，post-peak行为越差；②由DC(T)、I-FIT和IDEAL-CT的pre-peak曲线斜率可知，空隙率越大，中温和低温下胶粉改性沥青混合料刚度越小，且在低温下，刚度衰减更加明显。采用I-FIT官方分析软件对I-FIT数值模拟数据进行分析，同时统计计算IDEAL-CT曲线特性指标，分析结果汇总于表6-8和图6-76～图6-78中。

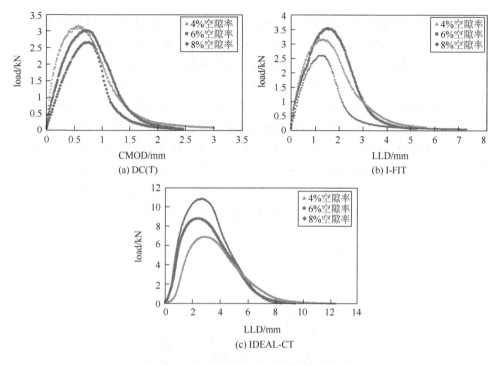

图 6-75　不同空隙率下断裂试验数值结果

表 6-8　不同空隙率下 IDEAL-CT 试验结果汇总分析

参数	4%空隙率	6%空隙率	8%空隙率
失效能/(J/m²)	4645.8	3935.4	3249.2
峰值/kN	10.83	8.83	6.92
峰值位置/mm	2.65	2.42	2.77
85%峰值/kN	9.20	7.50	5.88
85%峰值位置/mm	3.64	3.56	4.05
65%峰值/kN	7.04	5.73	4.49
65%峰值位置/mm	4.08	4.28	4.73
75%峰值/kN	8.12	6.62	5.19
75%峰值位置/mm	3.91	3.91	4.415
75%峰值斜率	−4.96	−2.47	−2.03
直径/mm	150	150	150
厚度/mm	62	62	62
CT_{index}	25.50	45.44	50.35

图 6-76 显示的是不同空隙率下 DC(T)模拟断裂能。针对 10%胶粉改性沥青混合料，4%、6%和 8%空隙率下，断裂能分别为 1070.4J/m²、917.7J/m² 和 731.9J/m²。相对于 4%空隙率，6%与 8%空隙率低温下断裂能降低 14.3%和 31.7%。而在中温下，如图 6-77 所示，I-FIT 模拟试验所测得的 4%、6%与 8%空隙率下的断裂能分别为 2662.2J/m²、2543.2J/m² 和 1533.7J/m²。相对于 4%空隙率，6%与 8%空隙率低温下断裂能降低 4.5%和 42.4%。IDEAL-CT 模拟试验所测得的 4%、6%与 8%空隙率下的失效能分别为 4645.8J/m²、3935.4J/m² 和 3249.2J/m²。相对于 4%空隙率，6%与 8%空隙率低温下失效能降低 15.3%和 30.5%。这些数值模拟分析结果说明了胶粉改性沥青混合料内，空隙率的提升会显著影响沥青混合料在低温和中温下的断裂性能，且空隙率由 6%增长到 8%以后，断裂性能衰减最为明显。

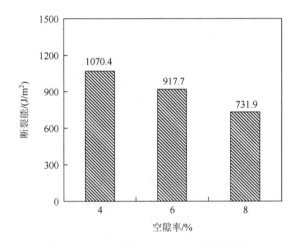

图 6-76　不同空隙率下 DC(T)模拟断裂能

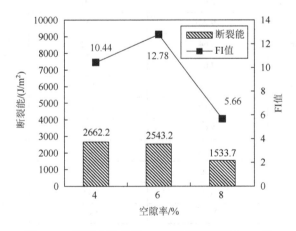

图 6-77　不同空隙率下 I-FIT 模拟断裂能与 FI 值

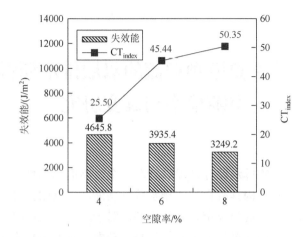

图 6-78　不同空隙率下 IDEAL-CT 模拟失效能与 CT_{index}

同时由图 6-77 和图 6-78 可知，随着空隙率的提升，I-FIT 内断裂能下降，但是 FI 值先增加后降低。IDEAL-CT 试验内，失效能下降，但是 CT_{index} 呈增长的相反趋势，同样说明了 FI 值、CT_{index} 指标评价仍旧缺乏可靠性。

参 考 文 献

[1]　孙雅珍. 沥青混凝土路面粘弹性损伤演化与防裂控制研究[D]. 沈阳: 东北大学, 2009.

[2]　高虎. 沥青混合料断裂和车辙行为的离散元数值模拟和研究[D]. 武汉: 华中科技大学, 2018.

[3]　褚武扬. 断裂力学基础[M]. 北京: 科学出版社, 1979.

[4]　张淳源. 粘弹性断裂力学[M]. 武汉: 华中理工大学出版社, 1994.

[5]　王端宜, 吴文亮, 张肖宁, 等. 基于数字图像处理和有限元建模方法的沥青混合料劈裂试验数值模拟[J]. 吉林大学学报(工学版), 2011, 41(4): 968-973.

[6]　张爱霞. 沥青混合料细观结构初步分析[D]. 西安: 长安大学, 2009.

第7章　基于离散颗粒流的双层排水沥青混合料空隙堵塞与衰变研究

　　沥青混合料路面的排水设计是保障行车安全、路面结构性能的重要因素。大空隙沥青混合料路面结构具有良好的排水降噪功能，但其耐久性问题突出；为此研究大空隙结构的排水规律及空隙衰变机制，对于改善与推广排水路面的应用具有重大的实际价值。本章将基于 CT 扫描技术获取沥青路面排水空隙结构模型，通过 PFC3D 离散元软件开展空隙模型仿真研究。采用空隙率、空隙个数和空隙体表面积指标表征空隙排水机制，揭示各因素对结构排水影响规律，在此基础上，建立双层排水沥青路面荷载作用下的空隙结构衰变预测模型。采集路面堵塞物数据，进行虚拟路面堵塞试验，揭示空隙率衰减规律。最后，对双层排水沥青路面的抗堵塞能力影响因素进行分析，揭示多因素作用下结构排水性能衰变机制。

7.1　双层排水沥青混合料空隙结构仿真

7.1.1　空隙结构提取

　　为将空隙结构从 PAC 虚拟试件中提取出来，将虚拟试件区域内布满一个个小球"像素"，而后将每个与集料颗粒有重合的小球删除，剩余的小球即为空隙结构[1]，具体方法如下所述。

　　（1）切割试件。由于沥青混合料试件的四周外围可能存在较大的坑洞，此时不好定义坑洞是空隙的一部分还是集料本身的形状，使得提取的空隙率可能偏大。因此，对虚拟试件进行切割，将圆柱形试件切割成内切的最大立方体试件后再进行空隙结构的提取。将四周半圆形部分的集料删除，保留内部的集料。

　　（2）确定空隙基本单元（ball）的尺寸。空隙基本单元的大小对仿真结果有较大影响，若小球半径过大，则小球间隙增大，导致提取空隙体积小于真实空隙体积过多，误差过大；若小球半径过小，则在生成空隙基本单元以及后续判断、连接空隙结构的过程中软件运行效率十分低下，同时过小的小球半径可能使更多的空隙相连接，导致连通空隙过多，误差过大。经过反复比选与测试，为平衡仿真精度与运行效率，本章选定半径为 1mm 的小球作为空隙结构的基本单元。

（3）生成空隙基本单元。从切割后的立方体试件底部一角开始，生成空隙基本单元，判断该单元是否与现有集料颗粒单元有重合，若重合则删去该空隙基本单元，若不重合则保留该空隙基本单元，继续下一位置小球的生成与判定。将试件底部一层的空隙基本单元生成、判定完成后，进行上一层的生成、判定，直至覆盖整个试件，完成空隙结构的提取，如图 7-1 所示，图中每一个小球代表一个空隙基本单元。

图 7-1　PAC-10 空隙结构的提取

7.1.2　空隙结构分类

在提取空隙结构后，各个空隙基本单元之间是互不关联、互相独立的 ball，实际上相连的几个空隙基本单元应该为一个整体，因此为了后续空隙分类与相关指标分析，需要将相互接触的 ball 识别并定义为一个聚合体 clump，随后根据不同类型空隙的特征进行分类，具体方法如下所述。

（1）连接相互接触的空隙基本单元（ball）形成空隙块状单元（clump），步骤如下：

①选取一个该模型下无意义的物理属性作为判定接触与否的标准，由于此时试件已压实成型，颗粒相关的物理力学属性已对后续仿真没有影响，因此选择小球的阻尼 damping（简称 d）作为此物理属性；

②遍历所有空隙基本单元，将所有空隙基本单元（ball）的物理属性 d 设为 0，表明它们之间互不接触、互不关联；

③随机选取一个空隙基本单元 A（ball），如果它的物理属性 $d=0$，则重新设定该小球的物理属性 $d=1$，同时设定一个判定器 $n=1$；

④当判定器 $n>0$ 时，令 $n=0$，并遍历所有空隙基本单元，对当前每一个 $d=1$ 的空隙基本单元（若刚开始，则只有一个空隙基本单元 A），均判断它与剩余所有

$d=0$ 空隙基本单元是否有接触,若有接触则重新设定该小球的物理属性 $d=1$,同时判定器 $n=n+1$;

⑤重复步骤④中的循环,直到 $n=0$ 跳出步骤④,表明当前 $d=1$ 的所有小球中,已没有任何一个与其他 $d=0$ 的小球有接触;

⑥将所有 $d=1$ 的空隙基本单元通过离散元命令生成聚合体 clump,即形成空隙块状单元,并将原本的 $d=1$ 的空隙基本单元全部删除,至此第一个空隙块状单元判定并生成完毕;

⑦重复步骤③~⑥,直至所有空隙基本单元均被删除,此时模型中存在的对象全部为聚合体 clump,至此所有空隙块状单元判定并生成完毕。

(2)将空隙块状单元(clump)按照以下逻辑与顺序进行分类:

①所有空隙中,有接触试件上表面的空隙——半连通空隙;

②半连通空隙中,有接触试件前后左右下五个表面中任意一面的空隙——连通空隙;

③剩余未分组的空隙——封闭空隙;

④封闭空隙中,有接触试件前后左右下五个表面中任意一面的空隙——半连通空隙。

分类后,将连通空隙、半连通空隙、封闭空隙分别设定为不同灰度值,具体如图 7-2 所示。

(a) 整体情况

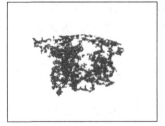

(b) 连通空隙   (c) 半连通空隙   (d) 封闭空隙

图 7-2   PAC-10 空隙结构的分类

从图 7-2 可以看到，不同类别空隙的形态与分布不尽相同。连通空隙从表面开始随机分布，并自上而下蜿蜒贯穿混合料，每一个连通空隙都占据较大的体积，并且在混合料中竖向、横向的跨度都较大；半连通空隙在表面或侧面随机分布，但并未贯穿混合料，可以看成混合料表面或侧面的一个个与内部结构无法相连的坑槽；封闭空隙零散随机地分布在混合料内部，与外界不相连，每一个封闭空隙都是独立的个体。

7.1.3　空隙结构指标

沥青混合料的空隙结构形状复杂，分布不规则，如何将空隙结构的特征与沥青混合料本身的降水降噪等功能性能和高低温性能等结构性能相联系是空隙结构研究的重点[2]。目前国内外学者采用吸音频谱法、孔道测试法和扫描与图像处理等方法，对沥青混合料的空隙结构进行观察，以二维或三维、微观或宏观、大小或形状为基础提出了许多不同的指标。现将应用较为广泛的空隙结构指标总结如下。

（1）宏观指标：空隙率、有效空隙率。空隙率是指压实沥青混合料内矿料及沥青以外的空隙，不包括矿料自身内部空隙的体积占试件总体积的百分率，即封闭空隙、半连通空隙和连通空隙体积占试件总体积的百分率，在实验室通常采用体积法进行测定。有效空隙率是指能够将雨水排出路面结构的空隙的体积占试件总体积的百分率，即半连通空隙和连通空隙体积占试件总体积的百分率，在实验室通常采用水中重法进行测定。空隙率和有效空隙率作为空隙结构指标测量简单，应用最为广泛，分为二维分层空隙率和三维整体空隙率。

（2）空隙大小指标：空隙等效直径、空隙数量、最小孔径、空隙级配等。这些指标通常用于从二维层面评价沥青混合料试件某一断面的过水面积。空隙等效直径，即与空隙面积相等的等效圆的直径；空隙数量，指断面上连通空隙的数目；最小孔径，指断面出现次数最多的空隙直径；空隙级配，指断面所有出现空隙等效圆的直径分布情况。空隙等效直径与最小孔径越大，代表断面过水面积越大；空隙数量相对越小，空隙级配分布越集中，代表断面过水面积越集中，混合料排水性能越好。

（3）空隙形状指标：空隙比表面积、弯曲度、空隙分形维数。这些指标通常用于从空隙形状层面评价沥青混合料的空隙结构。比表面积，指单位质量物体具有的表面积，即面积比体积；弯曲度，指实际流水长度与该出水路径出、入口的直线垂直长度的比值；空隙分形维数，用以表征某类体形复杂，但内部组成具有某类相似特征的结构，可以分为空隙轮廓分形维数、空隙体积分形维数，可以用小岛法采用式（7-1）计算。空隙比表面积越小，弯曲度越大，空隙分形维数越大，代表空隙形状越复杂，空隙分布越破碎，雨水通过路面结构的时间越长，越不利于路面排水。

$$\ln V = \ln K + D \ln S \qquad (7\text{-}1)$$

式中，V 为空隙的体积（mm^3）；S 为空隙表面积（mm^2）；K 为拟合参数；D 为分形维数。

根据空隙结构分类方式，选取空隙率 VV、半连通空隙率 V_f、连通空隙率 V_e、空隙数量 N、空隙体表面积 DD 作为双层排水路面空隙结构的评价指标，其计算公式分别如下所示。

$$VV = \frac{N_1 \times 8r^3}{V_r} \qquad (7\text{-}2)$$

式中，N_1 为组成空隙结构的所有小球的数目；r 为组成空隙结构的所有小球的半径（m）；V_r 为路面结构体积（mm^3）。

$$V_f = \frac{N_2 \times 8r^3}{V_r} \qquad (7\text{-}3)$$

式中，N_2 为组成半连通空隙结构的所有小球的数目；r 为组成空隙结构的所有小球的半径（m）；V_r 为路面结构体积（mm^3）。

$$V_e = \frac{N_3 \times 8r^3}{V_r} \qquad (7\text{-}4)$$

式中，N_3 为组成连通空隙结构的所有小球的数目；r 为组成空隙结构的所有小球的半径（m）；V_r 为路面结构体积（mm^3）。

$$DD = \frac{N_4}{N_5} \qquad (7\text{-}5)$$

式中，N_4 为组成某空隙结构的所有小球的数目；N_5 为组成某空隙结构的外部小球的数目。

对双层排水路面车辙板所提取的空隙结构采用上述指标进行计算，空隙率 VV 为 20.89%，半连通空隙率 V_f 为 1.71%，连通空隙率 V_e 为 19.18%，连通空隙数量为 1，半连通空隙数量为 14，空隙体表面积 DD 为 1.08。

当前排水沥青混合料常见的空隙指标为空隙率与连通空隙率，两者是通过室内试验测量得到的宏观指标，同时室内测量的连通空隙实则为连通空隙与半连通空隙的集合[2]。关于连通空隙、半连通空隙、封闭空隙三者各自在混合料中的体积、数量、单位体积则无法通过常规的简单室内试验测量获得。在 PFC3D 仿真中则可以较为方便地获取这些指标，通过提取 PAC 虚拟试件中的空隙结构并分类，随后对各空隙的体积、数量进行统计，从细观层面对排水沥青混合料的空隙结构有更直观的认识。以 PAC-10 为例，其空隙结构指标如表 7-1 所示。

表 7-1　PAC-10 的空隙结构指标

空隙类型	空隙体积	空隙体积占比	空隙数量	空隙数量占比	单位空隙体积	单位空隙体积占比
所有空隙	13265	—	933	—	14.2	—
连通空隙	5523	41.6%	21	2.3%	263.0	18.1%
半连通空隙	4404	33.2%	271	29.0%	16.3	1.1%
封闭空隙	3338	25.2%	641	68.7%	5.2	0.4%
有效空隙	9927	74.8%	292	31.3%	279.3	2.4%

注：空隙体积与单位空隙体积的单位是一个空隙基本单元小球的体积，即 $\frac{4}{3}\pi r^3 = 4.189\text{mm}^3$，此处为简洁方便表示，在表中直接采用这种单位形式；有效空隙代表连通空隙与半连通空隙的集合。

从 PAC-10 的空隙结构指标中可以看出排水沥青混合料空隙结构的一般特性。

（1）空隙体积占比：连通空隙>半连通空隙>封闭空隙。

在排水沥青混合料的空隙中，连通空隙体积占比是最大的，达到了 41.6%，承担了主要的排水降噪功能；其次是半连通空隙，达到了 33.2%；而封闭空隙体积占比最小，仅有 25.2%。连通空隙与半连通空隙均能发挥一定的功能性，因此将二者统称为有效空隙，室内试验测量的连通空隙率实则是有效空隙率，即包含了连通空隙与半连通空隙。有效空隙体积占比达到了 75%左右，即排水沥青混合料中的空隙有 3/4 在发挥功能。

（2）空隙数量占比：连通空隙 ≪ 半连通空隙 ≪ 封闭空隙。

在排水沥青混合料的空隙中，连通空隙数量仅占 2.3%，远小于半连通空隙的 29.0%，而半连通空隙数量占比又远小于封闭空隙的 68.7%。有效空隙数量占比仅有 31%左右，即实际上有效空隙数量仅占所有空隙数量的 1/3 左右，因此将排水沥青混合料称为多孔沥青混合料并不是那么准确，更适合称为大空隙沥青混合料。

（3）单位空隙体积：连通空隙 ≫ 半连通空隙 ＞ 封闭空隙。

单位空隙体积为空隙体积与空隙数量的比值，表示一个完整的空隙所占的绝对体积。在排水沥青混合料的空隙中，连通空隙单位体积远大于半连通空隙与封闭空隙，大约是半连通空隙的 16 倍、封闭空隙的 50 倍之多，直接体现出"大空隙"的鲜明特征。单个连通空隙的体积越大，意味着雨水排出的通道越宽，对于保证充足的排水功能至关重要。

（4）单位空隙体积占比：连通空隙 ≫ 半连通空隙 ＞ 封闭空隙。

单位空隙体积占比为空隙体积占比与空隙数量占比的比值，表示 1%数量的空隙所占的相对体积。同样，单位连通空隙体积占比远大于半连通空隙与封闭空隙，大约是半连通空隙的 16.5 倍、封闭空隙的 45 倍之多。单位空隙体积占比越高，意味着该类空隙创造空隙的能力越强，形成完整、贯通、大块空隙的概率越大，对排水功能的贡献也就越大。

7.2　双层排水沥青混合料空隙结构形成数值模拟分析

7.2.1　空隙率与连通空隙率

以往的研究多将排水沥青路面的排水效果与其空隙率直接联系、将空隙率与混合料级配中 2.36mm 的通过率直接联系，这种方式虽简单直观，却忽视了空隙结构中不同组成发挥着不同的功能，并非所有空隙对排水降噪功能都有贡献。真正发挥排水、降噪功能的空隙结构为连通空隙，发挥储水、降噪功能的空隙结构为半连通空隙，而封闭空隙没有发挥作用。这意味着要最大化排水沥青路面的功能性，需要确保连通空隙率、半连通空隙率足够大，并尽量减小"无用的"封闭空隙率。在相同的空隙率下，若有效空隙占比越高，则空隙结构中发挥功能的组成部分越多，空隙结构的有效利用率越高。

目前国内的排水沥青路面以单层 PAC-13 为主，根据国外研究与应用经验，双层排水沥青路面具有更好的排水与降噪性能，由于上下层之间集料粒径差异的存在，上下层路面不同的空隙结构能够发挥各自的优势，在不同公称最大粒径排水沥青混合料的组合下，排水降噪功能以及抗堵塞能力得到了强化；在国内外的排水沥青路面工程中，有工程人员发现过多的 3～5mm 挡集料不利于保证排水沥青混合料充足的空隙率和排水功能，此处将该挡集料称为干扰粒径集料。

7.2.2　公称最大粒径对空隙结构形成的影响

针对四种常见的排水沥青混合料 PAC-10、PAC-13、PAC-16、PAC-20，选取各自典型的级配，在离散元软件中投放相应粒径和数量的 clump 集料颗粒并进行压实，生成直径 10cm 的圆柱体虚拟试件，并根据不同公称最大粒径与工程中所处路面结构的层位选取虚拟试件的厚度，如表 7-2 所示。

表 7-2　四种常见排水沥青混合料典型级配

筛孔尺寸/mm	通过率/%			
	PAC-10	PAC-13	PAC-16	PAC-20
19	100	100	100	97.5
16	100	100	100	86.0
13.2	100	95.0	95.0	74.0

续表

筛孔尺寸/mm	通过率/%			
	PAC-10	PAC-13	PAC-16	PAC-20
9.5	95.0	60.0	40.0	54.0
4.75	40.0	18.0	18.0	18.0
2.36	12.0	12.0	12.0	12.0
1.18	9.5	9.5	9.5	9.5
0.6	7.0	7.0	7.0	7.0
0.3	6.0	6.0	6.0	6.0
0.15	5.0	5.0	5.0	5.0
0.075	4.5	4.5	4.5	4.5
设计厚度/cm	3	4	5	6

根据 7.1 节中排水沥青混合料空隙结构仿真的方法，对 PAC 虚拟试件的空隙结构进行提取、分类并获取相关指标。不同公称最大粒径 PAC 对应的设计厚度不同，空隙结构指标的绝对值之间不具有可比性，因此针对相对值进行分析。

1. 空隙体积分布

不同类型 PAC 的空隙体积占比反映了各类空隙在混合料中的体积分布状况，如表 7-3 所示。

表 7-3　不同类型 PAC 的空隙体积占比　　　　（单位：%）

空隙类型	PAC-10	PAC-13	PAC-16	PAC-20
连通空隙	41.6	47.4	53.7	55.6
半连通空隙	33.2	32.9	30.6	30.5
封闭空隙	25.2	19.7	15.7	13.9
有效空隙	74.8	80.3	84.3	86.1

由表 7-3 可以看出，排水沥青混合料的连通空隙体积占比基本处于 40%～55%，即形成的空隙结构中仅有一半左右对于路面排水功能有直接贡献；半连通空隙体积占比基本稳定在 30%～33%，即空隙结构将近有 1/3 对于路面排水功能有贡献；封闭空隙体积占比基本低于 25%，即空隙结构中不高于 1/4 的部分是无功能性的。连通空隙占据空隙结构的主要部分，半连通空隙位列次席，封闭空隙仅占据小部分空间。随着公称最大粒径的增大，连通空隙体积占比显著增加，封闭空隙体积占比显著减小，而半连通空隙体积占比变化不大，同时有效空隙（连

通空隙 + 半连通空隙）体积占比也增加。对于不同类型的 PAC，半连通空隙体积占比并没有发生明显变化，主要区别在于连通空隙与封闭空隙之间的相互转化。因此，公称最大粒径越大，其能够发挥功能的有效空隙越大。

连通空隙是影响排水沥青混合料排水效果的最直接因素，而它在整个空隙结构中所占的比例并不是固定的，浮动幅度高达 15%。这意味着即使两种不同级配下的 PAC 具有相同的空隙率，假设为 20%，它们真实的连通空隙率（不包括半连通空隙）也可能有高达 3%的差距，在排水效果上将同样存在较为明显的差异。在排水沥青混合料的配合比设计中，设计人员往往仅将关注点放在空隙率上，有时即使空隙率达到设计目标、满足规范要求，排水效果却依然不佳，很可能是由级配原因造成的有效空隙率过低所导致的。

2. 空隙数量分布

不同类型 PAC 的空隙数量占比反映了各类空隙在混合料中的数量分布状况，如表 7-4 所示。

表 7-4　不同类型 PAC 的空隙数量占比　　（单位：%）

空隙类型	PAC-10	PAC-13	PAC-16	PAC-20
连通空隙	2.3	1.8	1.5	1.4
半连通空隙	29.0	28.8	27.5	26.4
封闭空隙	68.7	69.4	71.0	72.2
有效空隙	31.3	30.6	29.0	27.8

从表中可以看出，连通空隙数量占比基本仅有 1.5%～2.5%，即用于排水的通道有限，但通道容积很大；半连通空隙数量占比基本稳定在 25%～30%，与其体积占比相当，这部分空隙组成稳定，体积平均；封闭空隙数量占比在 70%左右。无功能的封闭空隙数量极多，半连通空隙位列次席，而发挥最大功能的连通空隙数量实则极少。随着公称最大粒径的增大，连通空隙数量占比略微减少，封闭空隙数量占比增加，半连通空隙数量占比同样略微减少，同时有效空隙（连通空隙 + 半连通空隙）数量占比也减少。

随着 PAC 公称最大粒径增加，其连通空隙的数量反而减少了，排水通道变得少而宽，仅有的几条排水通道虽然体积大、排水畅，但是经不起土粒、石屑、灰尘等各种杂物的堵塞。大粒径 PAC 的排水通道宽且单一，堵塞物容易直接进入连通空隙内部，使得连通空隙慢慢被堵塞成为半连通空隙甚至封闭空隙，排水功能将会大幅下降。故大粒径 PAC 多被用于双层排水沥青路面的下层以扬长避短，将少而宽的连通空隙专门用于排水；相反，小粒径 PAC 作为双层排水沥青路面的上层，多而窄的连通空隙可将细小的杂质拦截在连通空隙上部，使之不完全进入空隙结构内部，雨水依然能够通过连通空隙向下排出。

3. 空隙创造率

不同类型 PAC 的单位空隙体积占比反映了各类空隙在混合料中创造空隙的能力与效率，此处称为空隙创造率，如表 7-5 所示。

表 7-5　不同类型 PAC 的空隙创造率　　（单位：%）

空隙类型	PAC-10	PAC-13	PAC-16	PAC-20
连通空隙	18.1	26.3	35.8	39.7
半连通空隙	1.1	1.1	1.1	1.2
封闭空隙	0.4	0.3	0.2	0.2
有效空隙	2.4	2.6	2.9	3.1

由表 7-5 可以看出，在三类空隙中，连通空隙的空隙创造率远高于其他两者，且根据不同类型 PAC，其浮动变化很大，大致处于 18%～40%；半连通空隙的空隙创造率明显低于连通空隙，稳定在 1.1%左右，但仍是封闭空隙的 4～5 倍之多，后者仅有 0.2%～0.4%，同样不随公称最大粒径的变化而有太大变化。

值得注意的是，不同类型、不同公称最大粒径 PAC 的空隙结构最大的区别在于连通空隙的空隙创造率。公称最大粒径大，PAC 利用有限数量的空隙能够创造更大的空隙体积，"大空隙"的特征被强化，更不易被尘埃、杂物所堵塞，长期的排水能力更强。双层排水沥青路面的设计初衷便是强化下层的排水功能，并在弱化上层排水功能的同时赋予上层抗堵塞的功能。双层排水沥青路面上下层的匹配，也是空隙创造率的匹配。上面层空隙创造率低，空隙更多而孔道狭窄，可堵截大部分尘埃与杂物；雨水进入下面层后，空隙少而宽大，最大化排水功能。

可以发现，PAC-16 与 PAC-20 在创造连通空隙的效率上已十分接近，达到 35%以上，PAC-10、PAC-13 则各自独一挡，前者低于 20%，后者在 25%左右。因此在工程中应用双层排水沥青路面甚至全透式沥青路面时，各面层之间需要存在空隙创造率的阶梯式差异，以此兼顾排水与抗堵塞功能，使排水功能长期维持在较高的水平。

4. 模拟与实测有效空隙的对比

为验证空隙结构模拟仿真结果的有效性，将模拟有效空隙与实测有效空隙（室内试验实测的连通空隙率）的体积占比进行对比，如表 7-6 所示。

表 7-6 不同类型 PAC 的模拟与实测有效空隙体积占比 （单位：%）

有效空隙类别	PAC-10	PAC-13	PAC-16	PAC-20
模拟有效空隙	73.4	80.3	84.3	86.1
实测有效空隙	75.2	82.7	84.6	85.3

由表 7-6 可以看出，模拟与实测有效空隙体积占比的误差在 2.5% 以内，多数情况下，模拟结果小于实测结果，主要原因在于程序逻辑本身的缺陷，以小球为基本单位计量空隙体积，不可避免地会产生体积损失。若小球半径取得过小，则运算效率非常低下，且可能出现连通空隙过多的情况（空隙全部连接在一起）；取得过大，则空隙体积损失更严重，误差增大。PAC-20 出现了模拟结果大于实测结果的现象，原因在于设计厚度较大可能导致的部分区域没有完全压实。

因此，空隙结构仿真的结果误差在可接受范围内，可以通过该方式从细观层面对排水沥青混合料空隙结构进行研究，但需要注意的是，如果继续沿用这种逻辑来识别空隙体积，小球半径的选取需要仔细考量。

7.2.3 干扰粒径集料对空隙结构形成的影响

针对四种常见的排水沥青混合料 PAC-10、PAC-13、PAC-16、PAC-20 分别设计了四组级配，将其实测的空隙率与连通空隙率以及对应的 4.75mm 筛孔与 2.36mm 筛孔通过率差值（代表干扰粒径集料的含量）计算并绘制于一张图上；同时以 4.75mm 筛孔与 2.36mm 筛孔通过率差值为横坐标轴，空隙率与连通空隙率差值为主纵坐标轴，有效空隙占比为次纵坐标轴，绘制散点曲线图，如图 7-3～图 7-6 所示。

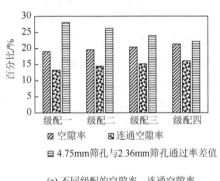

(a) 不同级配的空隙率、连通空隙率

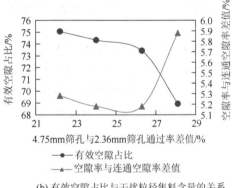

(b) 有效空隙占比与干扰粒径集料含量的关系

图 7-3 干扰粒径集料对 PAC-10 空隙结构的影响

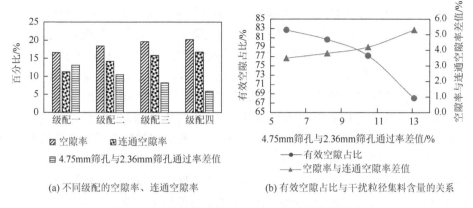

(a) 不同级配的空隙率、连通空隙率　　(b) 有效空隙占比与干扰粒径集料含量的关系

图 7-4　干扰粒径集料对 PAC-13 空隙结构的影响

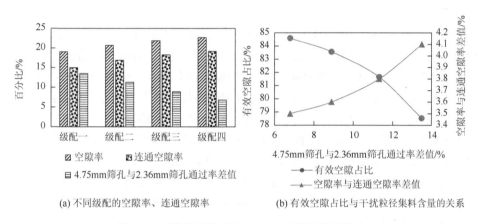

(a) 不同级配的空隙率、连通空隙率　　(b) 有效空隙占比与干扰粒径集料含量的关系

图 7-5　干扰粒径集料对 PAC-16 空隙结构的影响

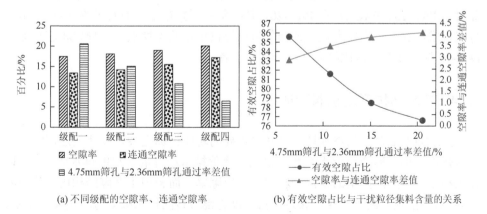

(a) 不同级配的空隙率、连通空隙率　　(b) 有效空隙占比与干扰粒径集料含量的关系

图 7-6　干扰粒径集料对 PAC-20 空隙结构的影响

由图 7-3（a）可以看出，由级配一到级配四，4.75mm 筛孔与 2.36mm 筛孔通过率差值不断减小，即干扰粒径集料的含量逐渐下降，空隙率与连通空隙率都逐渐提高，且连通空隙率提高幅度更大，提高将近 3%，而空隙率提高了 2%左右，说明所有空隙中发挥功能的有效空隙增加了。图 7-4（a）、图 7-5（a）和图 7-6（a）也反映出类似的规律，随着干扰粒径集料的减少，连通空隙迅速增多。

由图 7-3（b）可以看出，随着 4.75mm 筛孔与 2.36mm 筛孔通过率差值不断增加，干扰粒径集料的含量逐渐升高，空隙率与连通空隙率的差值先是基本无变化，随后突然升高；有效空隙占比则先平稳下降，随后明显骤降。空隙率与连通空隙率的差值越高、有效空隙占比越低，意味着封闭空隙占据的体积越多，空隙结构的利用率越低。2.36~4.75mm 干扰粒径集料的增多，能够快速占据原本连通空隙的空间，使得有效空隙减少、封闭空隙增加，不利于排水沥青混合料功能性的发挥。

对比图 7-3（b）、图 7-4（b）、图 7-5（b）和图 7-6（b），可以发现它们具有相似的趋势，但又不尽相同。随着干扰粒径集料的减少，有效空隙占比逐渐增加，且对于 PAC-10、PAC-13 和 PAC-16，增加幅度逐渐减小；但对于 PAC-20，有效空隙占比始终保持较大的增加幅度。有效空隙占比的最大值也存在明显差别，随着公称最大粒径的增大，有效空隙占比最大值分别为 75.2%、82.7%、84.6%、85.6%，其中 PAC-10 显著低于其他三者，PAC-16 与 PAC-20 较为接近，PAC-13 稍微低于 PAC-16。公称最大粒径越大，有效空隙占比的上限越高，PAC-20、PAC-16 更容易形成大块的空隙，细集料在填充的过程中更容易形成连通的空隙，有效空隙占比更多；反之，公称最大粒径越小，形成无效封闭空隙的概率显著上升，这对于 PAC-10 尤为明显。

综上所述，2.36~4.75mm 挡干扰粒径集料具有很高的连通空隙填充效率，因此对于 PAC-13、PAC-16 和 PAC-20，该挡集料不宜过多。而对于 PAC-10，由于骨架构成需求，必须要有足量该挡集料以提供稳定的支撑点，这导致相应级配下 PAC-10 的有效空隙占比将显著低于其他三者。

7.2.4　空隙结构形成机制验证

排水沥青混合料的渗水性能是其最重要的功能指标之一，发达的连通空隙为雨水排出提供了通道，渗水系数可以直接评价排水沥青混合料的排水效果[3]。以往工程上大多关注排水沥青混合料整体的空隙率，而忽视了空隙结构内部状况的不同，这可能使得两种空隙率相近的排水沥青混合料的排水效果有较明显的差别。结合前述的室内试验与模拟研究，本小节对不同类型 PAC 的实际排水效果进行研究。选取不同类型 PAC 具有代表性的级配方案，PAC-10、PAC-13、PAC-16 集料采用玄武岩，PAC-20 集料采用石灰岩，采用复合高黏改性橡胶沥青作为沥青胶结料，油石比为各自预估的最佳油石比，在室内成型相应的混合料车辙板试件，经过养生后采用渗水仪进行渗水试验，试验结果如表 7-7 所示。

表 7-7　不同类型 PAC 的渗水试验结果

混合料类型	级配类型	油石比/%	空隙率/%	连通空隙率/%	有效空隙占比/%	渗水系数/(mL/min)
PAC-10	级配二	4.7	19.7	14.5	73.6	4898
PAC-13	级配三	4.6	19.6	15.8	80.6	5206
PAC-16	级配二	4.4	20.7	16.9	81.6	5482
PAC-20	级配四	4.3	20.1	17.2	85.6	5733

由表 7-7 可以看到，在各自具有代表性的级配下，随着公称最大粒径的增大，排水沥青混合料的连通空隙率逐渐增大，有效空隙占比呈不规律上升的趋势，渗水系数同样呈不规律上升的趋势，其中 PAC-10 明显低于其他三者，PAC-20 明显高于其他三者，PAC-13、PAC-16 较为相近。

可以发现，PAC-10、PAC-13 具有基本相同的空隙率，却在渗水系数上有一定的差异，由于两者连通空隙的空隙创造率有明显差距（PAC-10 为 18.1%，PAC-13 为 26.3%），PAC-13 的有效空隙占比显著高于 PAC-10，使得连通空隙率高出 1.3 个百分点，最终反映在较大的渗水系数上。另外，在该级配方案下，PAC-16 的空隙率甚至高于 PAC-20，但由于 PAC-20 连通空隙的空隙创造率依然高于 PAC-16（PAC-16 为 35.8%，PAC-20 为 39.7%），PAC-20 利用有限空隙结构创造连通空隙的能力更强，其有效空隙占比更高，连通空隙率反而小幅高于 PAC-16，渗水系数有较大的领先。

综上所述，空隙率并不能完全反映排水沥青混合料的渗水性能，不同类型 PAC 具有不同的连通空隙创造率，这将改变空隙结构内部的状况，使得连通空隙也不一定与空隙率呈正比关系。在空隙率接近的情况下，有效空隙占比能较好地反映排水沥青混合料的渗水性能。

7.3　双层排水沥青混合料空隙结构衰变规律数值模拟分析

7.3.1　排水沥青混合料车辙试验数值模拟

以 hot-on-hot 方法为基础，根据广吉高速双层排水沥青路面 2.5cmPAC-10 + 4cmPAC-16 的级配生成虚拟试件。标准的车辙板试件为 30cm×30cm×5cm，计算所需集料单元和砂浆单元较多，模拟所用的时间较长，平衡计算机性能和模型精度要求，最终选定的尺寸为 15cm×15cm×6.5cm，如图 7-7 所示。

图 7-7 双层排水沥青路面虚拟车辙板试件

车辙试验橡胶轮的质量为 78kg，宽度为 50mm，橡胶轮在试件表面中央以（42±1）次/min 的速率往返运动，行驶距离为（230±10）mm，轮胎荷载为 0.7MPa，试验时间为 60min。实际车辙试验的荷载条件较为复杂，在 PFC3D 模拟中较难实现。车辆轮胎与路面的接触形状接近于矩形。根据荷载作用累加原则，将轮胎荷载等效为动态的矩形均布荷载[4]。均布荷载定义为

$$P = n_w pBL \qquad (7\text{-}6)$$

$$L = \frac{P}{n_w pB} \qquad (7\text{-}7)$$

式中，P 为总荷载，780N；n_w 为轴的轮数，车辙试验取 1 个；p 为轮胎与车辙板的接触压力，0.7MPa；B 为轮胎与车辙板的接触宽度，取 50mm；L 为轮胎与车辙板的接触长度（m）。

车辙试验中轮胎的行走速度 v 可以表示为

$$v = \frac{S\omega T}{T} = S\omega \qquad (7\text{-}8)$$

式中，S 为试验轮行走距离，为 230mm；ω 为往返荷载频率，为 42 次/min；T 为试验的总时间。

轮胎通过车辙板一次的实际时间 t_0 为

$$t_0 = \frac{L}{v} = \frac{P}{n_w pBS\omega} \qquad (7\text{-}9)$$

0.7MPa 的矩形均布荷载作用于车辙板模型上表面中央。离散元软件 PFC3D 通过伺服机制对墙赋予速度施加荷载，根据荷载边界墙与模型接触面的应力状态与设定荷载进行对比，调整边界墙的速度使荷载边界墙与模型接触面的应力与设

定荷载相同，每个时步伺服机制都会运行一次，由于计算时步很小，将加载过程等效为静态均布荷载加载。将砂浆试件蠕变试验获得的 60℃接触模型参数代入，加载 60min，在 PFC3D 中记录试件的车辙板变形量，如图 7-8 所示。

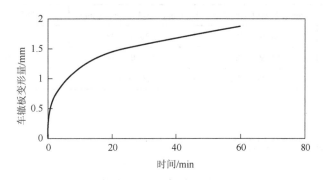

图 7-8　车辙板变形量-时间关系曲线（一）

7.3.2　室内车辙试验对比验证

为了对虚拟车辙试验进行验证，根据《公路工程沥青及沥青混合料试验规程》（JTG E20—2011）进行室内车辙试验。按照 hot-on-hot 方法制作 0.3m×0.3m×0.065m（2.5cm＋4cm）的双层排水沥青路面车辙板试件。室内车辙试验和虚拟车辙试验中的车辙板变形量随时间变化曲线如图 7-9 所示。

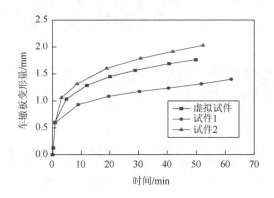

图 7-9　车辙板变形量-时间关系曲线（二）

根据相关规范要求，同一沥青混合料车辙试验至少平行试验 3 个试件。3 个试件动稳定度变异系数不大于 20%时，其平均值可作为最终试验结果。将虚拟车辙试验与室内试验所得动稳定度进行变异系数计算，得出 9.2%，符合要求，表明上述双层排水沥青路面虚拟车辙试件和试验方法能够较好地模拟车辙试验，可以将虚拟车辙试验用于空隙结构衰变规律的研究，具体如表 7-8 所示。

表 7-8　车辙试验动稳定度

编号	45min 车辙板变形量/mm	60min 车辙板变形量/mm	动稳定度/(次/mm)
试件 1	1.229230769	1.367692308	4550
试件 2	1.969736084	2.113089541	4394.7318
虚拟试件	1.738497496	1.85936713	5212.2272

7.3.3　空隙结构衰变规律

将 60℃ 的沥青混合料接触模型参数代入双层排水沥青路面虚拟车辙板试件，进行长期车辙荷载试验，以车辙应变达到 0.1 为终止条件，每隔应变 0.01 保存模型，如图 7-10 所示。对不同车辙应变的车辙板试件进行空隙结构提取，分析双层排水沥青路面由于车辆荷载作用所形成的空隙结构衰变规律。

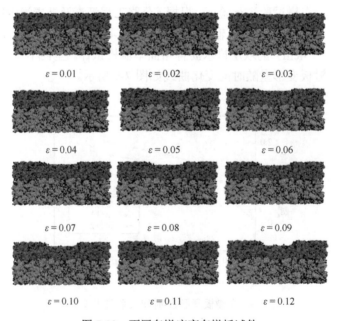

图 7-10　不同车辙应变车辙板试件

轮迹带下方的路面结构压缩较为明显，而非轮迹带路面结构压缩较轻，如图 7-11 所示，可分别对应行车道的边线区域和中心区域，为了考虑车辆行驶分布对路面空隙结构衰变的影响，对空隙结构采取两种方式进行提取：①对底面边长 0.15m×0.15m 的车辙板中心 0.1m×0.1m 的区域进行空隙结构提取，用于车辙板整体空隙结构衰变规律的分析；②对底面边长 0.15m×0.15m 的车辙板中心 0.05m×0.05m 的区域和左侧 0.05m×0.05m 的区域进行空隙结构提取，用于车辙板轮迹带和非轮迹带空隙结构衰变规律的分析。

图 7-11　不同车辙应变车辙板试件

对于车辙板整体空隙结构衰变规律的分析，将空隙结构分为连通空隙、半连通空隙和封闭空隙。在空隙结构衰变过程中，存在空隙率较大，但连通空隙已经完全消失的现象，而路面结构的排水主要依靠连通空隙的存在，因此舍弃空隙率作为空隙结构衰变规律分析的指标，采用连通空隙率用于空隙结构衰变分析。不同车辙应变下的车辙板试件连通空隙率如图 7-12 所示。

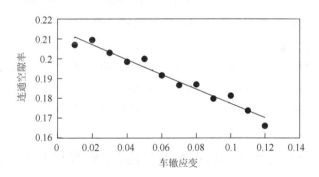

图 7-12　不同车辙应变连通空隙率（一）

拟合公式如下：
$$V_{e\epsilon}^1 = -0.395 \times \ln(\varepsilon + 1) + 0.2151, \quad R^2 = 0.9596 \tag{7-10}$$
式中，$V_{e\epsilon}^1$ 为由车辆荷载造成的整体连通空隙率；ε 为车辙应变。

从图 7-12 和拟合公式可以看出，连通空隙率与车辙应变具有良好的对数关系，随着车辙应变增加，连通空隙率逐渐降低，但降低速率逐渐减小。分析认为，路面空隙结构的衰变，主要由混合料的压密引起，由于混合料中的集料不容易压碎，混合料压密所造成的空隙结构的衰变体积所占路面结构体积变化率的比例逐渐减小，因而降低速率逐渐减小。对于车辙板轮迹带和非轮迹带空隙结构衰变规律的分析，提取空隙结构，采用连通空隙率用于空隙结构衰变分析。不同车辙应变下的车辙板试件连通空隙率如图 7-13 所示。

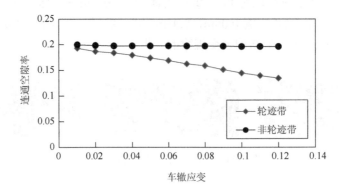

图 7-13　不同车辙应变连通空隙率（二）

拟合公式如下：

$$V_{e\epsilon}^2 = -0.0247\,\epsilon + 0.1989, \quad R^2 = 0.9377 \tag{7-11}$$

$$V_{e\epsilon}^3 = -0.9482\,\epsilon^2 - 0.4113\,\epsilon + 0.1966, \quad R^2 = 0.9981 \tag{7-12}$$

式中，$V_{e\epsilon}^2$ 为由车辆荷载造成的非轮迹带处连通空隙率；$V_{e\epsilon}^3$ 为由车辆荷载造成的轮迹带处连通空隙率；ϵ 为车辙应变。从图 7-13 和拟合公式可以看出，轮迹带和非轮迹带处连通空隙率与车辙应变具有良好的对应关系，随着车辙应变增加，连通空隙率逐渐降低。非轮迹带处空隙率衰减缓慢，总体变化微小，轮迹带处空隙率衰减较快，造成路面整体空隙率的衰减，降低路面排水性能。

7.4　双层排水沥青路面空隙堵塞数值模拟分析

7.4.1　双层排水沥青路面结构成型

以双层排水沥青路面圆柱形虚拟试件为基础进行路面模型重新成型，具体方法如下：生成规则排列相互接触的半径 $r = 0.0005\text{m}$ 的球形单元对圆柱形虚拟试件进行空隙结构提取，为了忽略模具边缘的影响，仍从试件底面中心正方形区域沿高度方向进行提取；保留空隙结构，删除原组成路面结构的集料单元和沥青砂浆单元；在原试件底面中心正方形区域向上的立方体空间内生成规则排列相互接触的半径 $r = 0.0005\text{m}$ 的球形单元作为潜在路面结构单元；判断每个潜在路面结构单元是否与空隙结构单元之间存在重叠，如果存在重叠，将该单元删除，最终剩余的潜在路面结构单元为路面结构单元。为了防止后续模拟过程中粉尘进入组成路面结构的球形单元之间的缝隙，对路面结构进行加密处理：在高于原试件底面中心 0.001m 正方形区域向上立方体空间内生成规则排列的半径 $r' = (1 \sim \sqrt{2})r$ 的球形单元作为潜在路面结构加密单元，相连两个球形单元之间球心距离为 $2r$；判断每个潜在路面结构单元是否与空隙结构单元之间存在接触，如果存在接触，将该单元删除，最终剩余的潜在路面结构加密单元为路面结构加密单元。

如图 7-14 所示，加密单元只存在于路面结构单元之间，既不存在于空隙结构单元之间，也不存在于空隙结构单元与路面结构单元之间，保证后续模拟过程中粉尘只能从空隙结构进入路面结构（图中蓝色为路面结构单元，红色为空隙结构单元，黄色为路面结构加密单元）。

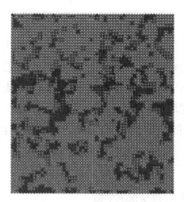

图 7-14　路面结构加密（彩图扫二维码）

7.4.2　堵塞物模型构建

进入排水沥青路面造成堵塞的堵塞物通常包括粉尘、黏土颗粒、细砂、路表磨耗和分散形成的细集料及行驶车辆遗留的垃圾等，种类复杂，大小不均，与当地的自然环境和运输车辆有关。确定堵塞模拟试验所需的堵塞物对于试验的正确性具有重要的影响。以往的研究中，往往采用单一粒径的细集料作为堵塞物进行堵塞试验，忽略了堵塞物中不同粒径颗粒之间的相互影响。本小节利用路面清洗车对已堵塞的排水沥青路面进行清洗得到的杂物为基础生成堵塞物，进行模拟试验。

堵塞物具有黏土质多、砂石多的特点。对杂物进行烘干、筛分，得到如表 7-9 所示的各粒径范围颗粒成分含量。由表 7-9 中数据可知，粒径为 2.36mm 以上集料含量较少，杂物多为粒径为 0.075～2.36mm 的细砂，粒径为 0.075mm 以下的黏土、飘尘含量也较大，占比 34.57%。

表 7-9　杂物筛分数据

筛孔/mm	通过率/%
13.2	100
9.5	99.85
4.75	98.34
2.36	90.83
1.18	82.36
0.6	70.89
0.3	57.89
0.15	40.78
0.075	34.57

　　根据以往对高速公路沉积物的采集分析，在路面模型上方投放 1g 的堵塞物。堵塞物在 PFC3D 中用圆球来代替。采用上述级配对各粒径范围所需要投放的集料单元数目进行计算。堵塞物的密度取 2.7g/cm³，堵塞物的直径取该挡集料的平均粒径，取该挡集料的体积除以单个集料圆球的体积得到投放数目。虽然堵塞物单元是直径为 d 的球体，但堵塞物单元占据的空间为边长为 d 的立方体，结果取整，计算结果如表 7-10 所示。

表 7-10　堵塞物各粒径范围投放个数

筛孔/mm	通过率/%	集料平均半径/mm	粒子个数	
4.75	98.3	3.56	0.0	1
2.36	90.8	1.78	0.6	1
1.18	82.4	0.89	5.7	6
0.60	70.9	0.45	60.3	60
0.30	57.9	0.23	528	528
0.15	40.8	0.11	5563	5563
0.075	34.6	0.06	16153	16153
0.00	—	0.02	2427961	242796

　　在双层排水路面结构上方随机生成上述数量的堵塞物，共 1.7g，如图 7-15 所示，不同颜色的圆球代表粒径不同的堵塞物。堵塞物漂浮在路面结构上方，在重力、流水或风力作用下进入路面结构，积聚在路面空隙结构中，随着道路服役时间的增长，逐渐造成堵塞现象。

7.4.3　重力和流水作用下的空隙堵塞试验数值模拟

图 7-15　堵塞物模型成型

道路环境中的灰尘和车辆垃圾等在晴天通过风力或车辆轮胎与路面的泵吸作用进入路面结构，在重力的作用下与路面内部混合料发生碰撞或吸附，最终沉积在路面空隙结构中[4]。对上述堵塞试验模型施加重力，模拟晴天路面发生堵塞的现象。堵塞物单元与组成路面结构的球形单元之间的接触设为线性刚度模型，单元之间通过摩擦力产生黏结现象。堵塞物单元与组成路面结构的球形单元均类比于集料，密度设为 $2.7g/cm^3$，模量 E 取 70.0GPa，泊松比 ν 取 0.18，摩擦系数 μ 为 0.5。

将接触模型赋予堵塞物单元之间及堵塞物单元与组成路面结构的球形单元之间。对模型整体施加重力场，使堵塞物单元在重力作用下发生运动，同时设定组成路面结构的球形单元的速度和角速度为 0，在模拟试验过程中保持不动。堵塞物单元与路面球形单元仍可以发生碰撞，但路面球形单元位置保持不变，只有堵塞物单元发生位移变化。每隔 50000 时间步对模型进行保存，得到不同时刻堵塞物在路面结构的运动轨迹，直至路面结构中残留的堵塞物单元的体积保持稳定，如图 7-16 所示。图 7-16（a）为堵塞模拟试验结果，图 7-16（b）为将路面结构设置为透明后的堵塞物堵塞状态，图 7-16（c）为堵塞物在路面结构中的堵塞状态。由图 7-16（a）和图 7-16（b）观察堵塞物在路面结构中的宏观堵塞现象可以发现，堵塞物多集中于路面结构上层，尤其是粒径较大的堵塞物单元，如紫色球形颗粒和褐色球形颗粒；粒径较小的堵塞物单元分布区域较大，在路面结构上层和中层都发生积聚现象，随着时间的推移，部分堵塞物可能穿过路面结构层，进入路面排水设施排出路面结构。对图 7-16（c）中积聚的堵塞物进行观察，堵塞物在路面结构中的堆积状态主要以 3 种形式存在：粒径较小的堵塞物单元相互积聚；以粒径较大的堵塞物单元为中心，粒径较小的堵塞物单元产生积聚；粒径较小的堵塞物单元先发生积聚，粒径较大的堵塞物单元继而产生积聚。后两种堵塞现象更为普遍。由此分析得出，堵塞现象的发生主要与堵塞物中粒径较大的单元有关。

编写算法对不同时刻模型中的堵塞物质量进行提取，得到堵塞物在路面结构中的堆积质量随时间变化曲线，如图 7-17 所示。堵塞物在道路空隙结构内的堆积速度逐渐变缓，直至质量保持稳定。在道路使用过程中，由于风力作用的存在，漂浮在道路周边环境中的堵塞物不可能在重力的作用下全部进入路面结构，部分堵塞物仍停留在道路结构上方，因此上述堵塞试验中最终存在于路面结构中的堵塞物质量偏大。

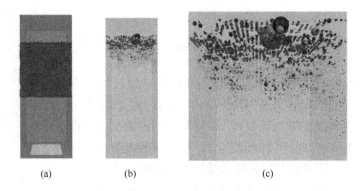

(a)   (b)   (c)

图 7-16　堵塞物在路面结构中的堵塞状态（彩图扫二维码）

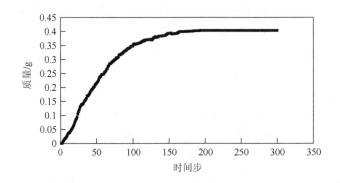

图 7-17　路面结构内堵塞物质量随时间变化曲线

  PFC3D 内置的计算流体动力学（CFD）模块通过基于体积平均的流场粗网格方法解决流体-颗粒的相互作用问题。在粗网格方法中，描述流体流动的方程在一组比 PFC 颗粒更大的单元集合上进行数值计算。依据颗粒所在流体单元内的流体条件，流体作用力被分配到每个颗粒上。流体单元的空隙度和流体拖拽力由颗粒属性的平均值计算得到。通过在 PFC 和流体求解器之间定期交换信息，实现双向耦合。

  PFC3D 颗粒的运动方程通过标准的 PFC3D 方程给出，且通过附加力考虑颗粒与流体的相互作用：

$$\frac{\partial u}{\partial t} = \frac{f_{\text{mech}} + f_{\text{fluid}}}{m} + g \tag{7-13}$$

式中，u 为颗粒速度；m 为颗粒质量；f_{fluid} 为流体施加在颗粒上的总作用力；f_{mech} 为作用在颗粒上的外力（包括施加的外力和接触力）之和；g 为重力加速度。

  流体施加到颗粒上的作用力 f_{fluid} 由两部分组成：拖拽力和由流体压力梯度导致的力。

流体作用于颗粒的拖拽力，是基于包含该颗粒的流体单元自身条件为其单独定义的。这取决于空隙度是如何计算的，一个颗粒可能与多个流体单元重叠。在这种情况下，力基于颗粒和流体单元的重叠比例进行分配。f_{drag} 被定义为

$$f_{\text{drag}} = f_0 V_p^{-x} \tag{7-14}$$

式中，f_0 为单个颗粒所受拖拽力；V_p 为颗粒所在的流体单元的空隙度；V_p^{-x} 为考虑局部空隙度的经验系数，使这个力同时适用于高空隙度和低空隙度系统，并且支持雷诺数的大范围取值。

单个颗粒所受拖拽力被定义为

$$f_0 = \left(\frac{1}{2} C_d \rho_f \pi r^2 |u-v|(u-v) \right) \tag{7-15}$$

式中，ρ_f 为流体密度；r 为颗粒半径；u 为流体速度；v 为颗粒速度。

拖拽力系数被定义为

$$C_d = 0.63 + \frac{4.8}{\sqrt{Re_p}} \tag{7-16}$$

式中，Re_p 为颗粒雷诺数。

经验系数 x 被定义为

$$x = 3.7 - 0.65 \exp\left(-\frac{(1.5 - \log_{10} Re_p)^2}{2} \right) \tag{7-17}$$

颗粒雷诺数为

$$Re_p = \frac{2\rho f r |u-v|}{\mu_f} \tag{7-18}$$

式中，μ_f 为流体的动力黏滞系数。

流体力学双向耦合通过流体求解器和 PFC3D 之间的数据交换实现。每个流体单元的空隙度 V_p 取决于 PFC3D。每个流体单元中单元体积的体力 f_b 由 PFC3D 决定。每个流体单元中的流体速度 u、流体压力 p、流体压力梯度 ∇p、流体密度 ρ_f、流体动力黏滞系数 μ_f 都由流体软件决定。

$$f_b = \frac{\sum f_{\text{drag}}}{V} \tag{7-19}$$

式中，V 为给定流体单元的体积。

如图 7-18 所示，以墙体为空间划分流体网格，将路面结构与堵塞物包含在立方体内。根据研究，20%空隙率的排水沥青路面的空隙平均流速为 0.015m/s。取

图7-18 重力和流水作用下虚拟堵塞试验

水以 0.015m/s 的速度从立方体顶面 6cm×6cm 的平面内流入立方体，从底面 5cm×5cm 的平面内流出墙体空间。除了入口与出口，立方体的其他边界均不透水。添加重力场，堵塞物在流水和重力作用下进入路面结构，发生运动。

设定组成路面结构的球形单元的速度和角速度为 0，在模拟试验过程中保持不动。堵塞物单元与路面球形单元仍可以发生碰撞，只有堵塞物单元发生位移变化。每隔 50000 时间步对模型进行保存，得到不同时刻堵塞物在路面结构的运动轨迹，直至路面结构中残留的堵塞物单元的质量保持稳定。对每个保存模型中的堵塞物根据种类和位置（上面层和下面层）进行数量统计，得到路面空隙结构内堵塞物质量随时间的变化关系，如图 7-19 所示。

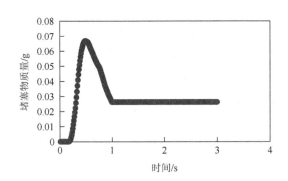

图7-19 路面空隙结构内堵塞物质量随时间的变化关系

从图 7-19 中可以看出，路面空隙结构内堵塞物质量的变化可以分为四个阶段：快速增长阶段、缓慢增长阶段、缓慢减少阶段和平稳阶段。为了更清楚地分析堵塞物的积聚现象，得到不同粒径的堵塞物在路面结构内的堵塞比例随时间的变化曲线，以及上面层、下面层路面结构内堵塞物质量的变化情况，如图 7-20 和图 7-21 所示。

在水流的冲刷作用下，大量粒径较小的堵塞物颗粒进入路面结构上面层，表现为堵塞物质量的快速增长；随着时间的推移，粒径较大的堵塞物颗粒被堵塞在路面结构以外，进入路面结构的堵塞物数量变少，堵塞物质量增长变缓，同时路面结构上面层内部的粒径较小的堵塞物颗粒进入下面层；路面结构下面层内部的部分堵塞物颗粒随水流流出路面结构，表现为堵塞物质量的缓慢减少，部分停留在路面结构内部；上面层和下面层的堵塞物颗粒在路面结构内部不再发生运动，形成堵塞。对最终停留在路面结构内部各粒径范围的堵塞物数量进行统计，并与投放数量进行对比，如表 7-11 所示。

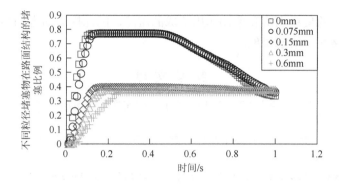

图 7-20　不同粒径堵塞物在路面结构的堵塞比例随时间的变化曲线

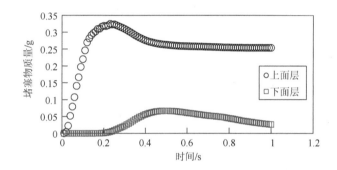

图 7-21　不同面层路面结构内堵塞物质量随时间的变化曲线

表 7-11　双层排水沥青混合料堵塞试验数据

粒径/mm	投放个数	堵塞个数	堵塞比例
0	2427962	640054	26.36%
0.075	16153	5780	35.78%
0.15	5563	2081	37.41%
0.3	528	197	37.31%
0.6	60	22	36.67%
1.18	6	0	0.00%
2.36	1	0	0.00%
4.75	1	0	0.00%

　　由表 7-11 分析可得，0.15～0.3mm 粒径范围内的堵塞物堵塞比例最高，即对路面造成堵塞的可能性最大，而 1.18mm 粒径以上范围内的堵塞物在模拟试件中未能进入路面结构，造成路面堵塞现象的可能性较低。投放堵塞物的粒径范围来自已堵塞路面的清洗污物，说明 1.18mm 粒径以上范围内的堵塞物可能主要来源

于水损害产生的集料剥落和车辆作用造成的压碎，因此提高沥青的黏结性能也可以减少排水路面的堵塞现象。

参 考 文 献

[1]　马涛, 张斯琦, 陈泳陶. 基于离散元法的多孔沥青混合料空隙衰变研究[J]. 建筑材料学报, 2017, 20(5): 727-732.

[2]　王聪, 郭乃胜, 赵颖华, 等. 不同成型方法和级配的沥青混合料内部空隙特征[J]. 吉林大学学报(工学版), 2014, 44(1): 74-80.

[3]　郭锋, 侯曙光. 双层多孔沥青路面关键技术分析[J]. 华东公路, 2013 (2)：3-6.

[4]　李交, 闫国杰, 马利志, 等. 排水性沥青混凝土路面机能恢复车的应用[J]. 公路, 2010, 55(12): 186-190.